KB019791

러시아의 이해

러시아의 이해

초판 1쇄 | 2015년 3월 9일

2쇄 | 2016년 2월 10일
3쇄 | 2018년 2월 20일

지은이 | 정명자 • 심성보 • 김영란 • 전병국 • 고영랑
편 집 | 김재범
디자인 | 임나탈리야
펴낸이 | 강완구
펴낸곳 | 써네스트
출판등록 | 2005년 7월 13일 제2017-000293호
주 소 | 서울시 마포구 망원로 94, 2층
전 화 | 02-332-9384   **팩 스** | 0303-0006-9384
이메일 | sunestbooks@yahoo.co.kr
홈페이지 | www.sunest.co.kr
ISBN 979-11-86430-00-2 (03300)   값 16,000원

〈우물이 있는 집〉은 써네스트의 인문 브랜드입니다.

정성을 다해 만들었습니다만, 간혹 잘못된 책이 있습니다. 연락주시면 바꾸어 드리겠습니다.

이 도서의 국립중앙도서관 출판시도서목록(CIP)은 서지정보유통지원시스템 홈페이지 (http://seoji.nl.go.kr)와 국가자료공동목록시스템(http://www.nl.go.kr/kolisnet)에서 이용하실 수 있습니다. (CIP제어번호 : CIP2015006911)

러시아의 이해

정명자 · 심성보 · 김영란 · 전병국 · 고영랑 지음

머리말

"러시아는 과연 어떠한 나라인가?"

많은 사람들이 궁금해 하고 관심있어 하는 화두이다. 그러나 이에 대한 답변은 쉽지 않다. 나의 경우, 오래 전 고등학교 시절 우연히 접하게 된 러시아문학의 세계, 그 중에서 투르게네프의 아름답고 유려하며 인간적인 소설에 매혹되어 러시아라는 나라를 발견하게 되었다. 그 미지의 나라를 제대로 알고자 하는 지적 호기심으로 인하여 노어노문학을 전공하게 되었다.

그 이후 여러 해의 세월을 넘기며 러시아문학과 러시아사회 일반에 관해 공부하며 연구하고 있지만 아직도 "러시아는 이러한 나라입니다."라고 정답을 제시할 수 없다. 한마디로 요약하기엔 러시아라는 나라 자체가 지나치리만큼 거대한 컨텐츠를 포괄하고 있기 때문이다. 거기엔 단지 광대한 국토만 존재하는 것이 아닌 것이다.

오늘날 러시아는 21세기를 사는 한국인이 반드시 알아야 할 이웃나라이다. 1991년 말 소비에트 연방이 해체된 이후 새롭게 출범한 러시아는 그 어느 때보다 우리나라와 통상, 문화, 과학기술 등 여러 분야에서 긴밀한 교류를 나누는 동반자 위치에 있다. 더욱이 통일이라는 민족의 역사적 과제를 안고 있는 우리에게 러시아는 국제무대에서 같이 가야 할 파트너이다. 그렇기 때문에 우리는 러시아를 알아야 하는 것이다.

이 책은 그 동안 필자들이 대학에서 〈러시아문화의 이해〉, 〈러시아문화기행〉 등 입문적 성격의 교과목에서 강의한 내용 중 기본적이며 실질

적인 주제를 가려뽑아 한 권의 책으로 묶은 것이다. 필자와 개별주제는
다음과 같다.

정명자 – 러시아 개요
심성보 – 경제, 한러관계
김영란 – 문학, 종교 , 미술
전병국 – 음악, 발레, 사회정책, 정체성, 정치, 대외정책
고영랑 – 역사, 대중문화, 의식주, 영화, 연극

한국은 세계에서 가장 빠른 속도로 변화하는 나라의 하나이며 러시아
도 마찬가지이다. 급변하는 세계정세 속에서 새로운 유라시아 시대가 열
리고 있다. 이러한 때 이 책은 러시아를 알고자 하는 모든 이들에게 친절
하고 믿음직한 길잡이가 될 것이다.

촉박한 시간에 공동작업을 해주신 모든 집필자와 좋은 책을 제작하는
수고를 감당해주신 써네스트의 강완구 대표님께 깊은 감사의 말씀을 드
린다.

2015년 2월
집필자 대표 정 명 자

차례

1. 러시아 개요

1. 러시아는 어떤 나라인가?

러시아 지도

(1) 국가 개관

러시아의 정식 국가명칭은 러시아연방Russian Federation, Российская Федерация 또는 러시아Russia, Россия로 약 1,712만 Km² 에 이르는 유럽과 아시아의 북부를 아우르는 드넓은 영토로 인하여 세계에서 가장 크고 유일한 유라시아 국가이다. 영토의 지경은 서쪽의 노르웨이, 핀란드와의 접경에서 시작하여 발트 3국, 폴란드, 벨라루스를 거쳐 남쪽의 우크라이나, 압하지야, 조지아(그루지야), 남 오세티야, 아제르바이잔, 카자흐스탄, 몽골, 중국, 북한과 접해 있으며, 각 서쪽과 동쪽과 북쪽으로는 발틱해, 태평양, 북극해 바다와 면하고 있다.

수도는 모스크바로 러시아의 서부에 위치하고 있다. 인구는 2014년 현재 약 1억4천610만 명이며 표준공용어로 러시아어를 사용하고 있다.

사용하는 화폐의 단위는 루블Ruble, RUB과 코페이카이다(1루블은 100 코페이카). 러시아는 가로로 길게 펼쳐진 국토로 인해서 총 11개(UTC +2 ~ +12)의 시간대를 사용하고 있으며 모스크바를 기준으로 하였을 때 한국 과의 시차는 6시간*이다.

모스크바의 랜드마크들:
바실리 성당과 크레믈린(위) 우크라이나 호텔(아래 좌)
볼쇼이 극장(아래 중간), 구세주 그리스도 대성당(아래 우)

---

* 최근까지 2011년 발표된 "시간 계산에 대한 법률" 에 따라 9개의 시간대와 상시 서머타임제를 도입적용하고 있었는데, 2014년 10월 26일부로 서머타임제 폐지와 11개의 시간대가 채택되었다.

러시아의 GDP는 2014년 IMF 기준으로 2조573억$(US)로 세계 9위에 달하며 1인당 GDP도 14,317$(US)(세계 53위, 2014년 IMF기준)에 달한다.

대표적인 꽃은 카밀러kamille이며 대표적인 나무는 자작나무이다.

카밀러

자작나무

인터넷 도메인은 .ru, .su 등으로 구별이 되며 국제전화 코드는 +7이다.

(2) 자연환경

러시아의 지형은 우랄산맥을 중심으로 서쪽은 유럽 러시아, 동쪽은 시베리아라 칭하는데, 유럽 러시아 지역과 서시베리아 지역은 구릉이 포함된 거대한 평원지대이다. 그 외의 지역도 낮은 곳이 많아 전국토의 70% 이상이 평원과 저지대 지역이지만, 시베리아 동쪽 지역과 국토의 남부 지역을 따라서는 고원과 산악지대가 펼쳐진다.

식생대는 국토가 동서로 약 10,000 Km, 남북으로 약 4,000 Km에 이르는 광대한 영토에 분포하는 만큼 다양한 지형과 식물이 자연환경을 이루고 있다. 북부의 툰드라Tundra지대에서 시작한 이끼와 풀 등 지의류

툰드라의 여름

타이가

중심의 식생대는 남쪽으로 내려오며 침엽수림대Taiga 와 혼합삼림대, 활엽수림대로 이어지며 국토의 40%를 넘는 광활한 산림지역이 된다. 그 아래로는 강수량이 적어 주로 풀이 자라는 스텝지대가 펼쳐진다.

러시아의 가장 특징적인 기후는 여름에 덥고 겨울에 추운 대륙성 기후이나, 지역적 편차가 크다. 지역에 따라 극지 기후, 해양성 기후, 아열대 기후 및 몬순 기후가 분포한다. 다양한 기후를 가진 광활한 러시아의 영토에는 규모가 큰 강들이 흐르고 호수가 형성되어 있다.

러시아의 대표적인 강으로는 돈 강, 오비 강, 예니세이 강, 레나 강, 아무르 강 등이 있으며 호수로는 세계에서 가장 깊은 바이칼 호, 세계 최대의 카스피 해, 라도가 호, 오네가 호 등이 러시아 전역에 퍼져 있다. 러시아 대륙을 감싸는 바다는 북극해, 백해, 발트해, 흑해, 오호츠크해, 베링해 등이다.

바이칼 호

(3)주요자원

러시아는 세계 최대의 광물자원과 천연가스와 석유 등을 풍부하게 보유한 자원부국이다. 확인된 가채 매장량 및 생산량에서 세계 순위 1~5위에 드는 것이 많다. 가장 풍부한 자원들을 나열하면 다음과 같다.

천연가스 , 석유, 석탄, 철광석, 우라늄, 니켈, 금, 다이아몬드 등이며, 목재 및 펄프와 전력도 매우 풍부하다.

(4) 주요도시

전 국민의 약 70%가 도시지역에 거주하고 있는데, 2013년 1월 기준 인구 10만 명 이상의 도시는 166 개이며, 그 중에서 100만 명 이상의 도시는 15 개가 있다. 그들 도시를 순서대로 나열하면 다음과 같다.

- 모스크바(약 1211만)
- 상트 페테르부르크(약 513만)
- 노보시비르스크(약 155만)
- 예카테린부르크(약 141만)
- 니쥐니 노브고로드(약 126만)
- 카잔(약 119만)
- 사마라(약 117만)
- 옴스크(약 117만)
- 첼랴빈스크(약 117만)
- 로스토프 나 도누(약 111만)
- 우파(약 110만)

- 크라스노야르스크(약 104만)

- 페름(약 103만)

- 볼고그라드(약 102만)

- 보로네쥐(약 101만)

(5) 주요민족

러시아는 200여 개에 달하는 민족이 분포하는 다민족 국가이며, 2010년 인구 센서스에 나타나는 주요민족 구성비는 다음과 같다.

- 러시아인(80.90%)

- 타타르인(3.87%)

- 우크라이나인(1.41%)

- 바쉬키르인(1.15%)

- 추바쉬인(1.05%)

- 체첸인(1.04%)

그 외 고려인(약 18만 명)* 등 십만 명 이상의 민족은 약 30여 개로 집계된다.

네네츠인

(6) 국가체제

러시아의 정부형태는 대통령 중심제(6년 임기에 연임 가능)이며, 2015년

---

* 한국 외교부의 재외동포 현황(2013년)에 따르면 러시아 176,411 명, 우즈벡스탄 173,832 명, 카자흐스탄 105,483 명, 키르키스탄 18,403 명 등 구 소련 지역 거주 전체 한민족 계통의 인구수는 491,455 명이다. 재외동포재단, 『 재외동포는 국력의 외연: 모국과 거주국을 잇는 가교 』, 2014 재외동포문제 대토론회 자료집, 2014, 15~16쪽.

현재 국가수반은 블라디미르 푸틴이다. 의회는 상원과 하원으로 구성되어 있는 양원제를 체택하고 있으며 상원은 178석(2년 임기로 대통령의 임명)이며 하원은 450석(4년 임기로 비례대표제 선거에 의한 선출)이다.

러시아 연방의 연방주체는 총 85개로 구성되어 있으며 이것이 곧 행정단위가 된다. 현재 3개의 특별시(연방시), 22개 공화국, 46개 주, 9개 지방, 1개 자치주, 4개 자치구로 구성되어 있다.

3개 특별시	모스크바, 상트 페테르부르크, 세바스토폴
22개 공화국	카렐리아, 코미, 칼미크, 다게스탄, 체첸, 타타르스탄, 부랴티야, 사하(야쿠티야), 크림 등
46개 주	모스크바, 레닌그라드, 칼루가, 키로프, 무르만스크, 프스코프, 툴라, 랴잔, 스몰렌스크, 볼고그라드, 아무르, 사할린 등
9개 지방	페름, 크라스노야르스크, 알타이, 하바로프스크, 연해주, 캄차카 등
1개 자치주	유대인 자치주
4개 자치구	네네츠, 야말-네네츠, 한티-만시아, 추코트

러시아는 중앙정부의 각 연방구성체에 대한 영향력 확대를 위해 전 국토를 9개 구역으로 나누어 연방관구를 설치하고, 책임자를 관선제로 임명한다.

세바스토폴의 흑해함대

중앙 연방관구	모스크바
북서 연방관구	상트 페테르부르크
남부 연방관구	로스토프 나 도누
볼가 연방관구	니즈니 노브고로드
우랄 연방관구	예카테린부르크
시베리아 연방관구	노보시비르스크
극동 연방관구	하바로프스크
북 카프카스 연방관구	퍄티고르스크
크림 연방관구	심페로폴

(7) 국기, 국장 및 주요 기념일

러시아 국기는 러시아 제국 시대의 삼색기를 부활시켜 사용하고 있다.

러시아 국기

구분	상징	개념
흰색 파랑 빨강	고귀, 자유 정직, 충성 용기, 사랑	천상세계, 내세 하늘 지상, 속세

러시아 국장

러시아 국장은 모스크바 대공국 시대부터 쓰여진 쌍두의 독수리 문장을 사용하며, 독수리 머리 위의 3개의 왕관은 각각 입법권, 행정권, 사법권을 의미한다. 독수리 발톱의 홀과 구는 주권의 수호와 국가의 통일성을 의미하고, 중앙방패의 성 게오르기우스 기사상은 악과의 투쟁을 상징한다.

러시아의 주요 기념일은 다음과 같다.

- 1월 1일 : 신정 (연휴기간; 1월 1일 – 8일)
- 1월 7일 : 크리스마스
- 2월 23일: 조국 수호의 날
- 3월 8일: 국제 여성의 날
- 5월 1일: 노동의 날
- 5월 9일: 전승기념일
- 6월 12일: 헌법기념일
- 11월 4일: 민족화합의 날

2. 러시아어와 문자

(1) 러시아어

러시아어는 언어의 계통상 인도유럽어족Indo-European language에 속하는 슬라브어파Slavic / Slavonic language에 속하며 그 중에서도 동슬라브어군East Slavic language에 속하는 언어이다.

인도유럽어족 〉 슬라브어파 〉	동슬라브어군	러시아어, 벨라루스어, 우크라이나어
	서슬라브어군	폴란드어, 체코어, 슬로바키아어 등
	남슬라브어군	불가리아어, 세르비아어, 크로아티아어, 슬로베니아어, 마케도니아어 등

대략 기원전 2000년경 동유럽 지방에 거주하던 슬라브 민족 사이에 생성되기 시작한 원슬라브어Proto-Slavic, 혹은 공통슬라브어Common Slavic는 시간의 흐름에 따라 10세기 무렵 동슬라브어, 서슬라브어, 남슬라브어로 분화된 것으로 추정된다. 그후 동슬라브어는 다시 러시아어, 벨라루스어, 우크라이나어로 분화되었는데, 이의 역사적 배경에는 키예프 루시의 멸망이 있었다. 최초의 러시아 국가인 키예프 루시는 13세기 중엽 몽골—타타르군의 침입으로 와해되었는데, 그 후 지역별 언어의 분화현상이 나타나기 시작한 것이다. 14세기 이후 모스크바 지방방언을 중심으로 형성되기 시작한 것이 러시아어이다.

소비에트 시대 때 러시아어는 소수민족을 위한 이중언어정책과는 별

개로 전 국민을 아우르는 유일한 표준공용어로 채택되었다. 공식적인 공문서, 신문, 방송 및 학교의 교육언어로 보급되었기 때문에, 오늘날 대부분의 구 소련지역에서는 러시아어 소통이 가능하다. 포스트 소비에트 시대의 젊은 세대에게는 특히 루넷(Runet: 러시아어 인터넷)을 비롯한 미디어를 통한 러시아어 소통가능성이 광범위하게 열려 있다.

키릴 형제

(2) 러시아 문자

문자의 창안자와 시기가 알려져 있는 경우는 매우 희소한데, 러시아 문자의 기원에는 확실한 역사적 기록이 있다. 최초의 슬라브문자는 AD 863년 모라비아Moravia 공국(현재의 체코)에서 키릴Kirill과 메토디우스 Methodius 형제에 의해 창안되었다. 당시 동방정교를 국교로 채택한 라스티슬라브Rastislav 공의 초청으로 비잔틴 제국에서 파견된 이들의 당면한 과제는 선교사업을 위한 성서번역이었다. 이를 위해 슬라브 최초의 문자가 만들어졌고, 그것은 후일 불가리아로 건너간 그들의 제자들에 의해서 보다 간편한 형태로 개량이 되었다. 제자들은 이 문자에 대해 그의 최초 창안자를 기려 키릴문자라는 이름을 부여했고, 그 후 이 문자는 슬라브 지역에서 광범위하게 사용되었다. 러시아에는 10세기 말 동방정교의 유입과 함께 전래된 이래 현재까지 이어져 오고 있다.

오늘날 키릴문자는 러시아 내 소수민족 언어를 표기하기 위한 문자로도 활용되고 있다. 즉 네네츠어, 추코트어, 카자흐어, 키르키즈어, 몽골어 등 언어는 있으되, 문자가 없거나 다른 문자를 사용하고 있던 비슬라브계 민족들을 위해 구 소련시대 때 키릴문자의 표기법이 도입되었기 때문이다.

러시아어 알파벳

알파벳 일람표

인쇄체	이탤릭체	필기체	명칭	발음
А а	*А а*		а 아	(а) 아 ar
Б б	*Б б*		бэ 베	(б) ㅂ b
В в	*В в*		вэ 붸	(в) ㅂ v
Г г	*Г г*		гэ 게	(г) ㄱ g
Д д	*Д д*		дэ 데	(д) ㄷ d
Е е	*Е е*		е 예	(йэ) 예 ye
Ё ё	*Ё ё*		ё 요	(йо) 요 yo
Ж ж	*Ж ж*		жэ 줴	(ж) ㅈ zh
З з	*З з*		зэ 제	(з) ㅈ z
И и	*И и*		и 이	(и) 이 ee
Й й	*Й й*		이 끄라뜨꼬예	(й) 이 y
К к	*К к*		ка 까	(к) ㄲ k
Л л	*Л л*		эл 엘	(л) ㄹㄹ l
М м	*М м*		эм 엠	(м) ㅁ m
Н н	*Н н*		эн 엔	(н) ㄴ n
О о	*О о*		о 오	(о) 오 or
П п	*П п*		пэ 뻬	(п) ㅃ p
Р р	*Р р*		эр 에르	(р) ㄹ r
С с	*С с*		эс 에스	(с) ㅆ s
Т т	*Т т*		тэ 떼	(т) ㄸ t
У у	*У у*		у 우	(у) 우 oo
Ф ф	*Ф ф*		эф 에프	(ф) ㅍ f
Х х	*Х х*		ха 하	(х) ㅎ h.ch
Ц ц	*Ц ц*		цэ 쩨	(ц) ㅉ ts
Ч ч	*Ч ч*		чэ 체	(ч) 치 ch
Ш ш	*Ш ш*		ша 샤	(ш) 쉬 sh
Щ щ	*Щ щ*		ща 쌰	(щ) 싀 sh.ch
Ъ ъ	*Ъ ъ*		뜨뵤르드이 즈낙	
Ы ы	*Ы ы*		ы 의	(ы) 의 i
Ь ь	*Ь ь*		미야끼 즈낙	
Э э	*Э э*		э 에	(э) 에 e
Ю ю	*Ю ю*		ю 유	(йу) 유 you
Я я	*Я я*		я 야	(йа) 야 yar

러시아어 문자표

〈참고문헌〉

* 김혁, 남혜현, 이기주, 이명현, 이형숙, 최진희. 『러시아 인문 가이드』. 서울: 문예림, 2013.
* 남현호. 『부활을 꿈꾸는 러시아』. 서울: 다우출판, 2012.
* 이창주. 『러시아 역사문화탐방』. 서울: 우리시대, 2014.
* 정정원. 『러시아 언어문화』. 서울: 한국문화사, 2013.
* 재외동포재단. 「재외동포는 국력의 외연: 모국과 거주국을 잇는 가교」. 《2014 재외동포문제 대토론회 자료집》. 2014.
* http://council.gov.ru/en/
* http://ko.wikipedia.org/wiki/%EB%9F%AC%EC%8B%9C%EC%95%84
* https://ru.wikipedia.org/wiki/%D0%A0%D0%BE%D1%81%D1%81%D0%B8%D1%8F

2. 역사

1. 고대 루시

고고학자들은 적어도 70만 년 전에 흑해로 흘러드는 드네프르강, 돈 강, 카프카스 지방, 볼가 강 유역, 시베리아 남부지방에서 인류의 발자취가 발견되었고, 기원전 4000~3000년경에는 이미 몇몇 지역에서 신석기와 토기를 사용하는 농경문화가 존재했다고 주장한다. 기원전 2000년경부터 메소포타미아와 그리스 지역의 문화권으로부터 청동기 문명이 도입되었고 이어 철기문명이 들어오면서 남러시아 지역은 서유럽 지역과 비슷한 수준의 문화권이 형성되었다. 기원전 1000년경 흑해 북쪽에 킴메르인들이 자리를 잡는데 이들이 기록상 러시아 지역에 최초로 존재한 민족이다. 이들은 철기문화를 가지고 등장해 약 3세기 동안 남러시아를 지배한다.

기원전 7세기에는 이란계 유목민인 스키타이인이 들어와 킴메르인들을 내쫓고 새로운 국가를 세운다. 스키타이인은 용맹한 민족으로 활과 검을 사용하여 남러시아 초원을 장악한다. 당시 강국이었던 페르시아마저도 이들을 당하지 못했으며, 스키타이인은 돈 강과 카프카스에 이르는 넓은 지역으로 세력을 넓혀 약 400년 동안 남러시아를 지배한다. 스키타이인의 지배 하에서 초원지대의 북부에는 농경문화가 자리 잡고, 외래문화와의 접촉으로 다양한 문화를 이룬다. 유목민들의 생활상이 반영된 '스키타이 동물양식'으로 알려진 장식예술이 발전하고 청동검, 활과 화살촉, 창, 갑옷 등이 발견되어 스키타이인의 문화를 보여준다.

기원전 3세기에 이르러 스키타이인은 사르마트인에게 세력을 넘기게 된다. 사르마트인은 남러시아 초원지대를 가로지르는 동서교역로를 만들어 당시 강성했던 로마제국의 세력권 밖에서 약 500년이나 남러시아를 지배한다.

남러시아 지역에는 스키타이-사르마트인들이 지배한 시기에 이란 문화가 들어와 언어, 관습, 장식이나 공예예술 등이 발전하는데, 이들의 문화에 소아시아와 발칸반도 및 흑해에 이르는 그리스 세력권을 통해 그리스 문화가 전해지면서 독특하게 발전한다. 당시 스키타이인들과 사르마트인들, 그리스 세력권에 있던 지역에서의 다툼은 없었으며, 그들은 공존의 길을 선택하여 교역과 교류를 활발히 하고, 문화교류를 통해 수준 높은 문화적, 정치적 통합을 이룬다. 이에 남러시아 지역에서 고대 그리스-이란 문화를 꽃피울 수 있었다.

사르마트인의 지배는 북쪽의 게르만 계 고트족에 의해 무너진다. 이들은 남러시아 지역에 대제국을 세우고 370년경까지 지배한다. 372년경 흉노족의 일파인 훈족이 중앙아시아로부터 서쪽으로 세력을 키우며 광활한 초원지대를 관통하고 남러시아를 넘어 유럽까지 점령한다. 훈족의 용맹함을 따를 자가 없었으며, 점령시기 동안 군사들은 말에서 먹고 자며 생활했다고 전해진다. 당시 훈족의 문화는 원시적이었으며, 외모는 작은 키에 짧은 다리를 가진 아시아 민족으로 유럽인들을 놀라게 하였다. 훈족은 놀라운 속도로 프랑스의 서부까지 침입하는데, 451년 전투에서 패하고 453년 지도자인 아틸라가 사망하면서 붕괴한다.

558년 터키-몽고계 민족인 아바르족이 남러시아를 침략하여 100여 년간 지배하게 된다. 한 때 아바르족은 비잔틴 제국을 위협하며 동부러시아까지 세력을 확장하는데, 미숙한 정치력과 약한 문화적 기반 때문에 사라지고 만다. 7세기부터 10세기 초까지 볼가 강 유역과 북 카프카스 지역을 점령한 민족은 하자르족이다. 하자르족은 훈족이나 아바르족과는 달리 정착생활을 하며 상업과 농업을 발달시킨다. 하자르족은 965년 키예프와의 전투로 해체된다.

2. 키예프 루시

러시아 역사를 주도한 슬라브족의 등장은 비교적 늦은 시기다. 기록으로 보아 슬라브족은 스키타이인들이 남러시아를 지배하던 시기에 이미 그들 사이에 섞여 살고 있었으나, 응집력이 약하고 군사력이 미약하여 세력을 잡지 못했다. 슬라브족은 유럽의 동부에 거주했다. 슬라브족은 농경과 목축업을 주로 하였으나, 서로 흩어져 살아서 위험이 닥치면 도주하였다. 슬라브족은 셋으로 나뉘었는데, 서쪽으로 이동해 로마 가톨릭을 수용하고 서유럽권에 통합된 서슬라브족(폴란드, 체코, 슬로바키아), 남쪽으로 이동해 발칸반도에 정착한 남슬라브족(세르비아, 크로아티아, 슬로베니아, 불가리아), 동쪽의 러시아 평원으로 이동한 동슬라브족(러시아, 우크라이나, 벨로루시)이 그들이다. 동슬라브족은 발트해에서 북극해, 흑해, 볼가 강에 이르는 넓은 지역을 장악하며 러시아 역사의 주역으로 발돋움한다. 고대 슬라브족의 사회는 씨족사회이며 서로 모여 공동체를 이루고 지도자를 선출하여 공동으로 재산을 관리하며 살았다. 부락집회를 통해 합의를 하여 주요 사항들을 결정했고, 관습법에 따라 공동체를 규제했다. 조상숭배를 중시하고, 이교도적 민속신앙을 믿었다. 농경에 관계되는 번개의 신(페룬), 가축과 부의 신(벨레스), 태양의 신(다지보그), 바람의 신(스트리보그)을 비롯하여 민담에 자주 등장하는 정령, 요정, 귀신들을 숭배하기도 한다.

6세기경 동슬라브족은 100~200개의 부족공동체를 중심으로 발전하는데, '루시'라고 불리는 땅에서 높은 수준의 농업과 수공업을 바탕으로 다양한 경제활동을 한다. 당시 서유럽과 이탈리아 해안에서 강력한 힘을 자랑하던 노르만족(바이킹)은 비잔틴제국으로 통하는 교역로를 만들기 위해 '루시'를 점령하고자 한다. 부족 간의 다툼으로 노르만족을 막아낼 수 없었던 루시인들은 조공을 바치며 회유하는데, 마침내 859년 북쪽의 슬라브족이 노르만족을 몰아내게 된다. 862년 부족공동체의 중심지인 노브고로트에서 계속되는 부족 간의 다툼을 정리하고자 바이킹(바략)의 공후 류리크를 초청하는데, 882년 류리크의 친족인 올레그가 지배자들을 몰아내고 권력을 장악하면서 고대 러시아 국가인 '키예프 루시'가 형성되기 시작한다.

초기 '키예프 루시'는 결속력이 강하지 않았다. '키예프 루시'가 가진 조세 징수권은 동슬라브족의 절반 정도에만 영향력을 갖는 불안한 통치의 모습을 하고 있었다. 때문에 키예프의 대공들은 군사력을 강화하여 세력 확장을 도모한다. 907년 올레그는 비잔틴을 공격하여 통상조약을 맺었고, 이고리도 비잔틴으로의 진출을 도모한다.

988년 블라지미르 대공은 러시아 역사에 남을 변화를 도모한다. 공국의 통합을 위해 그리스 정교를 국교로 받아들이고 루시인들에게 세례를 명한다. 이교 신앙과 함께 공존하던 민간 신앙은 정교로 스며들고, 루시의 사회는 크게 변화한다. 키예프 루시는 정교를 받아들이며, 서유럽 국가들과 멀어지는데 가톨릭을 수용한 인접국들, 특히 폴란드와의 관계가 소원해진다. 정교회는 이교도와 민간신앙의 세계와 부딪히지 않고 흡수함으로써 충돌을 피했고, 종교로서의 역할 이외에 문자의 보급과 원시적 관습을 계몽시키기도 하며 문화의 발전을 꾀한다. 정교와 함께 교회슬라브어가 보급되어 문자로 기록이 가능해지면서 성서를 비롯하여 교회문헌, 연대기 등의 기록과 창작이 가능해진다.

1019년 야로슬라프는 왕위계승을 둘러싼 전쟁에서 승리하여 권력을 잡는다. 야로슬라프는 권력을 강화하고 영토 확장에 힘쓰고 개혁과 통합을 적절하게 이루어 '현자(무드르이)'라고 불렸다. 현명한 야로슬라프는 정교를 발전시키고 교회세력의 중심역할을 하는 소피아 성당을 비롯한 교회와 수도원을 건설하고, 최초의 법전이며 러시아 기본법의 모태가 된 '루스카야 프라브다'를 편찬한다.

야로슬라프가 죽은 후 블라지미르 모노마흐가 등장하는데 혼란스러운 국경주변을 안정시키고 내란을 종식시키며 번성한 국가를 이룬다. 1125년 모노마프가 죽은 후 내분이 시작되고, 50년 동안 대공이 18번이나 바뀌는 혼란이 계속되며 북동쪽 공국들이 세력을 확장한다. 키예프는 로스토프, 수즈달, 블라디미르를 중심으로 하는 북동부, 노브고로드를 중심으로 하는 북부, 키예프를 중심으로 하는 남부, 갈리치—볼린의 남서부로 분열된다.

3. 몽골의 지배

1233년 칭기즈 칸은 카프카즈를 넘어 돈 강의 칼가전투에서 강력한 힘을 자랑하고 유유히 동쪽으로 사라진다. 1236년 몽골의 바투는 15만의 군사를 이끌고 유럽원정길에 오른다. 1237년 바투의 군대는 우랄산맥을 넘어 키예프 루시를 함락시키고 폴란드와 헝가리까지 단숨에 전진한다. 1243년 오고타이 칸의 죽음으로 바투는 군대를 돌려 볼가 강변에 '황금 군단'이라 불리는 킵차크한국을 건설한다. 이로써 러시아의 역사에서 '타타르의 멍에'라고 불리는 약 250년에 가까운 몽골의 지배가 시작된다.

몽골의 지배기에 이어진 학살, 약탈, 파괴, 노예화, 공물 징수는 키예프 루시의 문화를 순식간에 소멸시켰다. 루시에서 상업과 수공업은 사라졌고, 몽골은 루시의 경제를 농업을 중심으로 하는 체제로 변화시킨 후, 수차례의 인구조사를 통해 세금을 징수하고 징병에 이용한다.

그런데 몽골의 지배는 교회에서는 예외였다. 교회의 재산과 지위를 인정하고 면세특권까지 부여해 교회 건축과 성화는 발달하였으며, 몽골의 지배 말기에는 전국토의 1/4이 교회의 소유가 될 정도였다. 때문에 교회는 축적된 재산을 기반으로 부패하기 시작했고, 세속화되면서 정치권력과 교회의 세력 간에 갈등이 깊어진다.

П. Рыженко. Калка. 1996. 몽골과 처음으로 부딪힌 칼가 전투의 장면

14세기 킵차크한국은 전성기를 맞았으며, 상업과 수공업이 발달하고 이슬람 상인들의 활약으로 중국, 비잔틴, 제노바와도 무역이 활발해졌다. 그런데 1395년 중앙아시아의 티무르 제국의 침공으로 힘을 잃고, 때를 같이 하여 러시아 공후들이 세력 확장을 도모하여 러시아에 대한 지배력을 상실한다.

4. 모스크바 공국

몽골의 지배가 끝난 후 러시아에는 혼란이 찾아왔다. 그 혼란을 수습한 소국 모스크바는 12세기 중반에 작은 마을로 시작하여 300년 동안 볼가 강의 수로와 주변의 평원을 중심으로 무역을 발전시키며 성장한다. 모스크바는 수즈달의 유리 돌고루키가 건국한 이후 영토 확장을 거듭한다. '돈 주머니'라는 뜻의 칼리타로 알려진 이반 1세의 집권기에는 몽골로부터 '야를릭'이라는 칭호를 받아 권력을 행사하고, 조세징수권을 얻은 뒤 절반은 축재하여 모스크바의 발전에 기여한다.

14세기 중반 몽골의 내분으로 세력이 약화되자 1360년에서 1380년 사이에 25명의 지도자가 바뀌는 혼란이 찾아온다. 이 혼란 속에서 러시아로부터의 공물 징수가 어려워지자 공물의 상당 부분이 모스크바의 공후들에게로 돌아간다. 킵차크한국의 용맹한 사라이가 모스크바의 공후들에게 공물을 요구하자, 1380년 이반 1세의 장손인 드미트리 이바노비치는 돈 강 근처의 쿨리코보에서 싸워 이긴다. 이 승리를 기념하기 위해 드미트리 공후는 '드미트리 돈스코이(돈 강의 승리자)'로 불린다.

1391년 유목민족이 세운 나라인 티무르 제국에 의해 킵차크한국은 초토화되고, 15세기에 이르러 크림, 카잔, 아스트라한이 분리 독립을 하게 되자 킵차크한국의 권력은 거의 사라진다. 1480년 이반 3세가 킵차크한국에 대한 충성을 공식적으로 거부하고, 동북러시아를 통일하여 모스크바 공국시대를 종식시킨다. 이반 3세는 44년간 통

이반 뇌제

치하며 모스크바를 중앙집권 국가로 만드는 기초를 마련한다. 전 러시아 군주로서의 권력을 보여주기 위해 농노제를 고안하고, '차르'라는 칭호를 도입하였으나 실제로는 이반 4세부터 실효를 거둔다.

1533년 이반 4세는 3살에 왕위에 올라 17살까지 섭정자들 사이에서 왕으로서의 대우를 받지 못하고 무시당하며 성장하게 되어 귀족에 대한 극도의 증오심을 품으며 포악하고 공격적인 성격을 갖게 된다. 때문에 이반 '그로즈니(뇌제)'라는 별칭을 갖게 된다. 이반 4세는 17살의 나이로 대관식을 치르며, '차르'라고 공식적으로 발표한 후 중앙집권과 제도의 개혁에 힘쓴다. 이반 4세는 스스로 선택한 배우자인 아나스타샤 로마노프와 결혼하는데, 왕비의 가문인 로마노프는 이후 제국주의 러시아에서 매우 중요한 역할을 한다. 이반 4세는 귀족의 횡포를 비난하고 법, 행정, 군사, 토지 개혁을 도모하는 개정 헌법을 공포한다.

1560년 독살의 의혹을 안고 지극히 사랑하던 왕비가 죽자, 이반 4세는 더욱 광포해져 토지와 군사에 대한 사적인 소유를 인정하는 '오프리치나'를 도입하고, 황제의 권위에 도전하는 어떤 세력도 용납하지 않게 된다. '오프리치나' 제도는 전국토의 절반 정도를 황제의 권한 아래 두었고, 충성을 맹세하는 훈련된 군대를 조직할 수 있게 하였다. 농노제를 확립하고, 대외정책에서도 볼가 하류, 카잔 지방까지 함락시키고, 발트해로 나가는 출구를 얻고자 리보니아 전쟁을 감행하여 영국과 교역이 가능해지지만, 후에 리투아니아와 스웨덴의 개입으로 결국 발트 연안에서의 영향력을 잃게 된다. 그 후 이반 4세는 의심과 공격적 성격이 더욱 거세져 황태자 이반마저도 지팡이로 쳐서 죽게 한다. 그로부터 몇 년 후에 황제 자신도 사망하는데, 소련 시대에 이르러 독살이었음이 밝혀진다. 후세에 이반 4세의 정치적 성과는 부정적으로 평가되어 그의 통치기는 '암흑기'로 남는다.

1584년 이반 4세가 사망하고, 병약했던 아들 표도르가 왕위를 계승하는데, 실권은 그의 처남인 보리스 가두노프가 갖게 되었고, 표도르의 동생 드미트리는 보리스에 의해 살해되었다는 의혹을 남기고 사라진다. 1598년 표도르가 죽은 후 보리스 가두노프는 왕위에 올라 전쟁과 공포정치에 황폐해진 국가체제를 바로잡으려고 노력하는 한편 귀족 명문가인 로마노프와 슈이스키 가문을 권력에서 밀어내고 젊은 인재를 등용하고자 한다. 1603년 냉해와 혹한으로 시작된 대기근은 국민의 1/3이 사망하고 농민과 농노들이 카자흐로 도주하게 한다. 설상가상으로 가짜 드미트리 참칭자들이 연이어 나타나게 되자 귀족이었던 바실리 슈이스키가 왕위를 찬탈하고, 폴란드와 스웨덴의 침략까지 이어져 혼란의 끝은 보이지 않았다.

5. 18세기 러시아

(1) 로마노프 왕조

1612년 러시아는 폴란드 군을 항복시키고 모스크바를 되찾음으로써 안정을 찾기 시작했고, 1613년 미하일 로마노프가 차르에 선출되어 300여 년 계속되는 로마노프 왕조의 시대가 열린다.

미하일 로마노프는 정통성 있는 정부를 세우고자 하는 국민들의 열망에 따라 성직자, 귀족, 시민, 농민들이 참여하여 여론을 반영한 천거에 의해 차르가 된다. 그런데 로마노프 왕조는 300년 동안 혹독한 전제정치로 정권을 이어간다. 농노제가 강화되어 농노는 소유물로 전락하고 매매가 가능해 졌다. 1645년 알렉세이 로마노프의 집권기에도 상황은 바뀌지 않았다. 결국 가혹한 세금징수와 귀족의 횡포 등으로 어려워진 농민, 농노들은 카자흐 지방으로 도망가 유목민, 억압당하던 소수민족들과 함께 집단을 형성하게 된다. 이들을 중심으로 반란과 폭동이 시작되었고, '스텐카 라진'은 반란의 중심에서 영웅으로 등장하여 민요와 서사시 등의 문학작품에까지 길이 남게 된다.

(2) 표트르 대제 Пётр Великий(1682~1725)

표트르 대제는 알렉세이 로마노프와 두 번째 왕비 사이에서 태어난다. 알렉세이의 사후 장자인 표트르(표트르 3세)가 왕위를 계승하였지만,

표트트 대제

병약하여 일찍 죽는다. 표트르 대제는 이복남매인 이반과 누이 소피아와 왕위계승 싸움에서 승리하고 황제가 된다. 어린 시절 표트르는 어머니에게 정치를 맡기고 자유롭게 서유럽을 드나들며 유럽의 문물과 신기술을 익히는 것을 좋아했다. 표트르는 다양한 계층의 사람들과 어울리며, 건축, 군사기술, 조선기술 등을 배워 러시아의 개혁에 준비된 황제가 된다.

집권 초기에 표트르 대제는 영토 확장으로 국력을 신장하고자 한다. 1695년 흑해 연안의 투르크의 요새를 공략했으나 실패한 후에 혹독한 훈련과 징용으로 강력한 해군 함대를 만들어 투르크의 요새 아조프를 함락시킨다. 1700년 투르크와 휴전협정을 맺고, 북방으로의 진출을 도모하여 스웨덴, 폴란드와 맞서게 된다. 때문에 표트르 대제는 군사력 확충을 위해 귀족의 특권을 축소시키고, 귀족을 농민과 같이 징집 대상에까지 포함시킨다. 외국의 선진화된 교육을 받은 장교도 초빙하고 군사훈련 교범도 근대화화여, 결국 스웨덴으로부터 네바 강 하구를 확보한다.

1703년 표트르는 네바 강 하구에 새로운 러시아를 위한 새로운 수도, '페테르부르크(표트르의 도시)'를 건설하기 시작한다. 그곳은 습하고 홍수가 나거나 혹독한 추위가 몰아치는 벌판이었지만, 표트르의 왕권찬탈 반대세력이 존재하는 모스크바에서 멀리 떨어져 있고 유럽으로부터 문물을 받아들이기에 좋은 입지를 갖춘 곳이었다. 도시건설을 위해 수많은 사람들이 희생되었고, 귀족들의 반발을 잠재우고자 강제로 이주를 시킨다. 가혹한 징병, 징용에 이어 무리한 세금 조달, 도시 건설을 위한 노동력 차출 등은 국민의 원성을 높이게 했고 대규모 농민반란으로 이어진다. 또한 표트르는 아들인 알렉세이와도 갈등을 빚게 되는데, 이 과정에서 고문으로 인하여 아들이 죽게 된다. 때문에 황제는 승계법도 바꾸어 황제가 직접 선출하도록 바꾼다.

표트르 대제의 개혁은 멈추지 않았다. 정치, 군사뿐만 아니라 교육과 문화, 예술 분야에서도 유럽화를 도모하여 학교를 건립하고 신학문을 가르친다. 또한 음식과 의복, 사교모임, 신문의 도입 등 국민들의 실생활의 많은 부분들까지도 바꾼다.

스웨덴과의 북방전쟁은 1721년 러시아의 승리로 끝나게 되어, 표트르는 러시아를 유럽의 열강 사이에 당당하게 '제국'으로 올려놓게 된다. 국제무대에서 러시아의 영향력이 크게 신장되었다.

(3) 여제의 시대

표트르 대제의 딸, 엘리자베타(1741~1761)는 정치에는 큰 관심이 없었지만, 유럽식 호화로운 생활 속에서 문화부흥을 꾀한다. 1755년 로모노소프를 등용하여 모스크바 국립대학을 창설하고, 1756년 러시아 최초의 극장을 건설한다.

예카테리나 2세(1762~1796)는 독일의 귀족으로서 남편인 표트르를 살해하고 쿠테타로 왕위를 계승하여 정통성을 의심받는 것을 두려워했다.

예카테리나는 자신을 황제의 자리에 오르게 도와준 귀족을 우대했다. 여제는 공신과 총신에게 토지와 상을 내리고, 귀족의 봉직 의무제도도 폐지하고 자유의사에 맡겼다. 민심을 얻기 위해서는 법전편찬을 위해 도시민, 농민을 비롯하여 카자흐와 소수민족들을 포함하는 대표를 선출하여 민주적인 법전을 편찬하고자 하였으나, 신분이 다른 대표들은 각자의 이익만을 주장하여 실효 없이 해산된다.

영토를 확장하여 러시아제국의 위상을 높이고자 하는 대외정책은 터키와의 전쟁에서 승리함으로써 결실을 거둔다. 이러한 과정에서 전제정치는 더욱 가혹해지고 농노제는 크게 강화된다. 귀족의 착취가 이어지는 가운데 황제와 귀족의 횡포에 저항하는 대규모 농민반란인 '푸가초프의 난'(1773~1775)이 일어나기도 한다. 농민의 반란은 실패로 끝났으나, 지식인들 사이에 사회의 문제점을 제시하는 움직임이 나타나게 된다. 작가 라디시체프는 『페테르부르크에서 모스크바까지의 여행』을 통해 농노제의 끔찍한 현실을 묘사하고 비판하여 농노제 폐지를 주장한다.

6. 19세기 러시아

(1) 알렉산드르 1세(1801~1825)

1801년 쿠테타를 통해 아버지를 죽이고 왕위를 계승한 알렉산드르 1세는 어려서부터 진보적인 교육을 받으며 자비심을 길렀다. 알렉산드르는 불합리한 행정체제와 농노제의 문제점을 지적하고, 개혁을 준비한다. 쿠테타의 공신들을 버리고, 젊은 인재를 등용하여 비밀리에 체제

개혁을 도모한다. 큰 성과는 없었지만 귀족들의 자유의사에 따른 농노해방이 허가되었고, 발트 연안에서는 제한적으로 농노해방이 선포되기도 하였다. 그러나 알렉산드르의 불안한 자유주의 정신과 기득권 상실을 우려하는 귀족의 반발 등의 이유로 개혁과 근대화의 시도는 실패로 끝난다.

1812년 나폴레옹은 러시아 군사력의 두 배가 넘는 군사를 이끌고 러시아와 조국전쟁을 시작한다. 장비면에서도 우수했던 프랑스 군대는 빠른 속도로 진군하여 모스크바로 침입해 초토화시킨다. 그런데 러시아는 기후조건으로 인하여 프랑스군을 몰아내고 전쟁을 승리로 이끌어 민족의식을 고취시킨다.

(2) 니콜라이 1세(1825~1855)

1825년 나폴레옹 전쟁 이후 유럽으로 원정을 갔던 러시아의 젊은 청년 장교들은 자유의 분위기를 경험하고 돌아온다. 이들은 입헌정치와 농노제 폐지를 주장하는 비밀모임인 '데카브리스트(12월 당원)'를 만들어 의견을 모아 봉기를 일으킨다. 200여 명의 지식인 청년들이 참여한 봉기의 결과는 참담했다. 대부분의 장교들은 유형에 처해졌고, 엘리자베타 여제 이후 금지된 사형까지도 집행되어 국민들에게 공포심을 불러일으켰다. 그러나 정치 개혁의 의지를 보인 지식인들의 첫 번째 움직임이라는 의의가 이후 많은 지식인들에게 영향을 주는 것을 막을 수는 없었다.

니콜라이 1세는 전형적인 전제군주였다. 유럽에서 들어오는 자유주의 사상과 혁명의 기운을 허용하지 않았고, 비밀경찰기구를 만들어 반정부

조직을 감시하고, 외국의 영향에 주시하였으며, 농촌의 동향을 감시하고, 문서를 검열하였다. 문학작품을 비롯한 출판물들이 개작을 강요받거나 작가가 유형에 처해지는 일들이 늘어났다.

1830년 프랑스 혁명의 영향으로 폴란드에서 반란이 일어나자, 니콜라이 1세는 군사를 지원하여 폴란드의 자유를 빼앗고 러시아에 복속시킨다. 니콜라이 1세는 프로이센과 오스트리아 군주와 동맹을 맺고, 전제군주체제 유지를 다짐하기도 한다.

외국의 자본이 들어오고 러시아의 산업이 발달하면서 공장이 늘어나고 노동자도 50만에 이르게 된다. 1837년에는 철도도 등장한다. 니콜라이 1세가 유지하고 싶었던 제국주의는 경제 발전과 함께 싹트기 시작한 자본주의의 바람을 전면적으로 막을 수는 없었다. 1854년 크림전쟁에서의 패배는 흑해에서의 러시아 지배권을 영국과 프랑스에 넘겨주었고, 전제체제를 위협했다.

(3) 알렉산드르 2세(1855~1881)

알렉산드르 2세는 흑해에서의 패배로 개혁의 필요성을 알게 된다. 황제는 농노해방이 시급함을 인지하고, 1861년 농노해방을 선포한다. 농노해방은 농노와 농민에게 토지분배의 불합리한 과제를 떠안기고 과중한 토지대금을 내도록 하였으나, 러시아 역사에 남을 큰 개혁의 시작을 보여주는 이정표적인 사건이 되었다. 농노해방과 동시에 농노에게 적용되던 사법권이 소멸되었고, 귀족에게 적용되던 특권은 크게 축소되었다.

1864년 '젬스트보'로 불리는 자치의회 제도를 도입하여 세금을 부과하고 건설과 복지시설을 확충한다. 법제가 개혁되면서 모든 신분에 동등하게 적용되는 법안이 확립되고, 사전검열제도가 완화되었으며, 대학의 자치권 인정, 군복무기간도 대폭 축소되는 등 사회 각 분야를 걸친 개혁이 시도된다. '위로부터의 혁명'을 도모한 알렉산드르 2세의 개혁은 지주 귀족의 세력이 약해지고, 신흥 부르주아가 등장하고 의사, 교수, 예술인, 기술자 등의 전문직 종사자의 영향력이 커지는 변화를 가져온다.

1866년 황제의 암살 기도, 급진주의자들의 저항운동으로 황제의 개혁은 후퇴하지만, 사회의 변화를 막을 수는 없었다. 1840~50년대에 독일의 자유주의와 헤겔의 이념이 러시아의 저항운동을 자극하는데, 게르첸을 중심으로 하는 서구주의와 호먀코프 등의 슬라브주의가 충돌하게 된다. 서구주의자들은 서유럽의 부르주아적 민주주의 입장에서 농노제와 전제군주제를 비판하며 러시아를 변화시키려 했고, 슬라브주의자들은 유럽의 개혁이 부패를 초래했다고 보고 아직은 도덕적으로 순수하고 부패가 적은 러시아를 위해 슬라브적 전통에 기반을 둔 발전방향을 제시한다.

1873년 많은 청년들이 '브 나로드(인민 속으로)'의 이상을 실현하고자 농촌으로 갔다. '브 나로드' 운동의 인민주의사상은 게르첸의 이념이 바탕이 된다. 게르첸은 서유럽의 실패를 기반으로 하여 무지한 농민을 계몽시켜 정의사회를 구현해야 한다고 생각했다. 그러나 농민들의 무관심, 냉대, 불신과 의혹, 적대감은 '브 나로드' 운동을 실패로 이끈다. 1876년까지 '브 나로드' 운동의 참여자들은 4천명 가까이 체포되어, 재판과정에서 자살하거나 병에 걸려 죽고 살아남은 자들은 유죄판결을 받는다.

'브 나로드' 운동의 실패로 인민주의자들은 강력한 조직의 필요성을 느낀다. 1876년 페테르부르크에서 최초의 혁명정당 '토지와 자유'가 결성되었다. 이들은 인민들을 설득하는 대신, 구체적인 강령을 제시하고 지식인과 노동자들, 농민들 사이의 결속력을 다지고자 했다. 그러나 점차 더욱 급진적인 혁명을 도모하는 테러리즘이 만연하게 되자, '토지와 자유'로부터 분리되어 '인민의 의지'를 조직하는데, 알렉산드르 2세를 암살하고 강력한 정부의 탄압의 대상이 된다.

(4) 알렉산드르 3세 (1881~1894)

알렉산드르 3세는 아버지의 암살로 충격을 받아 강력한 반동정책을 실시한다. 전제군주제, 귀족체제, 교회권력의 회귀를 위해 젬스트보 활동을 중단시키고, 검열 강화, 대학의 자치권 폐지, 농민을 지배하고 감시하기 위한 지방관리제도가 생겨났다. 1880~90년대에 러시아에서도 자본주의화의 흐름을 막을 수 없었다. 섬유공업의 발전으로 자본주의적 생산체계가 늘어나고, 철도가 확충되어 곡물수출, 자원수출 등 무역이 활성화된다. 외자 도입이 공업발전을 가속화시켜 산업화가 빠르게 진행되지만, 산업 간의 불균형과 노동자의 처우 문제가 대두되었고, 몰락하는 농민과 농촌문제도 심각해졌다.

(5) 니콜라이 2세 (1894~1917)

니콜라이 2세는 시대착오적인 반동정치를 계속한다. 언론과 사상을 통제하고 교육제도의 제한, 젬스트보의 축소, 분리파 교도들에 대한 종교박해, 유태인의 경제활동 탄압 및 학살 등이 자행되었다. 니콜라이 2세 치하에서도 혁명가들의 활동은 꾸준히 계속되었다. 산업화로 인해 늘어난 노동자 계급과 그들의 권리를 주장하며 청년, 학생들과 함께 조직된 '인민의 권리'는 당국의 단속으로 곧 해산되지만, 1895년 '노동자계급 해방투쟁동맹'이 결성된다. 동맹은 레닌의 지도하에 마르크스주의자들의 작은 모임들이 하나의 조직으로 뭉쳐진 것으로, 노동자들 사이에서 선동, 파업지도, 이념 교육 등 적극적인 활동을 펼친다. 이 동맹의 지도하에 1896년 섬유노동자 총파업이 일어난다. 파업은 급속도로 다른 분야의 산업에 확산되어 러시아 전 노동자들을 자극한다. 이에 놀란 정부는 이틀 만에 노동법을 제정하여 노동자의 경제적 요구가 정치적으로 수용되었다.

한편, 대외적인 관계에 있어, 만주와 조선에서 세력권을 나누고자하는 러시아와 일본의 교섭이 시작되었는데 양국의 의견이 대립하여 성과를 거두지 못한다. 결국 일본은 러시아와의 전쟁을 결정하고, 1904년 일본해군의 기습공격으로 전쟁이 시작된다. 니콜라이 2세는 선전포고도 없이 시작된 전쟁에 대비를 하지 못해 후퇴를 하면서 시간을 벌다가 유럽의 증원군이 도착하면 전진하려는 전략을 세운다. 그러나 전세는 역전되지 않았고, 세계는 일본의 군사력에 놀라게 된다. 러시아 군의 연이은 패배는 국내의 불만을 가중시켜 민심이 돌아서게 된다. 니콜라이 2세는 국내에 만연한 혁명의 분위기에 군대마저도 동요하는 반란의 기운을 감지하고 서둘러 전쟁을 종식시켜, 일본에게 조선, 남만주와 사할린 남부에 대한 지배권을 인정하고 패배를 받아들인다.

러일전쟁의 패배로 제국의 위상은 바닥으로 떨어지고, 곳곳에서 계속되는 파업과 노동운동은 사회적 불안을 가중시키는 가운데, 1905년 사제 가폰과 노동자들이 황제에게 청원서를 올리러 가는 행렬을 향해 황제의 군대가 발포하는 사건이 일어난다. 하루만에 4천여 명의 사상자를 낸

'피의 일요일' 사건으로 황제와 권력에 대한 불신이 확산되어 전국 곳곳에서 무력충돌이 발생했으며, 모스크바에서 총파업이 시작된다. 더 이상 막을 수 없는 혁명이 시작되었다.

7. 러시아 혁명

산업화로 성장한 프롤레타리아는 마르크스주의와 결합한 저항운동의 중심에 위치한다. 러시아 최초의 마르크스주의자였던 플레하노프의 이념은 레닌Ленин, Владимир Ильич에 의해 구체화된다. 당시 교육수준이 높았던 시민들 사이에 정치, 사회적인 불만을 표출하는 젊은이들이 혁명에 가담하기 시작하는데, 그들의 대표가 레닌이었다. 레닌은 형이 황제의 암살에 가담해 처형당한 후, 본격적으로 혁명에 뛰어든다. 1893년 페테르부르크에서 강연 및 출판 활동을 시작하면서 레닌은 유형, 망명, 체포를 거듭하면서 중산층과의 연대를 거부하고 농민과 노동자와 연합하여 혁명을 실현하고자 한다. 1900년 해외에서 《이스크라》를 창간하여 사회민주노동당 창당을 지원하며, 노동자의 무장봉기, 노동자와 농민의 혁명만이 차리즘을 타도할 수 있다고 주장한다.

1905년 1월 '피의 일요일' 사건을 시작으로 일어난 제 1차 혁명은 파업, 봉기로 이어져 1907년까지 계속되다가 중단된다. 전제정권 타도, 노동자의 권리 보장, 지주의 토지 몰수 등을 주장한 제 1차 혁명은 비록 실패로 끝나지만 노동자의 요구는 점차 경제적이고 정치적인 요구로 발전하고, 무장봉기로 이어지는 투쟁방법도 진보하여 큰 교훈을 남긴다.

제1차 세계대전 발발, 정부의 반동개혁을 지휘하던 스톨리핀이 암살되는 등 국내외적으로 혼란이 가중되자, 황제는 국가의 통제력을 상실해 갔다. 물가가 폭등하고, 소수의 지주, 자본가, 부농에게로 부가 축적되는 불균형이 심각해졌으며, 생계를 위해 많은 노동자들이 외국으로 떠났다. 1917년 2월 여성노동자 총파업을 시작으로 조직적인 봉기가 혁명으로 이어진다. 노동자들로부터 시작한 혁명은 황제의 군대마저 가담하여 마침내 전제정권이 무너지게 된다. 이후 국가적 안정과 혼란을 수습하기 위해 노동자와 병사를 중심으로 소비에트가 구성되고 자본가와 지주를 기반으로 하는 임시정부가 설립된다. 그러나 전제정권이 무너진 후에도 빵, 토지, 자유의 문제가 해결되지 않고, 굶주림과 전쟁으로 여전히 힘든 삶이 지속되자 끓어오르는 민중들의 열기가 가라앉지 않았다. 임시정부는 이 혼란을 수습하려고 노력하지 않았다. 자본가와 지주들의 입장에서는 전쟁에서 승리하여 권력을 얻는 것이 더 유리했기 때문에 배고픈 민중에게 빵과 토지 그리고 자유조차 내주지 않았다. 민중들이 희망을 거는 쪽은 소비에트였다.

레닌은 〈4월 테제(1917)〉에서 사회주의 혁명을 주창하며 대중의 환호 속에 러시아로 돌아왔다. 레닌의 주창은 매우 큰 반향을 불러일으켰다. 그 누구도 혁명에 사회주의의 옷을 입힌 적이 없어서 부르주아측은 레닌을 독일의 첩자라고 비난했으나, 당시 민중의 움직임은 레닌의 〈4월 테제〉와 같은 방향으로 나아갔다. 임시정부와 민중간의 갈등은 권력을 소비에트로 집중, 전쟁 중지, 임시정부 타도를 주장하는 시위로 이어진다. 레닌과 뜻을 같이 하는 볼세비키는 조직적인 무장봉기인 10월 혁명을 통해 임시정부의 세력을 무력화시키고 유일한 권력으로 인정받게 된다.

1917년 10월 25일 제2차 전러시아 소비에트 대회에서 세계 최초의 사회주의 혁명이 성공했음을 발표한다.

1918년 세계대전에서 패배하고 국토는 황폐해져 민중의 관심은 소비에트에 집중되었다. 소비에트에서 목소리가 커진 볼셰비키는 대중의 지지를 힘입어 프롤레타리아 독재, 모든 민족의 동등한 권리, 토지와 생산수단의 인민소유를 확정짓는 '러시아 사회주의연방 소비에트 공화국 헌법'을 채택한다.

장성과 장교, 자본가와 지주, 부농, 소비에트와 의견을 달리하는 반혁명군은 소비에트의 권력 타도를 외치며 힘을 모았다. 유럽과 미국, 일본의 연합군은 사회주의를 반대하며 반혁명군을 지원했다. 1918년 러시아에 또다시 전쟁이 시작되었고 혁명군과 반혁명군이 맞서는 내전이 러시아를 초토화시켰다. 반혁명군으로 이루어진 백군의 제독인 콜착은 시베리아와 우랄을 점령하고 볼가로 진격했다. 혁명군으로 이루어진 적군은 카프카스와 중앙아시아에서 극동지방까지 진출하면서 전세를 유리하게 바꾸어 놓았다. 적군은 내전에서의 승리를 니콜라이 2세와 그의 가족을 사살하는 것으로 알린다. 1920년 내전은 종식되지만, 산업시설은 거의 남지 않았고, 농업생산량은 전쟁 전에 비해 40%가 가능했지만 곧이어 찾아온 대기근은 또다시 파업과 시위로 이어지게 된다.

1921년 민심을 수습하고 생산성을 회복하고자 신경제정책 '네프'를 발표한다. '네프'는 산업부문에서 부분적으로 자본주의적 요소를 도입하여 사적인 영리추구를 허용하고, 농업 생산성을 증가시키는 등 단시간에 경제를 활성화시켜 국가를 안정시키고자 하는 정책이었다. 신경제정책은 빠른 속도로 모든 산업을 정상화하였다. 1926년 농업과 공업 생산력이 전쟁 전의 수준을 넘어서게 된다.

8. 소비에트 시대

1917년 사회주의 혁명이 성공한 이후 러시아는 제국주의 체제를 버리고, 주변국과 소수민족을 끌어들이며 연방국 설립을 위한 제도적인 문제들을 하나씩 풀어나갔다. 소비에트사회주의연방공화국은 유라시아 대륙의 거대한 영토에서 자본주의에 대립되는 새로운 이념의 강력한 정부를 수립하게 된다.

(1) 스탈린Иосиф Виссарионович Сталин (1924~1953)

1924년 1월 21일, 러시아 혁명의 아버지이자 새 정권의 수장이 되어야 할 레닌이 사망한다. 이후 트로츠키와의 권력투쟁에서 승리한 스탈린은 '네프'를 중단시키고, 농업 집단화와 중공업을 중심으로 하는 공업화 정책을 바탕으로 제1차 5개년 계획을 수립한다. 이 기간에 1500개 이

레닌과 스탈린

상의 새 공장이 건설되었고, 거대한 공업단지가 조성된다. 화학, 자동차, 항공, 조선, 전기 등의 분야가 빠르게 성장하여 소련은 유럽 최고의 공업국, 세계적으로도 미국에 이어 2위의 공업국으로 발전한다. 스탈린의 5개년 계획으로 외국의 도움 없이 소련은 단숨에 공업국가로 성장했고, 군수산업도 성장하여 강대국 대열에 들어섰다.

스탈린 시대에 농업분야에 있어서 가장 큰 변화는 집단화 정책이다. 농업의 대규모화, 기계화를 통해 농업생산력을 높이고, 농촌의 인구를 도시의 공업화에 재배치한다는 계획이다. 1928년 부농에 이어 중농에 대해 곡물의 강제수매가 시작되었고, 1929년 '농촌에서의 제2의 10월 혁명'이라 불리는 집단화가 불과 3개월 만에 58%나 이루어졌다. 1930년에는 반집단화 폭동이 2000여건 이상 일어나 농민이 이탈하면서 위기를 맞게 된다. 그러나 곧 부농의 축출 운동으로 쫓겨난 부농의 재산이 국가에 몰수되고 강제적인 집단화는 완성된다. 1937년 소련 전 농가의 93%가 집단농장에 포함되었다. 농업의 집단화는 농촌에서의 계급 없는 사회를 만들어주지만, 강제적인 방법으로 많은 농민이 희생되었고, 생산의욕 저하로 이어져 이후 계속되는 소련의 식량난을 가져오게 된다. 농업의 집단화 과정에서 소수민족들이 강압적으로 집단농장 건설에 동원되는데, '고려인'으로 알려진 재러한인 17만명이 중앙아시아로 강제이주 당했고, 이주 과정, 건설과정에서 수많은 희생자를 내기도 했다.

독단적이고 강제적인 스탈린 정책의 성과 뒤에 불만의 목소리도 높아졌다. 1932년 비밀문서 〈류틴선언문〉을 통해 스탈린의 정책이 비난 받는다. 1933년 키로프는 비밀경찰의 권력 축소와 농업행정의 비효율성, 정치부 폐지 등을 주장하며 당원들의 지지를 얻기 시작하자 암살된다. 키로프의 암살이 자극이 되어 스탈린의 권력을 제한할 '제2당' 창당이 거론되자, 1936년 대숙청이 시작된다. 당 대표를 비롯해서 당 최고 지도자들에 이르기까지, 또한 사회 전부분에 걸쳐 인민의 적을 색출하여 800만 명이 체포되어 80만 명이 처형되었고, 나머지는 투옥되거나 집단수용소로 갔다. 당시 열악한 상황으로 보아 집단수용소 내 사망률이 높아 생존 가능성이 매우 낮았다.

1941년 독일과 그 동맹국은 제2차 세계대전을 일으킨다. 독소불가침 조약을 신뢰하던 스탈린은 전쟁에서는 승리하지만 참전국 중 가장 큰 피해를 입게 된다. 대숙청에 이어 일어난 전쟁이었기에 대처할 만한 지휘부와 군사력이 크게 약화되어 초기 대처가 미약했으나, 위기 앞에서 조국을 지키고자 하는 인민들이 힘을 모아 파시즘에 맞서 싸운다.

소련의 승리로 전쟁이 끝나자 미국은 국제사회에서 소련의 영향력이 증대되는 것을 우려하여 '철의 장막'을 거론하며 사회주의 확산을 막고자 한다. 소련은 전승의 기운을 몰아 동유럽국가로 전진하여 동유럽 각국이 소련의 지원을 받으며 사회주주의 체제로 발전한다. 미국은 소련을 견제하기 위해 '마셜 플랜'으로 유럽의 경제부흥을 도왔고, 소련은 이에 맞서 '몰로토프 플랜'으로 동유럽의 경제부흥을 지원한다. 1947년 미국과 소련의 긴장상태가 적극적이 되면서 '냉전시대'가 열린다. 전후 독일의 문제가 동독과 서독으로 나뉘어 각각 체제가 다른 국가가 수립된다. 그러나 뜻밖에도 미국과 소련의 두 진영 간의 보이지 않는 싸움의 최대 피해자는 한국이었다. 1950년 한국전쟁이 일어나고, 1953년 남북이 분단된 상태로 휴전된다.

1950년대 전후 혼란을 잠식시키고자하는 스탈린은 문화예술분야의 이데올로기까지도 통제하며 강경하게 대응한다.

(2) 스탈린 사후

1953년 스탈린 사후에 소련에서는 '해빙'의 분위기가 무르익는다. 1956년 흐루시초프Никита Сергеевич Хрущёв(1953~1964) 는 스탈린 시대를 총체적으로 비판하며 권력을 장악한다. 흐루시초프는 사회주의가 이제 완성되었다며 낙관적인 정치 성향을 보인다. 1957년 10월 4일 소련은 세계 최초로 인공위성 '스푸트니크' 1호를 발사하는데 성공한다. 1961년에는 최초의 유인 유주선을 발사하여, 최초의 우주인 가가린은 세계적인 저명인사가 되었다. 흐루시초프는 미국과의 회담도 시도하여 아이젠하워 대통령과 정상회담을 갖는다. 정치에서는 탈스탈린화, 문화에서는 탈이데올로기화를 추구하는 개혁 정책을 주장했으나 독선적인 결정과 집행 등이 당 간부들의 불만을 사고, 추진했던 농업정책도 성과가 부진해 재야에 묻힌다.

브레즈네프Леонид Ильич Брежнев(1964~1982)는 안정적인 성장을 지향하는 정책을 세운다. 흐루시초프의 개혁정책은 빠른 속도로 폐지되고, 스탈린에 대한 비판은 금지된다. 1970년대 소련은 심각한 경제적 침체기를 맞이하지만, 외교정책에서는 소련의 힘을 과시하는 쪽을 선택한다. 1968년 체코슬로바키아에 무장개입을 하고, 1979년 아프가니스탄을 침공하는데, 미국으로부터 인권문제로 공격받으며 미국과의 관계가 악화된다. 브레즈네프 시대의 경제 침체는 심각한 식량문제, 흉작과 농업정책의 실패, 이농현상, 물가상승 등의 문제를 야기한다.

안드로포프Юрий Владимирович Андропов(1982~1984)는 취임 후 지

하경제와 관련된 각료들을 해임하고, 노동의 현장에서의 기강확립 등의 적극적인 개혁의 의지를 보였으나 곧 병으로 사망한다. 체르넨코 Константин Устинович Черненко(1984~1985)는 노동조합 지원, 교육제도 개편, 관료정치 개선을 도모하지만 건강문제로 사망한다.

(3) 고르바초프Михаил Сергеевич Горбачёв(1985~1991)

고르바초프는 글라스노스치와 페레스트로이카를 제창하면서 실질적인 개혁을 시작한다. 사회주의를 강화시키기 위한 민주화의 필요성을 제시하며, 경제제도의 문제점으로 신기술 도입 지연, 중앙집중식 관리, 인간의 다양성 무시 등을 꼽았다. 해결책으로는 경제제도의 민주화, 시장경제 요소 도입을 제시한다. 고르바초프의 개혁은 정치제도로 이어져 당협의회에서 최고 소비에트를 폐지하고 국가 최고 기관으로 인민대의원

고르바초프와 레이건

대회를 신설하여 새로운 국정체제가 마련된다. 당과 국가의 분리, 특권 계급의 폐기, 대표자의 자유선출, 정부 요직의 임기제도 등이 제시되었다. 고르바초프의 개혁과 개방정책은 정치, 경제, 사회, 문화 전반에 걸쳐 본격화되며 소련 지도층의 분열을 가져온다.

1990년 리투아니아의 독립선언을 계기로 발트 3국과 그루지야 등지의 탈소 독립운동이 가속화되기 시작된다. 고르바초프는 소련의 연방권력보다 합리적인 새로운 연방안을 제시하지만 거부당한다. 때를 같이하여 헝가리, 폴란드, 동독, 체코슬로바키아, 불가리아 등 동유럽 국가에 개혁과 자유화 운동이 활발하게 일어난다.

(4) 옐친Борис Николаевич Ельцин(1991~1999)

동유럽의 자유화는 소련에 크게 영향을 준다. 적극적인 시장경제제도 도입이 촉구되었고, 공화국의 분리 독립은 걷잡을 수 없이 확산되었다. 1991년 고르바초프의 사임 발표와 함께 비상사태가 선포되었고, 세계의 관심이 모스크바로 집중되었다. 체제유지를 주장하는 보수파는 고르바초프를 감금하고 쿠테타를 일으킨다. 옐친은 이에 맞서 국회의사당에 반쿠테타 세력을 집결시키고, 쿠테타를 3일 만에 무너지게 한다. 대중들 사이에 인기가 높아지며 옐친은 순식간에 영웅이 되었다. 동시에 개혁과 개방을 상징하던 고프바초프마저도 구시대의 상징으로 전락한다. 소련 공산당은 해산되고 당의 재산도 몰수된다.

소련이 붕괴되고 러시아는 사회주의에서 자본주의체제로 전환한다. 러시아는 소련의 채무와 국제사회에서의 지위를 이어받는다. 자유시장체제를 위한 급진적인 경제 개혁으로 국영기업의 사유화, 군수산업의 민영화, 국가 보조금 철폐, 상품가격의 자유화가 실시된다. 그러나 수직으로 상승하는 물가가 경제를 마비시키고 생산량이 격감하여 절반이 되고 실업자가 2,000만을 기록하고 국민의 90%가 극빈층이 된다.

옐친은 독립국가연합(CIS)을 만들어 주변 공화국 문제를 정리하고자 하지만 민족 간의 분열이 심화되어 유혈충돌이 끊이지 않았고, 그루지야, 아르메니아, 아제르바이잔, 크림 반도 지역이 전쟁터가 되었다.

국민의 새정부에 대한 지지도가 떨어지고 반대세력이 급부상하여 위기를 느낀 옐친은 조기 대선을 계획하지만 부결된다. 이에 옐친은 또 다른 비상사태를 선언하고 반대세력을 무력으로 진압한 후 정권을 잡는다. 1991년, 1996년 대선에서 대통령으로 당선되어 집권이 장기화 되는데, 경제개혁에 실패하고 독립국가연합에서 주도권 다툼에서도 실패하여 정권유지에 어려움을 겪는다. 1999년 옐친은 푸틴을 권한대행으로 임명하고 사임한다.

2008년 방송 채널 "러시아"에서 러시아 역사상 가장 확실하게 조국을 위해 의미 있는 일을 한 영웅을 뽑았다. 사진은 500명 중 최종 선발된 50명의 사진과 초상화이다. 정치, 문학, 음악 등 다양한 분야의 국민 영웅들이 선출되었다.

〈참고문헌〉

* https://ru.wikipedia.org/wiki/%C8%F1%F2%EE%F0%E8%FF_%
  D0%EE%F1%F1%E8%E8
* 마이클 우드, 피터 퍼타도. 『죽기 전에 꼭 알아야 할 세계 역사 1001
  Days』, 마로니에 북스, 2009
* 이무열. 『러시아역사 다이제스트 100』, 가람기획, 2009
* 허승철 외. 『러시아 문화의 이해』, 대한교과서, 1998
* 김학준. 『쉽게 풀어쓴 러시아사』, 보성, 1992

3. 문학

러시아 역사에는 전환적인 의미를 지니는 세 번의 사건이 있는데 10세기 말 기독교 수용, 18세기 표트르 대제 개혁, 20세기 초 사회주의 혁명이다. 이것은 러시아 문학에도 동일하게 적용된다. 이 과정에서 문학을 비롯해 러시아 문화는 오랜 시간의 폐쇄 및 정체의 단계에서 머물러 있다가 짧은 시간 열정적으로 타자의 것을 수용 흡수한 뒤 '나'의 것과 '남'의 것을 조화롭게 통일시켜 결국 독특한 자신만의 것을 재창조해낸다. 이와 같은 러시아 문화사의 정체—수용—재창조 과정은 러시아 문학사 각각의 단계에서 진행된다. 정교 수용과 함께 러시아는 기독교적 세계관과 범신론적 자연관을 조화롭게 결합시키면서 고도로 발달된 예술적 성취도를 보여준다. 서구화가 시작되는 18세기부터 러시아 문학은 근대 문학의 토대가 마련되고 결국 19세기 위대한 러시아 리얼리즘 문학의 '황금시대'Золотой век가 열린다. 또한 19세기 말부터 시작되어 20세기 초 사회주의 혁명을 전후해서 러시아 문화는 다양한 장르의 모더니즘 예술이 전성기를 맞이하면서 이른바 '은빛시대'Серебряный век가 꽃을 피우게 된다.

러시아 문학은 크게 푸시킨부터 체호프에 이르는 19세기 러시아 문학, 20세기 초부터 시작되는 소비에트 문학, 20세기 말부터 시작된 포스트 소비에트 문학으로 나뉜다. 특히 19세기는 세계 문학사에 중요한 흔적을 남긴 러시아 낭만주의(1820~1840)와 러시아 리얼리즘(1855~1880) 시대이다. 러시아 문학사 구분은 러시아 역사 구분과 같이 진행한다. 크게 고대(17세기까지), 근대(18세기이후), 현대(20세기이후)로 구분된다. 18세기 표트르 대제 시대를 기준으로 그 이전은 고대 러시아, 그 이후는 근대 러시아이다. 1917년 혁명이후 소비에트 러시아 시기부터 현대 러시아인데 러시아 문화는 흔히 19세기 말 모더니즘 시기(1895~1925)를 포함시킨다. 특이하게도 러시아에서는 고대와 중세를 따로 구분하지 않는다. 사실 9세기부터 17세기까지 서유럽은 중세에 해당하지만 러시아에서는 중세라는 말 대신 고대라는 말을 선호한다. 한마디로 러시아에서는 고대 러시아와 중세 러시아가 같은 의미이다. 일반적인 시대 구분을 통해 러시아 문학 시기를 아래와 같이 더욱 세밀하게 나누기도 한다 : 고대 러시아 문학(988~1730) - 신고전주의/계몽주의(1730~1790) - 감상주의/전기낭만주의(1790~1820) - 낭만주의(1820~1840) - 자연주의(1840~1855) - 리얼리즘(1855~1880) - 리얼리즘에서 모더니즘으로의 이행(1880~1895) - 모더니즘(1895~1925) - 사회주의 리얼리즘(1925~1953) - 소비에트 시대의 여명(1953~1987) - 글라스노스치와 포스트글라스노스치(1987~현재)

1. 고대 러시아 문학

고대(혹은 중세) 러시아 문학은 11세기부터 17세기까지에 해당된다. 10세기말 고대 교회 슬라브어와 정교수용으로 고대 러시아 문학이 등장한다. 그 이전에 동슬라브족인 러시아에는 슬라브 민족 특유의 구비문학적 전통을 갖고 있었다. 전설, 민담, 민요, 서사시 등의 구비문학 속에는 고대 러시아 민중들의 생활양식이나 풍속, 사상 등이 보존되고 있을 뿐 아니라 러시아 문학의 특징으로 꼽히는 민중성과도 연관되기 때문에 학문적 가치를 갖는다.

고대 러시아 문학은 동슬라브어를 사용하는 민족이 단일 공동체로서 최초의 부족국가인 키예프 공국을 세우면서 시작된다. 고대 러시아 문학은 시기적으로 서구의 중세문학에 해당되고 중세문학의 일반적인 특징인 종교성, 역사성, 익명성을 지닌다. 그러나 고대 러시아에는 중세의 경제적인 토대인 봉건제도가 상당히 미약했고 또 기독교적 특성뿐 아니라 세속적이고 이교적 요소가 여전히 강하기 때문에 러시아 문학계에서는 중세문학이라는 용어보다 고대문학이라는 용어를 주로 쓴다.

고대 러시아 문학은 보통의 중세문학처럼 '종교문학'이었고 성서와 전례서 등이 사실상 문자 텍스트의 대다수를 차지한다. 그 외 비종교 문학으로는 역사 기술, 즉 연대기Летопись가 있다. 11세기 전반부터 씌어지기 시작했는데 처음에는 역사적 사건, 전쟁, 재해 등에 대한 짧은 기록을 모은 것이었다가 점차 문학적 형식을 취하게 된다. 키예프 시대 가장 훌륭한 연대기 작가로는 키예프동굴수도원의 네스토르가 있고 그가 집대성한 『원초연대기』(1113)가 있다. 역사적 사실이나 사회적 상황, 혹은 보편적인 문제에 대해 설득, 교화, 감동을 목적으로 쓰여진, 현재 우리가 이해하는 문학적 글쓰기가 등장하는데 대표작은『이고리 원정기』(1185)이다. 이 작품은 고대(중세) 동슬라브문학의 백미로서 이후 작품의 여러 내용과 모티브 등이 회화, 오페라, 공예 등에 활용되기도 한다. 한마디로 이 작품은 러시아 문학, 역사, 인문학 전반에 걸쳐 중요한 역할을 하게 된다.

한편 13세기 중엽 러시아는 몽골 따따르의 지배를 받게 되면서 이후 약 240년간 문화적 암흑기에 빠진다. 15세기 말 몽골의 압제에서 벗어난 이후 16세기 말과 17세기 초의 '혼란기' 시절 나타난 일련의 양상들은 러시아 문학의 세속화에 많은 영향을 끼친다. 17세기 문학은 교회의 영향에서 벗어나 세속적인 특성을 강하게 띠게 되고, 형식과 내용 면에서 보다 자유로운 소설적 장르가 나타난다. 17세기 후반 러시아 문학은 농민 봉기, 종교개혁 및 분열 등을 거치면서 비非교회적 장르 등을 탄생시킨다. 『아바쿰 생애전』(1672)은 17세기 러시아 문학의 최고 걸작으로서 문학적 가치 외에도 민중어로 쓰인 서한들 때문에 언어학적 연구 가치도 갖는다.

2. 근대 러시아 문학

18세기부터 시작된 근대문학은 19세기 낭만주의와 리얼리즘 시대에 러시아 문학의 '황금기'가 된다. 18세기 표트르 대제의 개혁으로 추진된 서구화 정책과 인쇄 기술의 보급은 러시아 근대문학의 토대를 마련한다. 19세기 러시아는 문학뿐만 아니라 음악, 회화, 발레 등 문화의 다양한 분야에서 비약적인 발전이 이루어지는 시기이다. 그 중에서도 이 시기 러시아 문학은 세계 문학사에서 중요한 위치를 차지하는데 이 시기를 대표하는 작가로는 푸시킨, 레르몬토프, 고골, 투르게네프, 도스토예프스키, 톨스토이, 체호프가 있다.

19세기 러시아 문학의 시작점은 1825년이고 종착점은 1904~1905년이다. 1825년은 러시아 문학과 역사에서 흥미로운 해이다. 당시 스물 여섯 살의 푸시킨은 운문소설 『예브게니 오네긴』을 발표하는데 이 소설이 등장하면서 러시아 문학은 찬란한 '황금시대'를 시작한다. 러시아 역사에서 이 해는 니콜라이 1세 통치가 시작된 해이자 전제주의에 반대한 귀족 청년들의 제카브리스트 난이 일어난 해이다. 1904년과 1905년은 체호프가 사망한 해이고 러시아 혁명이 일어난 해로서 19세기 러시아 문학과 역사가 막을 내린다. 다시 말해 19세기 러시아 문학은 푸시킨의 문학과 청년들의 반란으로 시작되었고 체호프의 사망과 러시아 혁명으로 종결된다.

그럼 러시아 문학을 문예사조와 작가들을 중심으로 살펴보자. 통상 문예사조란 문학적 경향이나 대표 작가들과 함께 역사 속에서 문학 내용이 갖는 일정한 전통과 체계를 의미한다. 러시아 문학사에서는 근대문학이 형성된 시기에 태동한 고전주의부터 감상주의, 낭만주의, 리얼리즘, 모더니즘, 사회주의 리얼리즘 등의 사조들이 있다.

(1) 러시아 고전주의

서유럽의 다른 국가들보다 늦게 출발한 러시아 고전주의는 서유럽의 영향을 받았지만 민족성이 가미되면서 러시아만의 독특한 특성을 지닌다. 고전주의는 계몽군주와 절대 권력을 찬미하는 내용과 형식이 주도적이다. 인간의 이성과 규범, 사회 질서 등이 중시되고 궁정 문학적 성격이 강하다. 러시아 고전주의의 대표적 장르는 시인데 그 중에서도 송시 장르가 두드러진다. 대표적인 인물로는 칸체미르, 트레지야콥스키, 로모노소프, 수마로코프 등이 있다. 고전주의는 수마로코프를 정점으로 하강기에 접어든다. 문학의 새로운 동향은 극작 분야에서 나타나게 되고 내용도 변화되어 고전주의에서 벗어난다. 18세기 최대 극작가 중 한 사람인 폰비진에게서도 고전주의 요소는 그다지 발견하기 힘들다. 폰비진의 희곡 『미성년』(1782)은 러시아 귀족사회의 무지와 타락을 풍자한 작품으로 주인공 미트로판은 속물과 이기주의의 전형이다.

(2) 러시아 감상주의

18세기 후반 러시아 문학은 계몽주의적 이성주의가 위기에 처하면서 고전주의가 쇠퇴하고 감상주의가 등장한다. 감상주의는 개인의 의식 속에 들어있는 비극과 정한, 슬픔과 고통에 관심을 기울인다. 러시아 감상주의에서는 비가, 즉 엘레지가 자주 등장하지만 시보다는 소설, 그 중에서도 장편보다는 중편을 선호한다.

러시아 감상주의를 대표하는 작가로는 라지셰프와 카람진이 있다. 라지셰프는 민중적이고 급진적 경향을 지녔으며 흔히 '러시아 최초의 혁명 문학가'로 불리기도 한다. 송시 「자유」(1790)를 통해 농노제 현실을 비판하고 대표작 『페테르부르크에서 모스크바로의 여행』(1790)에서는 농노해방과 사회개혁을 주장한다. 카람진은 『러시아 국가사』(1816~1829)를 쓴 역사학자로서 러시아 감상주의의 보수적 경향을 대표하는 작가이다. 특히 『가난한 리자』(1792)는 러시아 귀족적 감상주의의 특징이 잘 나타나있는 단편소설이다.

(3) 러시아 낭만주의(1820~1840)

19세기 위대한 러시아 문학은 1820년 낭만주의 시대부터 시작된다. 러시아 낭만주의는 서구 낭만주의의 영향 아래 발전한다. 서구 낭만주의는 고전주의가 쇠퇴하기 시작한 18세기 후반부터 사회적, 문화적 현상으로 나타나기 시작한다. 그러나 러시아 낭만주의는 1812년 나폴레옹 전쟁 승리에 따른 밝은 기대감이 황제의 반동정치에 의해 좌절되면서 시작된다. 뒤이어 1825년 제카브리스트 봉기가 실패하면서 러시아 미래에 대한 비관적 분위기가 팽배해지는 것도 러시아 낭만주의의 특징 중 하나이다.

1825년 봉기는 러시아 낭만주의 시대에 중요한 기준점이 되는데 게르첸은 이를 경계로 러시아 낭만주의를 전기와 후기로 나누고 푸시킨과 레르몬토프를 각각 대표시인으로 간주하기도 한다.

일반적으로 낭만주의 작품은 엄격한 규범에 얽매이지 않고 문체나 구성에서 자유로우며 종종 다양한 장르의 특성이 혼합된다. 19세기 초에 시작된 러시아 낭만주의는 19세기 중엽까지 이어지다가 사실주의에 의해 밀려나게 되지만 20세기 작가들에게도 적지 않은 영향을 미친다. 초기 낭만주의는 고전주의나 감상주의와의 연결이 지속되면서 비평가 벨린스키가 지적한 대로 '인간의 내면세계'를 지향하는 문학적 특성을 지닌다. 시가 주류를 이루다가 산문으로 옮겨가면서 이후에 전개되는 리얼리즘의 토대를 마련하기도 한다.

러시아 낭만주의는 시대적 요청에 부응한 문예사조로서 현실과 이상의 괴리 속에서 두 가지 경향으로 나뉘어진다. 하나는 현실 변혁의 경향을 띤 '시민적' 혹은 '적극적' 낭만주의로서 르일레예프, 초기의 푸시킨, 레르몬토프 등이 대표적이다. 적극적 낭만주의는 시 속에서 자유를 갈망하고 현실의 농노제와 전제 정치에 대해 항의하며 조국에 대한 사랑을 표현한다. 다른 하나는 현실도피의 경향을 띤 '개인적' 혹은 '소극적' 낭만주의로서 쥬코프스키와 바튜시코프 등이 있다. 소극적 낭만주의자들은 현실에 절망한 채 인간 내면에서 이상을 찾고자 했다. 부조리한 현실에 대한 비판과 이상 사회에 대한 동경을 담고 있는 러시아 낭만주의는 그 안에 이미 19세기 러시아 리얼리즘의 싹을 품고 있음을 알 수 있다. 그렇게 해서 러시아 낭만주의는 자연스럽게 리얼리즘으로 이행하게 된다.

러시아 문학에서 낭만주의 시기인 이때 주요 작가의 소설 세 편이 발표되면서 러시아 근대문학의 토대를 마련한다. 바로 푸시킨의 『예브게니 오네긴』(1825~1831), 레르몬토프의 『우리시대의 영웅』(1839~1840), 고골의 『죽은 혼』(1842)이다. 흥미로운 점은 러시아 소설이 시와 긴밀한 연관을 맺고 있다는 사실이다. 세 사람 모두 시인이자 작가였는데(고골은 시를 쓰긴 했지만 주로 소설가로 활동) 특히 푸시킨과 레르몬토프는 19세기를 대표하는 시인들이다(또한 고골은 자신의 『죽은 혼』을 '서사시'라고 규정한다). 종종 문학에서는 시의 황금기를 거친 뒤 소설의 전성기가 도래한다. 러시아 문학도 마찬가지였다. 1820년대는 러시아 시의 황금기였다. 1830년대 러시아 문학은 낭만주의의 전성기를 맞는데 레르몬토프와 츄체프로 대표된다. 1840년대가 되면 드디어 러시아 문학의 소설에서 중요한 움직임이 나타난다. 푸시킨과 레르몬토프가 시의 황금시대를 열고 러시아 리얼리즘의 토대를 닦아 놓은 시인이라면, 고골은 러시아 리얼리즘 산문의 초석을 놓고 19세기 후반 산문의 황금시대를 연 소설가이다. 이 세 명의 작가에 뒤이어 투르게네프, 도스토예프스키, 톨스토이로 대표되는 본격적인 러시아 리얼리즘 시대가 도래한다.

러시아 근대문학은 푸시킨(1799~1837)부터 시작한다. 푸시킨은 낭만주의 시인이자 리얼리즘 작가이다. 앙드레 지드는 톨스토이와 도스토예프스키를 러시아 문학의 거대한 두 개의 산맥으로 비유한다. 하지만 두 작가를 찾아가려면 푸시킨이라는 산맥을 먼저 넘어야한다. 푸시킨 이후의 작가들은 푸시킨이 개척한 길을 따라갈 수밖에 없었다는 투르게네프의 말처럼 러시아 문화에서 푸시킨의 영향력은 거의 절대적이다. 우리에게는 톨스토이가 가장 친근한 러시아 작가이지만 실제 러시아인들은 푸시킨을 가장 사랑한다. 영국에 셰익스피어가 있고 독일에 괴테가 있다면 러시아에는 푸시킨이 있다고 말할 정도로 푸시킨에 대한 사랑과 자긍심은 대단하다.

푸시킨은 귀족 출신이지만 민중의 삶을 잘 이해하고 있었다. 어린 시절 프랑스인 가정교사로부터 교육을 받았지만 유모와 할머니로부터 러시아어를 배우고 러시아 민담과 민요를 듣고 자란다. 푸시킨은 외무성 관리로 잠시 근무하던 중 진보적 문학 서클인 '녹색 램프'에 가입해 미래의 데카브리스트들과 교류한다. 그러면서 그는 진보적 경향의 시 등을 발표하고 그로 인해 몇 번의 유형에 처한다. 1825년 제카브리스트 난이 발발하지만 유형 중이었던 푸시킨은 난에 참여하지 못한다.

푸시킨은 평이하고 간결한 시어를 사용해 인간의 내면과 삶을 노래한다. 푸시킨 창작의 주요 테마는 '사랑'(〈난 그대를 사랑했소〉, 〈케른 부인에게〉), '우정'(〈차르스코예 셀로의 추억〉), '자유'(〈자유〉, 〈시골〉), '자연'(〈카프카즈〉), '인생'(〈삶이 그대를 속일지라도〉), '시인'(〈시인〉, 〈예언자〉) 등 다양하다. 푸시킨은 수많은 시를 쓴 시인으로 유명하지만 이외에도 소설, 희곡, 평론, 에세이 등을 남겼다. 또한 푸시킨은 러시아 문학의 인물전형을 만들어낸다. 뛰어난 능력과 교육을 받았지만 사회와 민중에 기여하지 못하고 방황하는 인물인 '잉여인간'(〈예브게니 오네긴〉의 오네긴), 사회 최하층에서 가난하고 소외당한 채 주제적인 삶을 살지 못하는 인물인 '작은 인간'(〈역참지기〉의 삼손과 〈청동기마상〉의 예브게니) 등이 대표적이다.

러시아 문학은 타자의 것을 수용해서 자신만의 새로운 것을 재창조하는 수용과 재창조 과정을 거치는데 이는 바로 푸시킨 창작에서 시작된다. 푸시킨은 모든 사조와 경향을 수용해서 자신만의 독창적인 것으로 재창조해내는 천부적인 재능을 지녔다. 푸시킨은 러시아 낭만주의시기를 살았지만 그의 작품에는 이전 시대인 고전주의의 엄격한 질서와 낭만주의적 열정, 리얼리즘적 특성 그 모두가 함께 어우러져 있다. 이와 같은 푸시킨의 창작 세계를 가리켜 도스토예프스키는 모든 것을 포용하는 보편성을 지니고 있다고 말한다.

푸시킨의 대표작으로는 「루슬란과 류드밀라」(1829), 「집시」(1824), 「보리스 고두노프」(1825), 「벨킨 이야기」(1830), 「작은 비극들」(1830), 『예브게니 오네긴』(1831), 『청동 기마상』(1833), 『스페이드의 여왕』(1834), 『대위의 딸』(1836) 등이 있다.

가장 순수한 낭만주의의 전형을 보여주는 레르몬토프(1814~1841)는 뛰어난 낭만주의 시인이며 러시아 리얼리즘 심리소설의 창시자이다.

결투로 인해 푸시킨이 죽자 레르몬토프는 시 「시인의 죽음」(1837)을 발표하며 문단에 데뷔한다. 흔히 문학사에서는 푸시킨과 레르몬토프를 바로 앞뒤에 배치한다. 푸시킨과 레르몬토프 두 사람 모두 시인이자 작가였고 푸시킨은 레르몬토프의 전범이기 때문이다. 둘 다 귀족이었고 둘다 결투로 생을 마감한다. 하지만 두 사람의 작품 색깔은 상당히 다르다. 푸시킨의 세계가 밝고 긍정적이며 미래에 대한 낙관적 전망으로 가득한데 반해 레르몬토프의 세계는 회의적이고 어두운 분위기가 지배적이다. 푸시킨이 시에서 절제된 표현과 양식을 추구한 데 반해 레르몬토프는 감성, 열정에 치우쳐 자유로운 표현과 양식을 추구한다.

스물일곱 해 밖에 살지 못했지만 레르몬토프의 문학적 영역은 시, 소설, 희곡에 이르기까지 광범위하며 장르 면에서도 다양하다. 그러나 문학사에서 레르몬토프의 가장 큰 기여는 러시아 낭만주의 전통을 발전시키면서 19세기 황금기를 이루었던 사실주의 문학의 기초를 마련했다는 사실이다. 레르몬토프가 주로 활동하였던 1830년대는 1825년 봉기가 실패한 뒤 전제정권이 반동정치로 돌아선 시기이다. 1830년대 중반에 접어들면서 레르몬토프의 문학세계는 내용면에서도 다양해지고 장르와 문체 면에서도 더욱 풍부해진다. 현실에 대한 낭만주의적 접근보다는 점차 일정한 사회계층이나 습관, 혹은 민중을 대표하는 등장인물 형상을 만들기 위해 객관적인 표현이 주도하게 된다. 러시아 심리소설은 푸시킨이 아닌 레르몬토프로부터 시작되는데 대표작이 바로『우리 시대의 영웅』(1839~1840)이다. 이 소설에는 러시아 문학 최초로 자의식을 지닌 주인공 페초린이 등장한다. 그러한 페초린의 의식은 훗날 도스토예프스키와 톨스토이로 계승된다. 레르몬토프는 삶의 목적을 잃은 페초린에게서 나타나는 여러 모순을 냉혹하게 파헤치며, 인간들을 향한 무관심과 자아중심주의를 예리하게 비판한다. 레르몬토프는 푸시킨의 오네긴에 이어 페초린이라는 또 한 사람의 '잉여인간'을 만들어낸다.

레르몬토프의 대표작으로는 「가면무도회」(1835), 「시인의 죽음」(1837), 「악마」(1839), 「견습 수도사」(1839), 『우리 시대의 영웅』(1840)이 있다.

푸시킨이 시로 러시아 문학의 기초를 마련했다면 고골(1809~1852)은 소설로 러시아 문학을 세계 수준에 올려놓는다. 고골에 따르면 작가의 창작은 크게 『검찰관』(1836) 이전과 이후로 나뉜다. 우크라이나 출신인 고골은 열아홉의 나이에 고향을 떠나 원대한 꿈을 안고 페테르부르크에 도착한다. 고골은 1832년 낭만주의 중편소설 작품집『디칸카 근교의 야화』를 발표하며 문단에 데뷔한다. 우크라이나를 배경으로 한 이 작품집에서 고골은 우크라이나 구전 전설과 민담을 이용하여 현실과 환상이 밀접히 관련된 세계를 보여준다. 책은 엄청난 성공을 거둔다.

고골은 러시아 문학에 '욕망'이라는 화두를 던짐으로써 근대 문학의 기초를 마련한 작가이다. 이때 그 배경이 되는 것이 당시 러시아의 '관료제도'이다. 21세기 한국 사회가 자본의 세계라면 19세기 러시아 사회는 관등의 세계로서 인간이 관등에 지배되는 몰인격적 사회이다. 『외투』(1842)의 주인공 아카키와 같은 '작은 인간'은 외투에 대한 욕망이 생기면서 결국 죽음을 맞는다. 고골 사후에 페테르부르크를 배경으로 한 소설 다섯 편을 묶은 『페테르부르크 이야기』에는 유쾌한 풍자적 세계와 어둡고 음울한 세계가 공존하는데 욕망을 가진 인간들은 모두 파멸하고 오직 '속물'만이 살아남는다(코발료프와 피로고프).

고골은 뛰어난 풍자적 재능을 소유한 작가이다. 속물이 들끓던 당시 러시아 사회를 풍자하는데 탁월한 재능을 발휘한다. 하지만 후기로 갈수록 고골은 작가의 진정한 역할이란 사회를 교화하고 긍정적인 메시지를 제시해야하는 것이라고 생각하게 된다. 푸시킨이 죽은 후 고골은 그와 같은 작가적 소명에 더욱 집착하게 된다. 고골을 이해하는데 유용한 저서가 1847년 발표한 『친구와의 서신 교환선』이다. 이 책에서 고골은 당시 제정러시아를 지탱하는 3대 요소인 정교와 전제주의, 농노제를 옹호한다. 당시 진보지식인들은 이 세 가지를 비판하면서 특히 농노제 폐지에 대해 강도 높게 주장하던 터였다. 이후 고골은 문단으로부터 배척을 당하다가 1852년 43세의 나이에 비극적으로 생을 마친다.

고골의 대표작으로는 『디칸카 근교의 야화』 제1부(1831), 『디칸카 근교의 야화』 제2부(1832), 『아라베스크』(1835), 『미르고로드』(1835), 『검찰관』(1836), 『죽은 혼』(1842), 『친구와의 서신 교환선』(1847)이 있다.

(4) 러시아 리얼리즘(1855~1880)

러시아에서 리얼리즘 문학이 꽃피운 시기는 투르게네프의 『루진』이 발표된 1856년부터 도스토예프스키의 『카라마조프의 형제들』이 출간된 1880년까지 대략 25년 정도이다. 역사에서는 알렉산드르 2세가 통치하던 시기(1855~1881)이기도 하다.

19세기 후반은 리얼리즘 시대이다. 리얼리즘은 러시아 문학에서 '국민문학의 양식'이라고까지 칭해진다. 실제로 세계 문학에서 가장 주목받은 러시아 문학은 19세기 리얼리즘 문학이다. 특히 소설이라는 문학 장르를 이용하여 구비문학의 전통에서 나타나는 문학의 민중성을 기본으로 사회의 부정과 부패를 비판하고 세밀한 묘사를 지향한 러시아 리얼리즘은 러시아 문학사에서 중요한 위치를 차지한다. 19세기 리얼리즘을 20세기 '사회주의 리얼리즘'과 구별하기 위해 '비판적 리얼리즘'이라고 부르기도 한다. 리얼리즘이 사회 현실을 비판하고 사회관계의 모순을 파헤친다는 점에서는 비판적이라는 용어가 적당한 듯하다. 하지만 19세기 러시아 리얼리즘 문학에 담긴 철학적이고 종교적인 내용과 인류보편적인 휴머니즘을 간과한 용어라는 점에서 이의를 제기하기도 한다.

러시아 리얼리즘을 대표하는 작가는 투르게네프, 도스토예프스키, 톨스토이다.

'표면의 작가'이자 '스케치의 대가' 투르게네프(1818~1883)는 러시아의 현실을 가장 정확하게 실물 크기로 보여주는 작가로 평가된다. 어린 시절 대지주인 어머니의 영지에서 농노제의 폐해를 직접 체험한 후 그는 농노제 폐지에 대한 맹세를 한다. 투르게네프는 모스크바 대학과 페테르부르크 대학에서 공부한 후 독일과 이탈리아에서 유학한다. 대부분의 삶을 프랑스에서 보낸다.

투르게네프는 러시아 사회 현실의 모순과 변화를 예민하게 감지하고 이를 작품 속에 비판적으로 반영하고 묘사한다. 이처럼 투르게네프가 사회적 문제의식을 갖게 되는데 결정적인 영향을 끼친 사람은 비평가 벨린스키이다. 주로 시를 쓰던 투르게네프는 벨린스키의 영향 하에 점차 민중성과 리얼리즘에 주목하게 되고 그러면서 『사냥꾼의 수기』(1852)와 『아버지와 아들』(1862)을 완성한다. 『사냥꾼의 수기』는 당대 독자나 비평가들로부터 높은 평가를 받는다. 1861년 농노제 폐지에 도움이 되었다는 평가도 받는다. 이 작품은 아름다운 자연 묘사와 함께 농노들의 비참한 삶과 운명, 재능 등을 객관적으로 묘사함으로써 농노를 살아숨쉬는 하나의 인격체로 그리고 있다.

투르게네프 소설은 크게 사회소설과 자전소설로 나뉜다. 사회소설인 6대 장편소설은 『루진』(1856), 『귀족의 둥지』(1859), 『전야』(1860), 『아버지와 아들』(1862), 『연기』(1867), 『처녀지』(1877)이고 자전 소설은 『파우스트』(1856), 『아샤』(1858), 『첫사랑』(1860)이다. 투르게네프의 6대 장편은 러시아 사실주의 문학 확립에 커다란 기여를 하게 된다. 자전소설도 투르게네프의 창작에서 일정한 역할을 담당하는데 모두 1인칭 화자가 등장한다. 특히 『첫사랑』은 작가의 가장 자전적인 소설이자 '가장 사랑하는 작품'으로 조금의 윤색도 가하지 않은 실제 이야기라고 한다. 투르게네프의 대표작인 『아버지와 아들』은 사회심리소설이다. 사회적 갈등과 인물들의 사랑이 그려져 있지만 작가는 사회적 문제제기에 더 큰 비중을 둔다. 이 소설은 제목에서 알 수 있듯이 아버지와 아들, 즉 1840년대의 아버지 세대(구세대)와 유물론 철학과 공리주의에 심취한 1860년대 아들 세대(신세대) 간의 갈등을 다루고 있다. 1882년 투르게네프는『산문시』를 발표하는데 이 시는 특히 우리나라에도 소개되어 한국 작가들에게 큰 영향을 준다.

투르게네프로 시작한 위대한 러시아 리얼리즘 문학은 도스토예프스키와 톨스토이라는 두 작가에 이르러 세계적 수준에 도달한다. 러시아 문학은 크게 이 두 작가로 양분된다. 이사야 벌린은 많은 것을 두루 알고 있는 '여우' 유형에 속하는 사람으로 도스토예프스키를, 하나의 큰 것만을 깊이 아는 '고슴도치' 유형에 속하는 사람으로 톨스토이를 꼽는다. 메레쉬코프스키는 도스토예프스키를 '정신'의 작가로, 톨스토이를 '육체'의 작가로 규정하는데 각각 '초월적인 심미적 경향'과 '내재적인 윤리적 관계'로도 유추할 수 있다. 도스토예프스키는 디오니소스적이고 역동적이며 심미적인데 반해 톨스토이는 아폴론적이고 정적이며 윤리적이다. 도스토예프스키 소설이 '대화적'이라면 톨스토이 소설은 '독백적'이라는 평가를 받는다. 도스토예프스키는 '미'美가 세상을 구원한다고 생각한 반면 톨스토이는 '선'善이 세상을 구원한다고 생각한다. 하지만 도스토예프스키와 톨스토이는 모두 인간의 본질과 인류의 운명에 도덕적이고 종교적인 관점을 부여하며 근대문명을 비판하고 정신적 위기를 거치면서 종교에 귀의하며 인간 존재와 정신의 위대함을 보여준 작가들이다.

도스토예프스키(1821~1881)의 삶은 그 자체로 한편의 소설이다. 그의 나이 열여섯 살에 어머니가 죽고 열여덟 살이 되었을 때 아버지가 농노들에 의해 살해당한다. 1849년 공상적 사회주의 써클에 연루되어 사형선고를 받지만 사형집행 몇 분 전에 감형되어 유형생활을 하게 된다. 그 외에 계속된 가난, 도박중독, 낭비벽, 간질병에 이르기까지 드라마 같은 그의 인생은 창작에 지대한 영향을 끼친다.

도스토예프스키의 창작 시기는 통상 세 번의 시기로 나뉜다. 첫 번째 시기는 1844년부터 1848년까지, 즉 『가난한 사람들』(1846)로 시작해서 시베리아 유형 전까지이다. 『분신』, 『백야』가 이 시기에 쓰여진다. 도스토예프스키는 스물다섯의 나이에 『가난한 사람들』을 발표하며 화려하게 문단에 데뷔한다. 작가는 도시에 사는 소외된 사람들의 비극과 그들의 내면을 탐구하면서 '자의식에 가득 찬 주인공'이라는 인물전형을 창조한다. 주인공 마카르를 가장 괴롭히는 것은 바로 '자의식'이다. 도스토예프스키의 전형적인 주인공은 "그가 어떤 사람인지가 아니라 스스로에 대해 어떻게 의식하고 있는지"를 독자에게 보여준다고 바흐친은 지적한다. 두 번째 시기는 페테르부르크로 돌아온 1859년부터 1863년까지이다. 마흔이 다 되어 수도로 돌아온 작가는 유형 생활의 체험을 바탕으로 『죽음의 집의 기록』(1862)을 발표하며 재기에 성공한다. 아직 이념적 소설의 면모를 보이지는 않지만 이미 인간본성의 이중성이 나타난다. 세 번째 시기는 도스토예프스키 문학의 황금기로서 1864년 『지하생활자의 수기』와 함께 시작된다. 바로 이 시기 작가의 5대 장편이 발표된다. 『죄와 벌』(1866), 『백치』(1868), 『악령』(1871~1872), 『미성년』(1875), 『카라마조프가의 형제들』(1879~1880)이다. 특히 『카라마조프가의 형제들』은 정신분석학자 프로이트가 소포클레스의 『오이디푸스왕』, 셰익스피어의 『햄릿』과 함께 세계문학사의 3대 걸작으로 꼽은 소설이다. 이 세 작품 모두 '아버지 살해'라는 모티브가 담겨있다. 프로이트는 자신의 정신분석이론을 전개하기 위해 에세이 「도스토예프스키와 친부살해」(1919)를 쓰기도 하는데 작가가 어린 시절 겪은 '아버지 살해'와 간질병이 서로 연관되어있다고 주장한다.

도스토예프스키 철학은 흔히 '고통(수난)'의 철학이라고도 한다. 인간의 정체성은 고통으로부터 오고 죄를 통한 고통, 수난을 통해서만이 구원을 받을 수 있다. 도스토예프스키는 '미'가 세상을 구원한다고 했다. 이때 '미'는 외적인 아름다움이 아니라 '빛'을 의미하며 '빛'은 아름다움이라는 미적가치를 중시하는 정교 정신을 가리킨다. 도스토예프스키는 정교의 아름다움이 러시아와 세계를 구원한다고 보지만 그것은 가장 마지막 단계일 뿐 그곳까지 도달하기 위해 인간은 고통과 수난을 겪어야 한다. 다시 말해 인간은 신인神人의 자유, 즉 '대자유'liberts major에 이르기 위해 선택의 자유, '소자유'liberts minor를 체험해야하는 것이다.

도스토예프스키는 '넋의 리얼리즘'이라 불리는 독자적인 방법으로 인간의 내면을 추구하여 근대소설의 새로운 가능성을 열어놓았다. 농노제적 구질서가 무너지고 자본주의적 질서가 들어서려는 과도기의 러시아에서 그의 문학은 현대성을 지닌 채 20세기 사상과 문학에 깊은 영향을 끼친다.

톨스토이(1828~1910)의 창작 시기는 통상 전기와 후기로 구분된다. 전기는 1852년부터 1877년까지, 즉 『유년시절』(1852)로 시작해서 『전쟁과 평화』(1869), 『안나 카레니나』(1877) 창작까지이다. 후기는 『안나 카레니나』발표 이후 『참회록』(1882)을 쓰면서 시작되어 생애 마지막까지이다. 쉰 살의 나이에 정신적 위기를 크게 겪는데 이를 기준으로 이전에는 소설가, 창작자로서 이후에는 사상가, 설교가로서 활동한다. 인생 후반 30여 년에 해당하는 후기 톨스토이 소설들은 오직 한 가지, 종교적 주제인 회개와 새로운 삶을 가져오는 빛에 대해 다룬다(『하지 무라트』는 제외).

1870년 이래로 톨스토이는 '상류사회에서 결혼한 전형적인 귀부인이지만 결국 몰락하는' 여주인공을 염두에 두는데 그렇게 완성된 작품이

바로 『안나 카레니나』이다. 이 작품은 『전쟁과 평화』와 함께 톨스토이의 대표작이자 세계 걸작으로서 특히 후기 톨스토이가 전하고자 했던 메시지가 예술적으로 형상화되어있다. 안나와 레빈은 각각 톨스토이의 육체성과 정신성을 대표한다. 안나는 작가가 극복하고자 하는 '현재의 나'이고 레빈은 작가가 도달하고자 하는 '이상적인 나'이다. 톨스토이는 자신의 '분신'인 레빈을 통해 도덕적 '선'을 지향하는 자신의 관점을 형상화한다. 톨스토이는 도스토예프스키적인 '미'를 부정하고 '선'을 통해 서구문명에 오염된 러시아를 구원해야한다고 생각했다. 인간 존재의 최상의 가치체계는 이러한 '선'을 위한 윤리적인 실천에 있다고 생각했다. 톨스토이가 옹호하는 공동체의 '선'이란 『전쟁과 평화』에서 나타난 것처럼 러시아 민중과 농민에 대한 신뢰와 그들의 민중성을 의미한다. 러시아 농민들의 신은 기독교의 신이지만 대지와 자연에 순응하는 선을 신처럼 믿고 있다고 작가는 생각한다. 이후 톨스토이는 동양사상에도 관심을 갖게 되고, 결국 '선'의 개념 속에 기독교적인 사랑의 의미와 동양적인 무위, 중용, 도의 개념을 결합하여, 종교를 하나의 윤리적 체계로 환원시킨다.

톨스토이의 창작관과 세계관을 관통하는 세 개의 키워드는 죽음, 예술, 결혼(성)이다. 이 세 개의 주제는 작가의 창작 전기부터 후기까지 전체를 관통한다.

톨스토이의 죽음관은 쉰 살에 이른바 '회심'을 하면서 쓴 『참회록』에 잘 나타나있다. 여기에서 작가는 인생의 진리란 바로 '죽음', 즉 인간은 반드시 죽는다는 사실이라고 규정한다. 그리고 필멸의 인간을 잠시 도취시키는 '꿀'이란 '예술'과 '가정'(결혼)이다. 결국 후기 톨스토이는 거짓에 불과한 예술을 부정하게 되고('회심' 이후 톨스토이는 주로 사상가로서 활동한다), 가

정도 부정한다(82세의 나이에 '가출'해서 며칠 뒤 객사한다). 톨스토이의 죽음 관은 이미 서른 한 살의 나이에 집필한 「세 죽음」(1859)에서 귀부인, 농노, 나무의 죽음 비교를 통해서 등장한다. 항상 거짓 속에 살았던 젊은 귀족 부인의 삶은 늙은 농부의 '자연스러운' 삶과 비교되고 자연의 순환의 한 과정인 죽음을 맞아 쓰러진 나무와 비교된다. 후기 톨스토이는, 부자나 특권층이 예술을 독점하고 자신들에게 즐거움을 주는 것만을 '아름다움'이라 부르고, 그래서 대다수 가난한 민중으로부터 떨어져나갔기에, 예술은 빈약해졌고 결국 이런 예술은 세상을 퇴폐시킨다고 생각했다. 톨스토이는 예술(문학)이란 허위요 사치요, 유혹이라고 생각하며 자신이 쓴 모든 창작물을 부인한다. 가끔 유혹에 넘어가 작품을 쓰고 난 뒤에는 양심에 가책을 느끼지만 유일한 변명은 그것이 진리를 위한 작업이라는 것이었다. 톨스토이가 지향하는 예술이란 모든 민족, 모든 계급을 하나로 묶는 예술로서 창세기의 서사시, 복음서의 우화, 성인전, 설화, 민요 등이다.

톨스토이의 결혼관 역시 변화의 과정을 겪는다. 작가가 총각 시절 집필한 「결혼의 행복」(1859)은 가정 속 행복이 어느 정도 가능한 것으로 그려진다. 『전쟁과 평화』(1869)에서 나타샤는 잘못된 길을 갈 뻔 하지만 다시 돌아와 결국 결혼해서 행복한 가정을 꾸린다. 본래 제목이 『두 결혼』이었던 『안나 카레니나』(1877)에서 톨스토이는 행복한 가정(레빈)과 불행한 가정(안나)을 보여주지만 결국 불륜을 저지른 안나를 자살하게 만들면서 가정의 행복은 어렵다는 결론을 내린다. 회심 이후 『크로이체르 소나타』(1889)에서는 남편이 아내의 불륜을 의심하다가 결국 아내를 칼로 찔러 죽인다. 죽음을 은폐하려는 사회가 성의 현실 또한 결혼이라는 위선적인 제도 속에 은폐시키고 있다고 톨스토이는 비난한다. 톨스토이의 결혼관은 결국 『부활』(1899)에 이르러 결혼이 아닌 다른 형태의 결합, 즉 '동지애적' 결합으로 마무리된다.

코믹과 우수의 작가 체호프(1860~1904)는 세계3대 단편작가이자 세계 최대 극작가 중 한사람이다. 단편작가로는 처음으로 2013년 노벨문학상을 수상한 앨리스 먼로는 '캐나다의 체호프'로 불린다. 체호프는 19세기 러시아 문학과 20세기 모더니즘을 연결하는 다리 역할을 한다. 체호프의 창작시기는 1890년 사할린 여행을 기준으로 그 이전은 '전기 체호프', 그 이후는 '중기 체호프', 그리고 『갈매기』이후 드라마 작가로서 활동하던 시기는 '후기 체호프'이다. 대표작으로 『갈매기』(1896), 『바냐 아저씨』(1897) 『세 자매』(1900), 『벚꽃동산』(1904)이 있다.

의과대학에 다니면서 체호프는 가족의 생계를 위해 잡지에 단편을 기고하기 시작한다. 작가 스스로도 '의학은 아내, 문학은 정부情婦'라고 말했다. 『관리의 죽음』(1883)을 비롯해 풍자와 유머와 애수가 담긴 뛰어난 단편을 많이 남겼다. 직업이 의사였던 체호프는 작가란 재판관이 아니라 사실의 객관적인 증인이 되어야한다고 생각한다. 체호프는 세상을 관찰하고 보고 느낀 것을 객관적으로 기록하고자 했다.

1890년 체호프는 서른 살이 되었을 때 시베리아를 경유해 사할린으로 여행을 떠나 『사할린 섬』을 쓴다. 사할린 섬은 러시아 극동지방에 위치한 곳 중 하나로써 그곳에 사는 사람들은 대부분 유배를 온 죄수, 이주노동자들이었다. 사할린 여행 후 체호프는 톨스토이 영향에서 벗어난다. 톨스토이와 체호프의 마지막 '유언'은 두 작가가 추구한 지향점을 잘 보여준다. 톨스토이는 숨이 다하는 순간 '나는 진리를 보았노라' 외쳤지만 체호프는 마지막 순간 샴페인 한잔을 원했다. '거대함'을 추구했던 설교자적 작가와 '평범함'을 기록했던 관찰가적 작가다운 마지막 모습이다. 사할린을 다녀온 이후 '중기 체호프'는 단편 「6호실」(1892)과 「상자 속 사나이」(1898)를 쓰는데 이전에 비해 다소 무겁고 어두워진다.

체호프는 단편을 꾸준히 발표하지만 정작 그가 좋아하는 것은 극작이었다. 1895년 작인 『갈매기』와 함께 '후기 체호프'는 극작가로서의 체호프이다. 이후 『바냐 아저씨』, 『세 자매』, 『벚꽃동산』 등 4대 희곡을 계속 완성한다. 이 작품들은 전 세계에서 셰익스피어 다음으로 가장 많이 무대에 오르는 작품들이다. 체호프는 인간의 평범한 일상에 관심을 가지고 그 안에서 인간존재의 해답을 구하려했던 최초의 작가 중 한사람이다. 평범한 인물을 무대에 등장시켜 일상적이고 사소한 인간 삶의 모습을 통해 '일상의 슬픈 희극성', '웃음을 통한 눈물'을 그린다. 체호프는 일상이라는 껍질에 가려진 인간 삶의 본질, 인간의 참모습을 웃음과 눈물, 연민과 비판, 감정동화와 객관주의의 절묘한 조화를 통해 자신만의 독특한 희곡세계를 창조한다.

푸시킨에서 시작한 19세기 러시아 문학은 체호프와 함께 문을 닫는다.

3. 현대 러시아 문학

현대 러시아 문학은 문예사조적, 역사적 변화를 고려할 때 크게 네 개의 시기로 구분된다. 모더니즘(1895~1925), 사회주의 리얼리즘(1925~1953), 소비에트 시대의 여명(1953~1987), 포스트소비에트 러시아 문학이다.

현대 러시아 문학은 19세기와는 다른 과정을 거친다. 상징주의, 아크메이즘, 미래주의 등이 통합된 러시아 모더니즘은 19세기말부터 시작되어 20세기 초까지 현대 러시아 문학사의 한 페이지를 장식한다. 1920년대부터 1980년대까지 소비에트 시기 문학은 세 개로 갈라진다. 첫째 공식문학이다. 사회주의 리얼리즘이라는 예술적 강령으로 정부의 비호 아래 국가가 인정하는 문학 경향이다. 둘째 이민 문학이다. 10월 혁명이후 시대적 상황으로 인해 세 번에 걸쳐 광범위한 이민행렬이 이어진다. 제일 처음 내전의 결과 1920년대 망명한 그룹으로 발몬트, 부닌, 나보코프, 자먀찐 등이다. 그 다음 2차 대전 중에 조국을 떠난 작가들로 호먀코프, 막시모프 등이 있고 마지막 망명그룹은 1970년대부터 망명한 작가들로 브로드스키, 솔제니친, 악쇼노프 등이 있다. 셋째 '금지 문학'이다. 일명 '비공식 문학', '(소련) 국내 안에서의 이민 문학'이라고도 불린다. 이와 같은 금지 문학의 대표 작품으로는 불가코프와 플라토노프의 작품들, 파스테르나크의『닥터 지바고』, 솔제니친의 작품들이다. 말 그대로 공식적으로는 출판이 금지된 작품들로 독자들에게 거의 알려져 있지 않거나 혹은 비밀리에 손으로 써서 읽혀지는 경우이다.

1991년 소비에트 연방이 해체되고 포스트 소비에트 문학 시기가 도래한다. 하지만 현대 러시아문단에는 그 이전과는 달리 뛰어난 몇몇 작가나 대표적인 경향, 사조보다는 다양한 장르가 인정되고 실험적인 요소들이 나타나고 있다.

(1) 모더니즘(1895~1925)

20세기 예술의 주된 경향을 가리키는 명칭으로 사용되는 모더니즘은 기존의 세계관이나 가치관에서 탈피하려는 새로운 경향을 의미한다. 구체적인 한 사조를 지칭하는 것이 아니라 서로 다른 독자적인 사상이나 예술적 경향을 통합한다. 러시아 모더니즘의 세 국면은 상징주의(블록), 아크메이즘(아흐마토바), 미래주의(마야코프스키)로 대표된다.

19세기 말 러시아와 유럽은 변화의 예감과 분위기로 팽배했다. 러시아 모더니즘은 비판적 사실주의 문학의 전통에 반기를 든 상징주의 시문학 운동에서 비롯된다. 러시아 상징주의는 1890년대 초부터 시작됐는데 예술을 도덕과 이데올로기로부터 해방시키고 순수예술을 지향한다. 발몬트, 브류소프, 블록, 벨르이 등이 있다. 1910년은 러시아 시의 역사에서 전환의 해이다. 그해를 기점으로 상징주의는 점차 쇠퇴의 길로 들어서고 대신 아크메이즘과 미래주의가 등장하여 상징주의에 대립한다. 아크메이즘은 상징주의 시의 철학성, 종교성, 무절제한 음악성 대신 언어와 사상의 균형, 절제, 조화를 추구한다. 미래주의는 기존의 러시아 문학 전체를 부정하고 형식의 혁신을 주장한다. 시문학의 모더니즘 경향들 사이에서 산문문학에는 신사실주의가 나타난다. 1910년대에 출현한 새로운 산문 경향으로 전통적인 사실주의와 상징주의를 절충한 양식이었다. 쿠프린, 부닌, 안드레에프, 레미조프, 고리키가 있다. 그들은 구사실주의 문학에서 묘사하지 않는 사회 계층과 삶을 묘사하기 시작하면서 일정부분 사회주의 리얼리즘의 토대가 되기도 한다.

이렇게 러시아의 모더니즘은 하나의 문학사조로서 공통된 흐름이 아니라 다양한 문학 양식이 혼재하므로 학문적 연구 측면에서 다양한 접근을 불러일으킨다. 19세기 말 러시아 문화는 종말론과 유토피아의 모델이 주도하는데 상징주의의 종말론적 경향은 미래주의 아방가르드들의 유토피아적 세계관으로 대치되고 있었다. 이 '종말론과 유토피아'의 모델은 초월적이고 추상적인 세계관을 반영하는 것이기에 소비에트 사회주의의 내재적이고 유물론적 경향과는 대립된다.

(2) 사회주의 리얼리즘(1925~1953)

러시아 문학의 19세기가 비판적 리얼리즘 시대였다면 20세기는 사회주의 리얼리즘 시대였다. 리얼리즘의 수사가 '비판적'에서 '사회주의'로 바뀐 것이다. 사회주의 리얼리즘'이란 '사회주의'라는 정치 개념과 '리얼리즘'이란 미학 개념이 결합된 합성어이다. 흔히 사회주의 리얼리즘을 가리켜 러시아 문학의 블랙홀로 비유하기도 했는데 이는 정치적 힘을 바탕으로 주변의 순수예술을 모두 탐식하여 스스로 파괴의 길을 걸었기 때문이다. 스탈린은 기존의 모든 문학단체를 해산하고 소비에트 작가동맹을 만들어 문학정책을 당의 통제 하에 둔다. 1934년 예술창작과 비평에 대한 공식적인 방법론은 '사회주의 리얼리즘'이라고 공식선언한다. 이제 예술가는 사회주의 건설에 기여하는 작품을 생산해야 했다. 사회주의 리얼리즘은 특별한 주인공을 요구했는데 바로 '긍정적 주인공'이었다. 주인공은 낙관적 전망을 지니고 결말에 가서는 민중과 함께 승리의 신념을 확신하게 된다. 사회주의 리얼리즘은 미래의 사회주의 국가를 유토피아 세계로 만든다는 미래 지향적인 세계관을 나타낸다. 사회주의 리얼리즘 계열 작품으로는 고리키의 『어머니』(1906), 오스트롭스키의 『강철은 어떻게 단련되었나?』(1932), 파제예프의 『궤멸』(1927) 등이 있다. 1941년 소련이

제2차 세계대전에 참전하자 작가들은 선전, 선동, 격려문과 슬로건 작성 등에 동원된다. 이 시기 주요작품은 파제에프의 『젊은 근위대』(1943) 등이 있다.

(3) 소비에트 시대의 여명(1953~1987)

1953년 스탈린 사망과 함께 사회주의 리얼리즘은 여전히 공식적인 예술 강령이긴 하지만 다른 한편 서구의 가치관, 사상, 예술관이 수용되기 시작한다. 1953년부터 이후 10여 년간 마치 얼음이 녹는 것처럼 억압에서 풀려나는 해빙기 문학이 지속된다. 효시가 된 작품은 에렌부르크의 『해빙』(1954)이었다. 이 작품은 그동안 금기시되어 오던 남녀의 사랑과 개인의 행복 문제를 다루고 있다. 금지작가였던 바벨, 불가코프, 츠베타예바 등이 복권되었고, 스탈린 시기의 강제수용소의 참혹한 실상을 다룬 솔제니친(1918~2008)의 『이반 데니소비치의 하루』(1962)가 발표된다. 이 작품은 한 죄수가 수용소에서 보내는 하루를 그리고 있는데 단순히 스탈린 체제를 고발만 하는 작품은 아니다. 솔제니친이 생각하는 진정한 사회주의적 인간, '의인'(의로운 인간)을 보여주는데 그 목적이 있다. 비인간적인 수용소 환경에서도 인간으로서의 존엄성, 선량함, 일에 대한 열정을 간직한 '의인'들이 있기에 소비에트 사회가 유지된다는 것이다. 1970년 솔제니친은 노벨문학상을 받는다.

그러나 해빙 분위기가 소비에트 사회 전면적으로 허용된 것은 아니었다. 1957년 파스테르나크(1890~1960)의 『닥터 지바고』가 국외에 비밀리에 유출되어 이탈리아에서 출판되는 사건이 벌어지고 이 작품이 노벨 수상작으로 결정되자 소련 당국은 파스테르나크를 비난하는 캠페인을 대대적으로 벌인다. 국외로 추방당할 위험에 몰리게 된 파스테르나크는 노벨상을 거부하게 되었고, 작가동맹에서 제명당하는 선에서 추방을 면하게 된다.

소비에트 시대의 여명기인 1950년대 중반부터 1980년대까지 소설에서는 다양한 주제가 등장한다. 러시아 문학계에서는 이를 몇 개의 범주로 나누는데 농촌소설, 전쟁 테마, 생산 테마, 일상 테마(혹은 도시 테마)이다. 첫째, 이 시기 농촌소설은 급속도로 발전하게 되는데 라지셰프, 코롤렌코, 벨로프, 아스타피예프, 라스푸친, 솔로우힌, 슉쉰 등이 대표적이다. 1960년대 이후 농촌소설은 흔히 '철학 도덕적 소설'로 명명되며 현대의 사회적 변화를 반영하고 새로운 인류 공통 문제를 제기하면서 단순히 '농촌' 소설로서의 한계를 벗어난다. 둘째, 소비에트 문학에서 전쟁 테마는 가장 중요한 테마 중 하나이다. 전쟁 소설은 크게 두 가지로 분류된다. 하나는 보편적인 의미에서 전쟁의 실상을 그린 것이고 다른 하나는 평범한 군인의 눈에 비친 개인적이고 지엽적인 사건의 단면을 그린 것이다. 대표 작가로는 브이코프, 아스타피예프, 본다레프 등이 있다. 셋째, 생산 테마 역시 중요한 테마이다. 과학 기술의 발전은 인간에게 직간접적으로 영향을 주는데 그 결과는 항상 긍정적인 것만은 아니다. 60년대 문학에서 '일하는 사람Деловой человек'이 아직은 시화대상이라면 70년대 작가들은 생산 활동 속에서 복잡해져가는 인간들 사이의 상호관계와 그 충돌에 주목한다. 넷째, 일상 테마(도시문학)는 이미 곤차로프의 『오블로모프』와 톨스토이의 『안나 카레니나』에서 그 원류를 찾을 수 있다. 일상에 대한 여러 문제에 대한 관심은 소련 현대문학에 있어서 사적인 것과 공적인 것이 새롭게 이해되고 있음을 보여준다. 대표 작가로는 트리포노프가 있다. 그는 작품 속 주인공들로 하여금 일상의 여러 상황에 처하도록 함으로써 근본적으로는 인물들의 도덕적, 심리적 불완전성, 부족함을 파헤치는 것뿐 아니라 그 대립을 더욱 발전시킨다. 일상이란 작가에게 있어서 인간의 선을 향한 능력을 간직할 수 있는 지에 대한 심각한 시험대이다.

이처럼 소비에트 문학의 여명기에는 일정한 테마가 주도적으로 등장할 뿐만 아니라 작가들 중에서도 러시아계(슬라브계) 출신이 아닌 뛰어난 소수민족 출신 작가들이 등장하면서 현대 러시아 문학의 다양화에 기여한다. 대표 작가들로는 아이트마토프, 이스칸제르, 돔브롭스키 등이 있다. 아울러 망명 문학가 중에는 나보코프가 『롤리타』(1955)를 통해 엄청난 인기를 얻고, 브로드스키는 1987년 노벨 문학상을 수상한다.

(4) 포스트소비에트 러시아 문학(1991~현재)

러시아 포스트모더니즘은 서구와 마찬가지로 혁신적인 시학을 추구한 실험적인 산문, 시와 함께 시작된다. 모더니즘 이후의 '포스트모더니즘'은 현대 러시아 문학사에서 여전히 논쟁이 많은 연구 영역이다. 포스트모더니즘에 대한 논의 자체는 1990년대 이후에 이루어졌지만, 언제 출현했느냐에 대해서는 여전히 의견이 분분하다. 일부는 아예 19세기 푸시킨 시대부터 시작되었다고 주장하고 일부는 1960~70년대 이후의 젊은 작가들을 그 시작으로 보기도 하지만 문체나 작품 구성면에서 볼 때 최근으로 보는 주장이 일반적이다.

포스트모더니즘의 대표적인 그룹들은 다음과 같다. 첫째, 소위 '사십년대' 문학그룹, 즉 '모스크바 학파'로서 마카닌, 리추찐, 아파나시예프이다. 둘째, 이들보다 젊은 세대 작가들로서 프리고프, 예로페예프, 소로킨 등이다. 셋째 전통주의자들로서 알료슙콥스키, 드미트리예프 등인데 이들은 과거의 전통적인 심리적 리얼리즘을 추종한다. 넷째 신낭만주의라 할 수 있는 유파로서 펠레빈이 대표적이며 작품 속에 신화적 요소, 신화적 줄거리가 일정한 위치를 차지한다. 마지막으로 소위 '여성 산문'이 있다. 러시아에서 여성 작가가 문학사에 등장하는 것은 혁명 이후이다. 20세기 이후 러시아 문단에서 여성들의 활약은 두드러진다. 특히 1989년부터 1993년까지 『여성 산문』이라는 제명 아래 총 9권에 달하는 여성 작가들의 작품집이 출판되는데 페트루솁스카야, 톨스타야, 토카레바, 나르비코바, 울리츠카야이다. 여성 작가들은 일상생활의 언어를 문학 공간으로 끌어들임으로써 독자들로 하여금 친숙감을 느끼게 한다. 또한 '여성의 눈으로 본 여성의 문제'라는 주제 하에 생동감 있는 묘사가 특징적이다. 현대 러시아문단의 열악한 상황에서 이들 여성 작가들의 등장은 괄목할 만한 쾌거로 받아들여진다.

현대 러시아 문화는 위기의 시대를 맞고 있다는 우려를 낳고 있다. 현재 러시아 문학은 세계와 인간 삶에 대한 확고한 철학적 관점이 부재한다는 평가를 받기도 한다. 1991년 소련의 붕괴는 문학을 포함해 러시아 문화 전체를 뒤흔드는 엄청난 변화를 가져다주었다. 그 결과 70여 년 동안 존재하던 공식문화와 비공식문화, 국내문화와 해외(망명)문화, 고급문화와 대중문화라는 이항 대립 구조는 무너졌다. 자본주의 체제의 도입과 함께 상업화 물결에 휩쓸리면서 통속적인 대중문화가 판을 치고 있으며 자본주의 소비문화에 익숙해져가고 있다. 그러나 러시아 문화는 기나긴 정체와 폐쇄의 시간 뒤에는 새로운 변혁과 창조의 시기가 왔기에 앞으로 어떤 모습으로 변화할지 기대가 된다.

<참고문헌>

* 박형규 외. 『러시아 문학의 이해』, 건국대학교출판부, 2002.

* 이덕형. 『러시아문화예술의 천년』, 생각의나무, 2009.

* 서상범. 『러시아현대문학강의』, 부산외국어대학교출판부, 2002.

* 이현우. 『로쟈의 러시아 문학강의』, 현암사, 2014.

* 유리 로트만, 김영란 역. 『푸시킨:작가의 생애』, 고려대학교출판부, 2013.

* Русская литература в зарубежных исследованиях 1980-х годов. М., 1994.

* Русская литература XIX века. Хрестоматия литературоведческих материалов. Кн. для учителя. Под ред.П.А.Николаева. М., Просвещение, 1984.

* Русская литература XIX века: Первая половина. Хрестоматия лит.-крит.,мемуарных и эпистолярных материалов. Пособие для учащихся/ Сост.И.Е.Каплан,П.Г.Пустовойт. М.,1981.

* Русская литература XX века. Дооктябрьский период: Хрестоматия. Л., Просвещение. 1991.

* Русская литература XX века. Учеб.пособие для поступающих в вузы. М., 1992.

* Русская литература XX века. Исследования американских ученых. СПб., 1993.

* Русская литература XX века. М., 1995.

* Русская литература XX-начала XXI века : учеб.пособие для студ.высш. пед.учеб.заведений в 2 т. Т.2. 1950-2000-е годы / под ред Л.П.Кременцова. М., 2009.

* Сухих И., Двадцать книг XX века, СПб., 2004.

4. 종교

러시아 종교의 근원이자 모태는 '러시아' 정교문화이다. 러시아는 역사문화발전 과정에서 일정한 패턴을 보인다. 정체 및 폐쇄의 상태에서 개방 및 흡수의 단계를 거쳐 조화 및 재창조 단계에 다다른다. 러시아인들은 오랫동안 폐쇄된 채 고립과 정체 상태에서 살아가다가 어느 순간 외부와 접촉하고 완전히 개방하여 짧은 시간 엄청난 속도로 타자의 문화를 흡수한다. 결국 기존의 것과는 전혀 다른 자신만의 독특한 것으로 재창조해낸다. 이와 같은 정체-수용-재창조 과정을 통해 러시아만의 독특한 양식으로 '재창조'된 것이 문학에서는 러시아 리얼리즘 문학이고 음악에서는 국민악파, 그리고 미술에서는 이동파이다. 종교도 마찬가지이다. 러시아는 10세기 말 정교를 받아들인 뒤 원래의 그리스 정교와 동슬라브적 다신교가 조화롭게 혼합된, 새로운 제3의 합으로서의 '이중신앙' 체계를 만들어낸다. 정교의 '금욕주의'적이고 '정적주의'적인 침묵과 관조의 신학을 전통적인 동슬라브인들의 일상과 결합시킨 것으로 정교문화의 보편성과 범신론적인 슬라브의 특수성을 조화롭게 유지시킨 채 독창적인 러시아정교 문화가 '재창조'된 것이다.

이와 같은 러시아의 특성을 가리켜 종교철학자 베르쟈예프(1874~1948)는 러시아에는 역사상 서로 다른 다섯 개의 러시아가 존재한다고 말한다. 바로 키예프 루시, 몽골 시대 루시, 모스크바 루시, 표트르 대제 시대 러시아, 소비에트 러시아가 그것인데, 여기에 포스트 소비에트 러시아가 추가되면 결과적으로 여섯 개의 서로 다른 러시아가 있게 되는 셈이다. 본론에 들어가기에 앞서 '러시아'라는 이름으로 불리는 공간에 대해 잠시 알아보자. 먼저 '루시의 나라'라고 불린 동슬라브인의 국가가 있었다. 키예프가 그 중심이었으므로 '키예프 루시'라고도 한다. 키예프 루시가 분열한 후 모스크바 공국이 세력을 확장하게 되는데 그 과정에서 루시는 모스크바 중심의 러시아, 키예프 중심의 우크라이나, 서쪽의 벨로루시 이렇게 셋으로 갈라진 뒤 현대에까지 이르른다. 이후 모스크바 공국(러시아)이 17세기에 우크라이나를 병합하고, 그보다 조금 전 16세기 말엽부터 시베리아 진출을 시작하면서 러시아는 대제국의 기반을 닦는다. 18세기 초 표트르 대제 시대에 러시아 제국이 성립하면서 비로소 러시아라는 이름이 정식 국명으로 채택된다. 그러므로 루시란 러시아, 우크라이나, 벨로루시를 포함하는 광의의 개념이다.

러시아는 서유럽 주류 세력에게는 '동방'으로, 아시아 비주류 세력에게는 '서방'으로 여겨지며 끊임없이 정체성의 혼란을 겪고 있는 공간이다. 그 과정에서 러시아는 역사적, 종교적으로 유럽의 변방이라는 지역적 특수성과 유럽대륙의 일반적 보편성 사이에서 '통일성'의 원리를 주체적 이데올로기로 상정한다. 바로 그것이 고대(중세)의 모스크바 러시아에서는 성스러운 러시아의 추구로, 근대의 페테르부르크 러시아에서는 유럽적인 러시아의 추구로, 그리고 소비에트 러시아 시기에는 사회주의 이데올로기의 추구로 나타난다.

러시아는 광대한 영토만큼 민족과 종교 또한 다양하다. 그러나 러시아를 대표하는 종교는 러시아정교로서 가장 오랜 역사와 많은 신자를 가지고 있다. 정기적으로 교회에 가지 않는 러시아인들조차 특별한 종교를 가지고 있지 않은 경우 자신을 러시아정교 신자라고 말한다. 그렇기에 러시아정교 신자가 몇 명인지에 대한 통계는 들쑥날쑥한 경우가 많다. 하지만 한국에 십자가 달린 개신교 교회가 많듯이 러시아에는 둥근 지붕의 정교회 성당이 많다. 러시아인들은 성당 앞을 지날 때 고개를 숙이고 몇 번씩 성호를 긋는다.

　러시아 정교는 천년 넘게 러시아의 주요 종교로서 현재까지 자리매김 하면서 민족 정체성 확립에 중요한 역할을 하고 있다. 비록 구소련 시절 공산당과 정부에 의해 극심한 탄압을 받았지만 외부의 침략과 같은 국가 위기 시에 국민단결과 민족의식 고취에 상당한 기여를 해왔다. 러시아는 종교의 자유를 법으로 보장하지만 러시아정교회는 마치 국교와 같은 존재감을 갖은 채 러시아인들 속에 깊은 뿌리를 내리고 그 삶을 지배한다. 전체 인구의 약 75%가 믿는 정교에 이어 러시아 제2의 종교는 전체 인구의 약 5% 이상이 믿고 있는 이슬람교로서 체첸이나 잉구세티아 등 남부 카프카스에서 신봉한다. 러시아 정부는 남부 공화국들이 중동과 인접해 있어 종교라는 미명 하에 과격한 이슬람 원리주의를 역내로 유입할까 우려한다. 그 밖에 가톨릭, 유대교, 개신교가 있고 아시아계인 칼미크족族과 부랴트족이 믿는 불교가 있다. 광활한 시베리아에 사는 북아시아 소수민족들은 예로부터 샤머니즘을 신봉한다. 샤머니즘의 중심에는 자연 세계와 초자연 세계를 매개하는 샤먼이 있는데 샤먼은 사람들의 질병을 치료하고 다양한 고민에 대해 조언을 해주며 외부로부터 공격을 받을 때에는 공동체를 보호하는 역할을 한다. 그 외에도 러시아에는 처음 듣는 이상한 종교들이 많이 있다.

　그럼 러시아의 종교 역사와 함께 러시아 정교의 특징에 대해 알아보자. 러시아 종교사는 크게 고대(17세기까지), 근대(18세기이후), 현대(20세기 이후)로 나뉜다. 러시아는 18세기 표트르 대제 시대를 기준으로 그 이전을 고대(혹은 중세) 러시아, 그 이후를 근대 러시아라고 한다. 특이한 점은 러시아에서는 고대와 중세를 따로 구분하지 않는다는 점이다. 사실 9세기부터 17세기까지의 시기는 서유럽에서는 중세에 해당하지만 러시아에서는 중세라는 말 대신 고대라고 부른다. 같은 시기를 가리켜 연구자에 따라 고대라고도 하고 중세라고도 한다.

1. 러시아 종교사

(1) 고대 러시아의 종교

정교를 수용하기 전에 동슬라브족에 속하였던 러시아인들은 오랜 동안 자연신, 애니미즘, 조상신들을 모시는 다신교 민족이었다. 고대 러시아인들은 자연 및 동식물과 연관된 신을 숭배하였는데 그 수가 200여 종에 달했고 참나무, 자작나무, 곰, 물, 숲, 대지, 하늘, 천둥번개 등이었다. 특히 천둥과 번개의 신 페룬은 특별한 숭배 대상이었다. 은빛 머리에 금빛 수염을 한 페룬을 섬기기 위해 소년 소녀를 산 제물로 바쳤다고도 한다. 9세기 이전 슬라브인들에게는 문자가 없었기 때문에 당시 신앙에 대한 정확한 기록은 없지만 대체로 자연 현상을 신격화한 다신교였다고 짐작된다.

『원초연대기』(1113)에 따르면 블라디미르 대공은 궁전 밖의 언덕 위에 페룬의 목조상을 비롯하여 태양신 '다쥐보그'와 '호르스', 바람의 신 '스트리보그', 대지모신 '모코쉬', 일곱 개의 머리를 한 '시마글'의 상을 세웠다. 그 외에 민중들은 풍요, 가축, 다산의 신으로 알려진 '벨레스'를 숭배하였다. 이와 같은 이교 신앙적 요소는 기독교 개종 이후에도 기독교 요소와 혼용되어 민중들의 일상생활에 다양한 형태로 남게 된다.

슬라브 신화에 나타난 신과 정령들의 특징을 유형화한다면 크게 세 가지로 구분할 수 있다. 첫째 주신主神들은 의례, 법, 군사, 전쟁, 농경 등을 주재한다. 둘째 이보다 조금 하위의 신격들은 계절의 의례, 소집단을 돌보며, 셋째 맨 아래 하위 정령들은 인간과 같이 거주하며, 인간의 길흉화복에 직접 관여하기도 한다.

고대 러시아 종교는 지배층의 신앙과 민중의 신앙으로 구분된다. 지배층은 최고 신격인 큰 신들을 믿는다. 민중들은 작은 신들, 정령들을 믿는데, 쉽게 접할 수 있는 환경이나 자연에 대한 두려움을 신격화한 것으로 위에서 말한 하위 신격과 정령들이다.

특히 슬라브의 정령들, 작은 신들은 일종의 천사와 같은 존재들로서 상당수가 인간과 함께 어울려 살아가는데 인간의 집에 기생하는 입장이면서도 마치 수호신처럼 대접을 받는다. 정령(귀신)들과 관련해서 다음과 같은 이야기가 전해진다. 최고신이 세계를 창조하는데 일부 정령들이 반란을 일으켰다. 이에 최고신은 그 정령들을 지상으로 내던진다. 그 중 일부는 숲이나 물속에 떨어졌는데 이들은 반란을 일으켰던 당시의 악한 마음을 그대로 지니게 되었다. 반면 사람이 사는 인가에 떨어진 정령들은 인간에게 호의를 품게 되고 선한 마음을 가지게 되었다. 그런 식으로 러시아 민중의 정령 유형은 크게 둘로 나뉜다. 첫째, 인가의 작은 정령들이다. 집의 정령 '도모보이', 마당 정령 '드보로보이', 창고 정령 '오빈니크', 목욕탕 정령 '반니크' 등이다. 둘째, 인가에서 멀리 떨어진 곳에서 사는 정령들인데 인가에서 멀어질수록 정령들은 사악한 존재가 된다. 들판 정령 '폴레보이', 숲의 정령 '레쉬', 물의 정령 '보쟈노이', 늪과 물의 요정 '루살카' 등이다.

그러나 러시아가 10세기 말 정교를 받아들이면서 지배층은 기독교로 개종하게 되고 큰 신들의 이야기는 점차 사라진다. 그러나 국민 대다수를 차지하는 일반 민중들은 개종 후에도 일종의 변형된 형태로 이교신앙을 유지하면서 작은 신들, 정령들의 이야기는 일부 전해져 내려온다.

988년 러시아는 기독교 중에서 정교를 수용한다. 기독교(그리스도교)는 유형별로는 로마 가톨릭Roman Catholicism(서방교회), 동방 정교Estern Orthodox(동방교회), 프로테스탄티즘Protestantism으로 나뉘며, 지역별로는 로마 중심의 서방 라틴권과 콘스탄티노플 중심의 동방 그리스권으로 나뉜다.

정교는 로마 가톨릭에 대해서 자신들이 정통이라는 의미에서 Orthodox, 즉 정교正敎라고 칭한다. 기독교는 초기 기독교에서 로마가톨릭과 동방정교로 갈라진다. 그리고 나중에 로마가톨릭에서 종교 개혁 이후에 프로테스탄트(개신교)가 갈라져 나온다. 지역별로 보면 로마 가톨릭은 지중해 지역의 로마를 중심으로 유럽 국가들이 주로 믿게 되고 동방정교는 그리스를 중심으로 불가리아, 러시아 쪽으로 퍼지게 된다. 유럽 전체로 보면, 서쪽은 주로 가톨릭을 믿기 때문에 가톨릭을 가리켜 '서방교회'라고 부르며 동쪽은 주로 정교를 믿기 때문에 정교를 가리켜 '동방교회'라고 부른다.

980년 블라지미르 대공은 키예프 대공이라는 전제군주의 자리에 오르게 된다. 대공은 처음에는 동슬라브인들의 믿음체계인 민간신앙을 통해 국가 통일을 도모하려 했지만 성공하지 못한다. 이후 대공은 루시를 하나로 결집시키기 위해서는 보다 보편적인 종교가 필요함을 깨닫게 된다. 대공이 정교를 선택한 데에는 크게 내부적 요인과 외부적 요인이 있다. 먼저 내부적 요인을 살펴보자. 당시 유행하고 있던 종교는 동방정교, 로마 가톨릭교, 이슬람교, 유대교였다. 일단 이슬람교는 술을 금하기 때문에 음주를 좋아하는 러시아인에게는 맞지 않았다. 가톨릭 사제들은 교리를 열심히 설명했지만 대공은 따분하기만 했다. 또한 자신들이 신의 선택을 받은 민족이라는 유대교 사제들의 이야기는 실제 나라도 없이 떠돌아다니는 그들의 처지를 볼 때 별로 믿음이 가지 않았다. 마지막으로 정교 사제들은 창세기부터 그리스도 시대까지 인간의 구원에 대해 설명하며 최후의 심판이 그려진 그림을 보여주었다. 정교신앙에 대한 설명은 차치하고 종말에 대한 이야기는 대공의 관심을 끌었다. 러시아인들이 갈수록 종말론에 대한 관심이 지대했음은 이와 무관하지 않다. 여기에 더해 정교 성당의 화려한 장식과 장엄한 의식(전례) 또한 대공에게 커다란 인상을 남긴다. 그러나 무엇보다도 정교는 루시인들의 현세지향적이며 신인동격체인 민간신앙의 전통과 가장 잘 맞는 종교였다. 이런 의미에서 러시아 정교는 애초부터 전통적인 민간 신앙의 기반위에서 받아들여졌다고 할 수 있다.

이와 함께 대공이 기독교를 수용한 데에는 당시 외부적 요인인 국제정세와도 밀접한 연관이 있다. 첫째, 10세기 말을 전후한 당시 주변 국가들을 중심으로 기독교가 빠르게 확산되었다. 루시 역시 그와 같은 주변 정세에 동참할 필요성을 느낀다. 둘째, 당시 루시는 지방 분권적인 형태로서 여러 지방공후들을 중심으로 세력이 분산되어있었다. 대공은 이를 한데 결집시켜야할 필요성을 느꼈는데, 교회와 국가의 조화라는 동로마(비잔티움)제국의 정교 이데올로기인 '황제교황주의'는 가장 적합한 종교 형태였다. 셋째, 당시 키예프와 콘스탄티노플 사이에는 교역이 활발히 이루어지고 있었고 대공은 이를 바탕으로 자신의 정권을 유지해야하는 현실적 기반도 고려되었다. 넷째 루시는 남부 평원지대를 중심으로 끊임없는 이민족의 침입에 시달리고 있었는데 기독교를 수용함으로써 동로마제국의 지원을 받고자 했다.

이렇게 루시는 기독교를 받아들이면서 국외적으로는 국가적 권위가 상승하고 대공 역시 다른 유럽 군주들과 대등한 위치에 서게 된다. 국내적으로는 국가체제적 측면에서 정교이데올로기가 국가권력의 견고한 사상적 기반 역할을 하면서 루시의 중앙집권 체제가 견고해지는 계기가 된다. 러시아는 기독교를 받아들이면서 향후 문화와 역사에도 많은 변화, 발전이 이루어진다. 동로마제국의 건축과 회화가 전해지며 러시아 문화예술이 꽃을 피우게 된다. 또한 언어적 측면에서도 선교사 키릴과 메토디우스가 키릴 문자를 만들면서 이것이 러시아어를 비롯한 슬라브어 문자의 기초가 된다. 사람들은 글자를 익히게 되고 야만적인 습관들을 고치게 되고 도덕과 종교적 계율의 지침을 익히게 된다. 그 외에 교회는 자선사업, 의료 사업 등을 수행하며 사회적인 기능도 담당하게 된다.

러시아에서 정교는 일반 민중들의 심각한 저항 없이 수용되어 국민을 통합시키는 데 중요한 역할을 한다. 또한 처음부터 국가의 필요에 의해 선택되었다는 점, 기존의 민간 신앙의 전통 위에서 받아들여졌다는 점에서 러시아 정교는 현세지향적인 민족 신앙의 성격을 띠게 된다. 민중들의 의식 속에서 정교는 배타적인 종교가 아니라 민간신앙과 부합되는 것으로 받아들여졌다. 옛 것인 민간 신앙적 전통을 완전히 금지시키고 새것인 기독교를 받아들인 것이 아니라 옛 것은 그대로 놔둔 채 새 것이 추가된 것으로 인식되었다. 이와 같은 '이중신앙' 형태는 러시아 정교의 특징이 된다. 특히 국민 대다수를 차지하는 농민들은 상류층과는 달리 여전히 민간 신앙적 요소가 지배적이었다. 이렇게 러시아에서 정교수용은 그 어느 나라보다 비교적 진통 없이 빠른 속도로 진행되었다. 그러나 일반 민중들에게 있어서 기독교란 상당기간 동안 그저 표면적인 지배력의 의미만을 지닐 뿐이었다. 사람들은 자신의 신념과 일상에서는 여전히 이교도였다. 자신들이 믿는 다양한 신들을 기독교 속에 흡수 통합시킨 것뿐이었다.

러시아는 당시 주류였던 로마 가톨릭이 아닌 그리스 정교를 받아들임으로써 서방 세계 및 문화와 단절되는 결과도 가져왔다. 라틴어를 강제로 사용하게 했던 서방교회와 달리 각 지역어를 허용한 동방교회의 관례에 따라 러시아 교회도 슬라브어를 사용함으로써 그리스의 뛰어난 고전문화를 접하지 못하게 된 것이다. 훗날 몽골이 240여 년 동안 러시아를 지배하게 되면서 러시아는 이제 서구와 완전히 단절된 채 르네상스와 종교개혁을 경험하지 못하고 결국 상당히 뒤처지는 결과를 낳게 된다. 그러나 키예프 시대 러시아는 정교와 함께 비잔틴의 발전된 문화를 같이 받아들이고 독창적으로 재창조한 결과 10~12세기에 걸쳐 서구 유럽 국가들보다 발달된 문화적 성취도를 보여준다. 금은 세공품, 교회 건축과 프레스코, 모자이크, 이콘화 등의 예술적 완성도가 절정에 달하는 시기이기도 하다.

1240년 러시아가 몽골의 지배하에 놓이면서 콘스탄티노플과 러시아의 교회관계도 바뀐다. 폐허가 된 루시로 가려는 그리스인 성직자가 없게 되자 최초의 러시아인 대주교인 키릴이 전국 방방곡곡을 다니면서 다양한 활동을 하게 된다. 또한 이 시기 성직자들은 몽골로부터 유일하게 면세 혜택과 함께 신분 보호를 받고 있었기에 공후들을 지원해주었고 점차 러시아 교회는 민족 부흥의 중심지 역할을 하게 된다. 몽고 타타르는 타 종교에 대해 관대했기에 이 시기 러시아 교회는 크게 성장할 수 있었다. 당시 여러 공국으로 분열돼 있던 러시아에서 뛰어난 조직력, 엄청난 재산과 특권을 가지고 있던 교회는 모스크바의 정상을 돕고 북동부 황무지를 개척하는 등, 정치와 경제 분야에서까지 중대한 역할을 했다. 14세기 중엽부터 수도원 운동이 활발하게 일어 각지에 수도원이 문을 열었다. 몽골의 지배 아래 러시아 문화는 키예프 시대와 같은 독창적인 모델을 형성하지 못한다. 그 뒤 모스크바 중심의 러시아가 부활하는 데에는 정교 문화가 중요한 기여를 한다.

1453년 비잔티움 제국이 몰락하면서 러시아의 이반 3세는 비잔틴의 마지막 황녀와 결혼하고 비잔틴의 쌍두독수리를 모스크바 문장으로 채택한 뒤 자신들이 동방교회의 정통 계승자임을 선포한다. 여기에 '모스크바 제3로마설'이 가세하면서 이를 바탕으로 새롭게 모스크바(러시아) 중심의 러시아가 부활하게 되는 계기가 된다. 첫 번째 로마와 두 번째 로마(콘스탄티노플)는 그들의 이단성 때문에 이교도들에게 정복당했으며 이제 기독교 세계의 수도(로마)는 모스크바로 옮겨졌고 모스크바(러시아)가 세 번째이자 마지막 로마라는 것이다. 모스크바의 러시아 문화는 정교 문화의 성스러움을 비잔티움 제국에 이어 이데올로기의 중심으로 삼게 된다. 이제 중세 러시아는 국가 전체가 하나의 거대한 수도원이 된다. 서구 르네상스 문화의 영향을 전혀 받지 못했던 중세 러시아는 대신 정교를 통해 '성스러운 러시아'의 이상을 구현하고자 한다.

16세기 후반 그리스 정교에서 독립한 러시아 정교는 모스크바 총대주교를 직접 선출하기 시작한다. 17세기 중반 모스크바 총대주교에 오른 니콘은 러시아 정교회 조직을 강화하고 복잡했던 러시아 정교회의 전례를 이미 서구 라틴식으로 변질되어간 16세기의 그리스식 전례로 개혁하면서 교회는 크게 둘로 분열한다. 교회 개혁을 지지하는 개혁파와 반대하는 구교도로 나뉜 것이다. 이때 구교도는 비잔티움─콘스탄티노플에서 이어지는 러시아 정교회의 전통을 고수하던 신자들로 '분리파'라는 의미에서 러시아어로는 '라스콜니키'라고도 부른다(도스토예프스키의 소설 『죄와 벌』의 주인공 이름이 '라스콜니코프'인 것은 러시아 대지와 '분리'되었다는 의미이다). 결국 황제의 지지 하에 소집된 교회회의는 모든 교회서적들을 그리스어 원본에 따라 다시 번역하고 예배의식도 통일시키자는 안을 통과시켰다. 신자들은 두 손가락이 아닌 세 손가락으로 성호를 그어야했고 일부 기도문과 성가 텍스트도 바뀌었다. 이에 아바쿰을 비롯한 구교도들은 개혁을 반대하고 전통을 고수하는 운동을 벌여나간다. 이렇게 개혁을 둘러싼 분쟁은 황제가 개입한 종교회의에서 개혁파의 승리로 끝나고 파문당한 구교도들은 처벌대상이 된다.

18세기 초에 표트르 대제의 대대적인 개혁으로 인해 교회가 국가의 한 기관으로 전락하면서 러시아 교회는 영광의 시대를 마감한다. 그러나 교회와 수도원은 계속 불어나 러시아인들의 생활 속에 더 깊숙이 파고든다. 이렇게 해서 초기 교회는 국가와 교회의 상호보완적 관계에서 공존 관계, 주도적 관계를 거쳐 국가의 보호를 받는 단계로 들어간다.

(2) 근대 러시아의 종교

초기 교회가 어느 정도 '대등한 협력' 관계를 유지하다가 결정적으로 교회가 행정적으로 국가의 통제를 받는 '종속적 형태의 동맹'관계로 변한 것은 1721년 표트르 대제의 개혁에 의해서이다.

18세기 표트르 대제는 페테르부르크로 수도를 옮기고 '새로운 로마'를 표방하면서 국가 전반에 걸친 대대적인 개혁을 진행한다. 이와 같은 서구화 정책의 일환으로 강력한 국가를 만들기 위해 진행된 것이 바로 교회 개혁이다. 북방전쟁을 수행하며 자원과 인력을 효율적으로 동원해야 했기에 교회의 간섭 차단은 물론 교회의 재산까지도 필요했기 때문이다. 당시 정교회와 수도원들은 러시아 생활 전반에 걸쳐 엄청난 권력과 재산 및 농노를 소유하였다.

〈1721년 교회법〉의 가장 큰 특징은 교회 통치 기구인 총주교제가 폐지되고 그 대신 '신성종무원'이라는 새로운 기구가 설치되었다는 점이다. 표트르 대제는 한 사람(총주교)의 결정보다 여러 사람으로 이루어진 평의회에서 보다 나은 진리를 찾을 수 있다는 명분하에 교회를 군주의 부속기구로 전락시킨다. 러시아 정교회는 사실상 국가기관으로 전락하게 된다. 교리를 제외한 교회의 모든 업무가 황제 통치하에 운용되었고 새로 임명되는 사제들은 황제 앞에서 충성 서약을 하게 되었다. 그 대가로 국가는 러시아 정교를 국교로 인정하고 보호해준다는 무언의 약속을 하게 된다. 러시아 정교회는 자치권을 상실함과 동시에 국가권력에 더욱 종속되는 결과를 가져왔고 19세기 교회는 '국가교회'로서의 자리매김을 확실히 하게 된다. 니콜라이 1세 시기 1833년 법전에 교회의 지위가 명시되고 신성종무원 자체도 중앙 행정부서답게 산하기구가 확대된다. 이제 러시아 정교회는 행정부의 한 부서로서 중앙집권적이며 관료적인 국가기구로 변모하였고 교회행정 역시 세속인이 주도함으로써 교회는 국가에

완전히 예속되었다.

제정러시아 시대 교회와 국가의 밀월관계는 농민반란이나 소요사태가 발생하면서 더욱 두드러진다. 18세기 후반 푸가쵸프 난이 발생하자 사제들은 정부 칙령을 읽어주면서 반란에 가담하는 자는 하느님의 저주를 받게 될 것이라고 설파했다. 특히 19세기 말 당시 종무원장은 전제정치의 확고한 지지자였기에 교회와 국가의 협력관계는 절정에 달한다. 일부에서는 교회가 독자적인 체제, 즉 총주교제를 부활시켜야한다는 움직임도 있었지만 여러 난관에 부딪쳐 실행되지 못했다. 결국 1917년 혁명으로 제정러시아가 몰락할 때까지 교회−국가의 밀월관계는 계속 유지되었다.

(3) 현대 러시아의 종교

1917년 전까지 러시아 국교는 정교였고 다른 종교는 공식적으로 금지되었다. 이콘은 집집마다 현관 맞은편 모서리('아름다운 구석')에 걸려있었고 여행을 갈 때나 심지어 임종을 맞을 때에도 가슴에 품을 정도였다. 종교적인 국가로서 러시아에서는 어디를 가든지 교회와 수도원을 발견할 수 있었다. 1812년 나폴레옹은 모스크바를 침공한 뒤 엄청나게 많은 교회가 둥근 지붕을 하고 햇빛에 반짝이는 모습을 보며 그 아름다움에 놀라움을 금치 못했다고 한다.

그러나 20세기 초 혁명과 함께 러시아에서 종교는 '민중의 아편'으로 전락한 채 철저한 탄압을 받는다. 소비에트 러시아 시대는 사회주의 리얼리즘이 절대적인 문화 이데올로기가 되고, 정교를 바탕으로 형성되던 성스러운 러시아 문화는 이제 '지상에 건설될 유토피아'를 대변하는 소비에트 사회주의에 의해 금지되고 파괴된다. 이후 소비에트 정부는 70여 년 동안 무신론의 기치 아래 정교회를 비롯한 모든 종교에 대해 적대적인 정책을 시행한다. 철권 독재자였던 스탈린, 흐루시초프, 브레즈네프를 거치면서 수많은 교회와 재산들이 파괴되거나 몰수되었고 많은 성직자, 종교인들이 망명하거나 총살되거나 수용소 혹은 정신병원으로 끌려갔다.

소비에트 시절 법으로 금지되었던 러시아 정교회가 정부의 인정을 받은 적이 있는데 제2차 세계대전 때였다. 스탈린은 히틀러가 침공해오자 국민적 단결을 호소해야 했다. 스탈린은 대주교에게 러시아 국민의 애국심을 고취시키라는 지시를 내렸고 이에 대주교는 국영 라디오를 통해 '신께서 우리 러시아를 구해주실 것'이라고 강조했다. 실제로 신의 가호 때문인지 러시아는 전쟁에서 승리를 거두었다. 스탈린은 혁명 후 폐지되었던 총대주교제를 부활하고 신학교를 세우는 등 러시아정교회에 협력하는 제스처를 취한다. 1953년 스탈린이 죽고 흐루시쵸프가 집권하면서 러시아 정교회는 다시 암흑기에 들어섰다. 하지만 러시아 정교회는 소비에트 시기 공산당의 온갖 박해에도 불구하고 민중 속에 자리 잡은 신앙심을 바탕으로 꿋꿋하게 견뎌냈다. 1980년대 초 소비에트 당국은 소련내 종교인구가 전체 인구의 10% 정도라고 발표했지만 비공식 통계자료에 따르면 당시 러시아정교 신자는 5,000만 명에 달했을 정도였다.

1985년 고르바초프가 개혁, 개방을 시작하면서 러시아 정교회의 역할은 적극적으로 인정되었고 1988년 러시아에 기독교가 전파된 지 1천 주년을 기념하는 축제는 국가적인 규모로 진행되었다. 이때 고르바초프는 1917년 혁명 이후 모두 국유화되었던 러시아 정교 수도원들을 교회에 돌려주었다. 러시아 교회의 위상은 크게 향상되었는데 그 중에서도 러시아 정교회의 재건을 알리는 상징적인 사건은 크렘린 맞은편에 있는 '구세주 성당'의 건설이다.

구세주 성당은 금박의 둥근 지붕이 워낙 크고 건물도 웅장하기 때문에 쉽게 눈에 띈다. 19세기 후반 103m 높이나 되는 대규모로 지어졌는데 소비에트 시기 1931년 철거되었다. 이후 야외 수영장으로 사용되다가 소련 붕괴 후 러시아정교의 중흥을 맞아 1997년 재준공된 것이다. 이 성당은 세계 최대 정교회 성당이다. 오늘날 러시아 정교회는 국가를 중심으로 애국심을 고취시키고 국민통합을 이루면서 정교회의 위상을 재고하고 있다.

2007년에는 소련 공산당의 종교 탄압에 반발해 해외로 망명한 신자들이 세운 해외 러시아정교회와 90년 만에 재통합을 이루기도 했다. 탄압을 피해 전 세계로 흩어진 신자들은 여러 나라에 교구를 세운 뒤 연합해

구세주 성당

서 미국에 해외 러시아 정교회 본부를 세웠다. 이후 소련 내 정교회가 생존을 명분으로 소비에트 정부에 협력하자 양측 간 갈등의 골은 깊어만 갔다. 그러다가 고르바초프 집권으로 종교적 해빙기가 찾아오면서 반목은 서서히

풀렸다. 마침내 양측은 2007년 교회일치선언을 통해 통합논의를 마무리함으로써 세계 종교계에서 러시아정교회의 힘을 크게 높였다. 러시아라는 지리적 역사적 공간에서 종교는 항상 주도적인 역할을 담당했고 앞으로도 그 중요성은 변치 않을 것이다.

2. 러시아 종교의 특징

(1) 이중신앙

러시아 종교의 특징은 이중신앙적 요소이다. 러시아인들은 기독교와 민간신앙을 각기 다른 것으로 인식한 것이 아니라 하나로 동화시켜 믿었다. 러시아 기독교가 독자적으로 변형된 것을 가리켜 베르쟈예프는 서구와 다르다는 점을 지목해 러시아의 기독교를 가리켜 '동양적 기독교'라고 부르기도 했다. 러시아에서 이중신앙의 특징적인 요소는 다음과 같다. 첫째 슬라브의 자연신과 기독교의 성인을 일치시키고 기독교의 핵심적인 삼위일체의 교리를 범신론적 세계관의 제신들을 통해 이해했다는 점이다. 예를 들면 천둥과 번개의 신 '페룬'은 '선지자 일리야 성인'과 일치시켰고, 대지 모신 '모코쉬'는 성모 이미지와 중첩되었으며, 가축의 신 '벨레스'는 '바실리 성자'와 합쳐졌고, 풍요와 번식의 신 '야릴로'는 '유리(게오르기)' 성자와 합쳐졌다. 이런 식으로 러시아인들은 민간신앙과 기독교를 하나로 동화시켜 믿었다. 둘째 슬라브 신화의 용어를 기독교적인 용어로 대체하여 사용하는데 예를 들면 '신Bog', '구세주Spas', '선지자 Svajatoj Propok', '기도Molitva' '십자가Krest', '기적Chudo' 등이다. 셋째, 기독교의 '삼위일체'의 위격을 범신적인 신격으로 이해한다. 성부聖父는 우주의 아버지이자 최고의 신 '스트리보그'로, 성자聖子는 지상에 풍요를 가져다주는 '다쥐보그'로, 성령聖靈은 고대 스키타이의 상징인 '새' 혹은 '그리핀'으로 각각 이해하는 것이다.

(2) 강화된 의식미

러시아인들이 정교를 받아들인 주된 동기 중 하나는 동방교회 전례(의식)의 아름다움이었다. 정교는 형식적이고 의례적이며 외형적인 아름다움과 장중함을 중시여기며 이러한 아름다움의 시각적 인식을 통해 신적인 원리와 지혜에 도달할 수 있다고 여긴다. 정교의 의식미는 예수의 탄생, 사망, 부활과 같은 주요 사건들이 서유럽과는 비교가 안될 정도로 강조되었는데 러시아에 수용되면서 더욱 극적으로 변한다. 러시아 정교는 교회의 의식을 통해 신과의 합일을 몸소 경험하는 것을 지향한다. 러시아인들에게서 교회란 말 그대로 신이 거하시는 장소이다. 그렇기에 러시아에서는 교회를 사교 공간으로 인식하는 것을 이해하지 못한다. 러시아에서 교회란 오직 기도를 드리기 위한 공간이기 때문이다. 그래서 교회에 갈 때는 주로 혼자 가는 경우가 많다. 교회에 들어갈 때 남자는 모자를 벗고 여자는 반대로 머리를 덮어야한다. 성인에게 뭔가를 빌고 싶다면 입구에서 양초를 사서 성화 앞에 켜두면 된다. 또한 러시아 정교 예배에서는 악기를 사용하지 않는다. 정교회가 악기를 사용하지 않는 이유 중 하나는 인위적인 악기가 아닌, 세상에서 가장 자연스럽고 가장 고귀한 악기, 즉 인간의 음성으로써 하느님의 영광을 찬미해야한다고 생각하기 때문이다. 주로 성가대가 부르는 성가는 도저히 인간의 목소리라고

는 믿기 어려울 정도의 신비로
운 화성이 아카펠라, 즉 무반주
로 이루어진다. 러시아 정교의
식은 보통 한두 시간 정도 진행
되는데 서 있는 채로 예배를 드
린다. 강론보다 주문과 기도문
을 중얼거리는 소리가 더 많은
데 이는 원시 제의의 형식이 남
아있는 탓이다. 전쟁에 나갈 때

러시아정교회 부활절예배 모습

기도문을 목에 걸고 나가는 등 일종의 부적 역할을 하기도 한다.

(3) 예수의 신성 포기적 측면에 대한 강조

비잔틴 의식대로 기독교를 수용한 러시아인들은 곧 독자적인 방식에
따라 기독교를 해석하기도 한다. 비잔틴에서 예수의 신성을 중시한 반면
러시아에서는 예수의 인성, 즉 신성포기적 측면을 강조한다. 인간으로서
의 예수가 가진 청빈, 사랑, 연민을 본받아야 구원에 이를 수 있다고 인
식하게 된다. 천국과 지상의 지배자인 하느님보다 기독교 안의 자기 비
하적 요소, 즉 겸허한 예수의 성품과 희생에 대한 믿음이 더 컸음을 의미
한다. 파스테르나크의 소설 『닥터 지바고』(1955)에서 주인공은 "신이 아담
을 신으로 만들기 위해 몸소 인간이 되셨다"라고 말한다.

(4) 소보르노스찌соборность 개념

19세기의 호먀코프, 베르쟈예프 등 러시아의 종교사상가에게서 발견

된 신학사상을 말하는데 신학의 틀을 넘어 러시아 민족성의 특징이기도 하다. 호먀코프에 따르면 소보르노스찌란 그리스어 'koinōnia'(교류, 공동 정신)과 마찬가지로 그리스도와 결합된 사람들 사이의 자유로운 연합이 나 공동체적 일체성을 의미한다. 한마디로 소보르노스찌는 개인이 완전 한 자유와 인격을 유지하면서 전체의 공동체적 생활에 참여하는 것이다. 호먀코프는 통일과 자유라는 개념을 이용해서 러시아 정교를 특징짓는 다. 구체적으로는 가톨릭의 절대적 권위주의와 프로테스탄트의 과도한 개인주의 중간에 소보르노스찌를 위치짓는다. 그에 따르면 "권위만능의 가톨릭 교회에는 통일은 있지만 자유가 없고, 개신교회에는 자유는 있지 만 통일이 없다." 반면 러시아 정교야 말로 진정한 자유 속에 통일을 지 향하는 것이라고 주장한다.

슬라브파는 반드시 신학상의 이념에 구애받지 않고, 소보르노스찌를 러시아 정교에 따르는 러시아 민족성의 특질로 생각하고, 그 전형이 19 세기까지 러시아에 존재했던 농촌공동체 '미르'에서 발견된다고 하였다. 이는 표트르 1세 이후의 러시아 근대화 정책에 대한 비판이며, 러시아의 후진성을 강조하고 서구를 따라가려는 서구파의 생각에 반대한 것이었 는데, 정치이념으로서는 근대 국가 정부의 간섭을 가능한 한 배제하는 매우 보수적인 것이었다. 이렇듯 소보르노스찌 개념은 러시아인의 정체 성 중 하나인 공동체적 정신을 나타낸다. 예부터 러시아인들은 스스로 순례자가 되어 전국을 여행하거나 수도원을 찾곤 하였다. 러시아인들은 지상의 권리를 인정하지 않았기에 농민들은 토지의 '사유화'에 이의를 제 기하였고 수많은 폭동을 일으키곤 했다. 러시아인들은 자기 자신이 아닌 동포나 민족 등 타인들을 위해 기도하곤 한다. 이와 같은 전통은 러시아 문학에도 영향을 끼쳐 해피엔딩으로 끝나는 경우가 많지 않다. 러시아 문학의 주요 사상 중 하나는 주변 이웃들이 불행할 때 인간은 스스로 행복하다고 느낄 수 없으며 또한 느껴서도 안된다는 것이다.

(5) 종말론적 성격

러시아 정교는 종말론적 성격이 강하고 그에 따른 부활에 대한 믿음이 강하다. 이에 대해 베르쟈예프는 "러시아인들은 문화의 중간 영역에 관심이 없으며 사상은 (……) 종말론적인 신의 나라에 대한 사상이다"라고 말했다. 정교는 종말론적 측면이 강하게 표현되어있고 러시아인들은 묵시론자들 아니면 허무주의자들이다. 베르쟈예프에 따르면 러시아 정교는 종말론과 신의 왕국, 즉 초지상적인 절대선을 지향한다. 정교의 이런 성격은 모든 행사 중에 부활절을 가장 중요하게 여기는 것에서도 드러난다. 그것은 바로 죽음을 이기고 신의 왕국에서 새로운 생명을 얻은 그리스도를 찬미하기 때문이다. 속세를 떠나 이러한 절대가치를 지향한 러시아인들은 정부의 온갖 박해나 탄압도 충분히 견뎌낼 수 있는 것이다. 바로 '니체보(괜찮아)'정신이다. "괜찮아. 오늘은 아니지만 머지않아 신이 우릴 불러 주실테니까."

(6) 정교 성당

러시아 정교 성당은 가톨릭 성당과는 다르다. 겨울 한파를 대비하기 위한 1m 두께 벽으로 인해 성당 안은 그리 밝지 않다. 황금빛 이콘 앞에는 신자들이 꽂아놓은 촛불이 타오르면서 성스러운 분위기를 자아낸다. 정교회 사원의 황금빛 양파머리 지붕도 인상적이다. 쿠폴이라고 하는 둥근 지붕은 불타는 촛불 모양으로 성령의 불꽃을 상징한다. 돔 양식은 비잔티움에서 전해진 것이지만 러시아는 이를 독창적으로 변형시킨다. 돔은 증식되고 그 형태 역시 변한다. 비잔티움 성당의 돔은 흔히 매끄러운 표면의 거대하고 완만한 반구형을 하고 있는데 그에 비해 러시아 돔은 그보다 작고 여러 개가 중앙의 돔을 에워싸는 형태를 취한다. 러시아 초기 성당은 대개 많은 수의 돔을 보유했다. 다섯 개의 돔은 보통이고 일곱, 아홉, 심지어 서른 세 개의 돔을 보유한 성당도 있었다. 돔의 숫자는 상징적 의미를 지닌다. 한 개의 돔은 신성의 일치를, 두 개는 그리스도의 신성과 인성을, 세 개는 삼위일체를 상징한다. 또 숫자 4는 사복음서, 5는 그리스도와 네 명의 복음서 저자들, 7은 성령의 일곱 은사 혹은 일곱 가지 성사를 상징하며 9는 9품 천사를, 13은 그리스도와 12사도를 각각 상징한다.

(7) 이콘

이콘이란 그리스어로 이미지 혹은 초상肖像을 의미하며, 성스러운 것과의 절대적인 '상사성likeness'을 상징한다. 성서나 교리의 내용 또는 신앙의 대상인 예수, 성모, 성자들의 형상을 그린 것이다. 이콘은 영어의 아이콘icon이다. 컴퓨터 모니터에 있는 아이콘 덕분에 컴맹이라도 컴퓨터를 사용할 수 있듯이 러시아에서는 이콘(성상화) 덕분에 문맹이었던 일반 민중들이 교리의 가르침을 이해하고 신의 존재를 느낄 수 있었다. 이콘은 신의 모습이 저절로 드러난 것이라고 생각했다. 그렇기에 이콘은 감상의 대상인 예술 작품이 아니라 기도의 대상이며 숭배의 대상이었다. 정교에서는 사제의 설교가 따로 없기 때문에 사람들은 이콘에 그려진 그림을 통해 정교의 가르침을 느끼고 또 실천한 것이다. 러시아에서 이콘은 민중의 바이블이자 수호자, 즉 그림으로 그린 성서이다. 이콘은 불교의 탱화와도 아주 유사한 상징적 기능과 교화적 목적을 가지고 있다고 볼 수 있다. 이콘은 그 물질적인 성격보다도 성스러운 신의 이미

러시아 가정의 '성스러운 구석'에 걸린 이콘

지를 재현하는 까닭에 초월적인 상징의 속성을 지닌, '색채 신학'으로도 불린다. 그래서 이콘은 교회 내부를 가득 채우며 성스러움을 재현할 뿐 아니라, 19세기까지 러시아 일반 가정에서는 반드시 이콘을 소지하였다. 이콘은 '성스러운 구석'이라 불리는 집안 내부의 성소聖所에 걸려있는데, 손님이 오면 제일 먼저 이콘을 향해 머리를 숙인다. 이콘은 여행 중의 간이 미사나 재난으로부터의 보호를 위해 휴대용으로 작게 축소되기도 한다.

오늘날 러시아인 가정의 3/4은 집에 이콘이 있는 것으로 알려져 있다. 자동차 안에 운전석과 차 앞 유리 곳곳에 이콘이 붙어있는 경우도 많다. 우리나라에서 염주나 십자가가 걸려 있듯이 말이다. 고소득자보다 저소득자가 이콘을 소지하는 경우가 많은데, 신앙심 정도를 떠나 사회적으로 소외된 사람들에게 이콘은 절대자에 의지하고 다가가기 위한 기독교 및 민간신앙적인 '통로'이자 '부적'으로 기능하는 것이다.

(8) 메시아니즘

16세기 모스크바 대공은 러시아를 통일한 후 국가정체성 확립이라는 문제에 직면하게 되는데 이때 '제3로마 이론'이 등장한다. 이 이론에 따르면 인류역사란 세 개의 세계제국, 즉 세 개의 로마역사이며 신에 의해 선택된 세 개 민족의 역사이다. 그런데 첫 번째 로마, 두 번째 로마가 이 민족에 멸망해버렸기에 이제 유일한 정교제국은 세 번째 로마인 모스크바(러시아)뿐이다.

정교회는 '제3로마 이론'이라는 이데올로기를 통해 국민들에게는 정신적 통합을, 왕권에게는 합법적 정당성을 부여한다. 1453년 비잔틴이 멸망하자 러시아는 제3의 로마를 자처하며 비잔틴의 계승자를 자임하게 된다. 러시아 정교회는 15세기 콘스탄티노플로부터 독립하여 독자적인 체계를 갖추게 된다. 이때 이반3세는 콘스탄티노플의 마지막 황녀인 소피아와 결혼을 하고 비잔틴의 쌍두 독수리 문장을 도입하며 자주적 지배라는 의미를 지닌 '차르'라는 호칭을 사용하게 된다. 여기에서 '차르'라는 호칭은 정치적 의미에서 자신이 콘스탄티노플의 후계자라는 점을 강조하는 것이다. 즉 모스크바는 정치적, 종교적으로 콘스탄티노플의 후계자이므로 모스크바의 차르는 비잔틴 황제의 정당한 후계자이며 동방정교는 모스크바를 중심으로 뭉쳐야한다는 주장이 널리 퍼지게 된다. 이렇게 러시아인들은 모스크바가 전 세계 기독교 국가들을 이끌어가야 하며 기도를 통해 전 세계를 구원해야한다는 메시아적 사고를 갖게 된다. '제3로마 이론'은 당시 러시아인이 지녔던 민족적 자각에 대한 종교적 표현으로서 이후 이를 기반으로 하는 러시아 민족주의(국가주의) 전통의 기반이 마련된다.

〈참고문헌〉

* 이덕형. 『러시아문화예술의 천년』, 생각의나무, 2009.

* 석영중. 『러시아정교』, 고려대학교출판부, 2005.

* 이영범 외. 『러시아문화와 예술』, 보고사, 2008.

* 르제프스키, 최진석 외 역. 『러시아문화사 강의』, 그린비, 2011.

* 박태성. 『역사속의 러시아문화』, 부산외국어대학교출판부, 1998.

* 한국우크라이나학회. 『우크라이나의 이해』, 써네스트, 2009 .

5. 음악

클래식 음악의 세계에서 러시아 음악이 차지하는 비중은 매우 크다. 차이코프스키, 라흐마니노프의 교향곡과 발레곡들은 지금도 세계 많은 사람들의 사랑을 독차지하고 있다. 무엇보다 러시아 음악은 매우 풍부한 화음과 변화 그리고 다른 서구 클래식 음악과는 구별되는 독특한 이질적 색채로 유명하다. 이러한 러시아 음악의 특색은 러시아 민속음악과 러시아 정교의 종교음악의 결합 그리고 몽고의 문화적 영향과 서구에서 도입된 음악적 형식이 복합적으로 어우러진 결과라고 볼 수 있다.

1. 클래식 음악의 역사

과거 러시아는 정치 사회의 중심인 서구에서 멀리 떨어진 변방 국가라는 자존감 부족에 시달렸다. 이러한 인식을 깨트리고 세계의 주류사회로 도약하기 위해서 역사의 초창기 그들은 서구문물 도입에 적극적이었다. 영토는 세계의 주변부에 위치하고 있지만 타 지역의 발전한 기술과 다양한 문화를 흡수함으로써 지리적, 문화적 한계를 뛰어넘고자 했던 것이다.

현재 러시아 문화의 근간을 이루고 있는 러시아 정교가 처음 러시아로 유입된 것은 988년이었다.

로마 제국이 동로마와 서로마로 나뉘며 종교 또한 그리스 정교와 로마 카톨릭으로 나뉘었다. 특히 동로마의 그리스 정교는 비잔틴 제국에서 러시아로 전파되었고 그와 함께 비잔틴의 여러 문물도 러시아로 흘러들어가게 되었다. 이 시기 비잔틴식의 교회음악은 종교의 권위를 힘입고 러시아 음악의 중심에 자리 잡게 되었다.

처음 정교가 도입될 때에는 그리스 정교의 음악형식이 변형 없이 그대로 러시아에 수입되었다. 그러나 시간이 지나면서 러시아 고유의 민속음악들과 그리스 정교 음악이 결합하게 되었고, 러시아 정교만의 독특한 음악 형태로 자리 잡게 되었다.

종교 음악의 시대인 17C 이전과 달리 18C 이후 러시아의 음악은 서유럽 음악의 영향을 본격적으로 받게 되었고, 그 시작은 표트르 대제에 의해서였다. 자신이 계몽 군주임을 표방하며 서구의 문물을 적극 수용했던 표트르 대제는 서유럽 음악의 수입에도 열성을 보이며 공식적인 후원을 했다. 이러한 열정적이며 국가적인 서유럽 음악 도입 분위기는 표트르 대제의 조카인 안나 여제에게도 이어졌다. 상트페테르부르크 궁정에서의 사치스러운 생활로도 유명한 안나 여제는, 1730년대 서유럽 궁중 음악을 도입하여 자신의 궁정에 정착시켰다.

일방적인 유럽식 음악의 수입과 정착을 반복하던 러시아 음악은 19C에 들어서면서 조금씩 변화가 일어났다. 시작은 19C 전 유럽을 전화로 몰아넣었던 나폴레옹과의 전쟁에서의 승리였다. 바다 건너에 있었던 영국을 제외한 유럽의 어떤 나라도 막지 못했던 나폴레옹의 포병부대는 러시아의 맹추위 앞에서 진격을 멈춰야 했다.

러시아의 작곡가들은 '조국 전쟁'이라고 불리는 1812년의 이 위대한 승리에 고무되었다. 그 결과 러시아 군대의 영웅심과 조국 러시아에 대한 찬양을 주제로 하는 곡들이 작곡되었다. 물론 서유럽의 고전주의적 형식을 완전히 벗어난 것은 아니었지만, 조금씩 러시아식 음악이 싹을 틔우게 되었던 것이다.

러시아 음악은 1812년 조국 전쟁을 기점으로 19C 후반에 접어들면서 러시아만이 가지는 독특한 음색의 꽃으로 자라나기 시작했다. 자양분은 충분했다. 서유럽에서 이미 많은 작곡가와 연주가들이 러시아에 들어와 활동한 결과 러시아의 대중들은 서유럽 교향악단 등에 뒤지지 않는 높은 수준의 음악을 들을 수 있게 되었다. 또한 유럽에서 들여와 쌓아온 다양한 음악적 인프라는 러시아 내에서도 음악적 이론과 흐름에 대한 활발한 토론과 논의를 가능하게 했다. 이와 더불어 러시아의 역사와 민족적 영웅들의 일대기 등이 오페라나 발레 음악 등 다양한 음악의 소재로 사용되기 시작했다. 즉 서유럽 클래식 음악의 형식과 이론이 러시아만의 독특한 민족적·문화적 성향과 유기적 결합이 진행되었던 것이다.

이러한 19C 후반의 러시아 내 민족주의적 음악 경향은 이른바 '신 러시아 음악파'라고도 불리는 러시아 국민악파를 탄생시켰다.

과거 러시아에서 귀족 위주의 상층 문화는 독자적으로 발전하기보다는, 오랜 기간 서구 문화를 수용하는 태도를 취함으로 말미암아 러시아 특유의 민족적 색채를 거의 지니지 못하고 있었다. 러시아 국민악파는 이러한 서구주의에 매몰되어있던 러시아 음악을 서구로부터 독립시키고자 하였다. 그들은 러시아의 민족성을 음악에 반영함으로 자신들만의 음악적 정체성을 확립하고자 했고, 상대적으로 서구 문화의 영향을 덜 받은 러시아의 민속음악에 주목했다. 그리고 이러한 방향성은 음악 창작에 있어 서구 음악과는 다른 독특한 음악의 시발점이 되었다. 이와 더불어 국민악파는 민족의 정체성 확립과 단결을 위해, 러시아의 역사를 음악이나 오페라 형식으로 각색하는 작업도 진행하였다.

19세기 중반, 러시아 국민악파의 시작을 알렸던 음악가는 발라키레프 (1837-1910)이다. 〈이슬라메이〉, 〈러시아 민요집〉이라는 그의 대표작의 이름만 봐도 알 수 있듯이, 그는 기존의 서구적 영향에서 벗어나 동양적 색채, 슬라브 색채를 띠는 음악을 많이 작곡하였다. 유럽의 여러 진보 사상을 수용하였고 당시 예술계에 불고 있던 혁신운동에도 적극적으로 동참하였던 그는 페테르부르크에 무료 음악학교를 설립하여 대중이 러시아 음악을 쉽게 접하고 향유할 수 있도록 하기도 하였다. 또한 아래에 소개될 작곡가들과 함께 국민악파 5인조를 조직하여 그 구성원으로서 러시아 음악의 부흥에도 힘썼다.

무소르그스키(1839-1881) 역시 국민악파 5인조의 한 사람이다. 발라키레프에게 음악적으로 많은 영향을 받았던 그는 〈전람회의 그림〉, 〈성 요한의 밤〉 등의 대표작을 작곡하였는데, 이는 기존의 러시아 음악들이 서구의 음악적 요소나 특징들을 반영하고 있던 것에서 벗어나, 온전히 러시아만의 음악을 작곡하고자 했던 그의 노력을 잘 보여주고 있다. 그 역시 음악적 스승이었던 발라키예프와 마찬가지로 러시아 민중의 정서와 문화, 민주주의적 이상을 음악에 녹여내려고 노력하였다. 또한 그는 변칙적인 리듬, 화려하고도 대담한 화성의 기법으로 드뷔시 등의 근대 작곡가들에게도 큰 영향을 주었고, 이러한 노력으로 국민악파의 음악은 한층 성장할 수 있었다.

본래 해군 사관이었던 림스키-코르사코프(1844-1908) 역시 발라키레프의 영향을 받아 음악을 접하고 훌륭한 음악가로 성장한 인물이다. 무소르그스키가 다소 심오하고 관념적인 음악을 추구했다면 그는 러시아 민화, 전설, 발라드 등의 민중문화에서 많은 영감을 얻어, 그 안에 담긴 러시아 특유의 정서를 음악에 반영하였다. 〈황제의 신부〉, 〈프스코프의 딸〉, 〈세헤라자데〉 등 다수의 대표작들은 이러한 노력이 반영되어 어렵지 않으면서도 서정적이고, 동양적 특성이 두드러지는 것이 큰 특징이다. 그는 또한 관현악 기법에 있어 국민악파 5인조 중 뛰어났으며 스트라빈스키 등의 작곡가에게도 큰 영향을 주었다.

본래 공병장교로 복무하던 큐이(1835-1918)는 러시아 국민악파 중에서는 작품의 개성이 상대적으로 흐린 인물로 꼽히곤 한다. 〈코카서스의 포로들〉, 〈중국관리의 아들〉 등의 대표작에서도 민족적인 색채가 다른 작가들에 비해 상대적으로 적게 드러난다. 하지만 그는 대신 음악 비평에서 두각을 나타내었고, 민족주의를 고수하는 입장에서 국민악파의 음악을 비평으로 옹호하여 그 성장에 기여하였다.

러시아 육군 병원의 의사였던 보로딘(1833-1887)은 무소르그스키와 발라키레프를 통해 음악을 접하고, 본격적으로 작곡을 배웠다. 평생 음악과 함께 화학과 의학 연구를 병행하며 스스로를 '일요일의 작곡가'로 칭하기도 했던 그는 다른 작곡가만큼 많은 곡을 작곡하지는 못했지만, 〈중앙아시아의 초원에서〉, 〈바다의 여왕〉 등 러시아 특유의 정서와 색채가 반영된 곡을 많이 작곡했다. 오페라 〈이고리공〉은 그의 주요작으로 꼽히기도 하는데, 러시아의 영웅 서사시인 《이고리 원정기》를 그가 오페라로 각색한 곡이다. 말년에 작곡을 시작했지만 다 마치지 못하여 사후 림스키 코르사코프와 글라주노프에 의해 오페라가 완성되었다.

이렇게 19C에 걸쳐 국민악파 음악가들의 노력으로 러시아 음악의 민족적 색채와 개성이 확립된 것은 훗날 차이코프스키, 라흐마니노프, 스트라빈스키 등의 걸출한 작곡가들이 세계적인 명성을 얻도록 하는 토대가 되었다. 이들 작곡가들은 국민악파가 이루어놓은 음악적인 성취의 토대 위에서 러시아 민중의 정서와 문화, 생활, 러시아의 대 자연을 음악으로 한층 더 세련되게 표현하였고, 국민악파 음악가들이 선보인 과감한 화성, 화려하고 명쾌한 선율 등의 독특한 음악적 기법을 음악에 적용하였다. 그리고 이는 러시아 음악을 세계적인 수준으로 끌어올리는 원인이 되었다.

개성과 실력을 겸비한 작곡가들로 인해 빠르게 성장하고 있던 러시아 음악은 1917년의 '붉은 혁명'으로 인해 위기를 맞게 된다. 당시의 공산주의적 관점에 따르면 음악을 포함한 예술은 부르주아 계층의 전유물이자 자본주의적 가치를 옹호하고 선전하는 수단이었다. 또한 공산주의 이념 외에 다양한 사상 역시 통제의 대상이었다. 따라서 당시 집권세력은 음악인들의 창작활동을 제한했고, 자유로운 예술 활동을 보장받기 위해 많은 작곡가나 예술가등은 서구권 국가로 망명을 택했다.

하지만 소련 당국은 예술에 대해 규제를 둔지 얼마 지나지 않아 예술진흥 정책을 펼쳤는데, 이는 예술이 공산주의 체제를 선전하는데 유용하게 작용할 수 있다는 것을 인정했기 때문이다. 이러한 예술진흥정책은 음악 분야에서는 두 단체에 의해 주도되었다. '프롤레탈리아 음악가 협회'는 음악에서의 혁명정신구현을 추구했고, '현대 음악 협회'는 음악의 형식면에서 모더니즘 경향을 추구하는 방향성을 보였다.

소련정부의 대 예술 정책은 이후 보다 구체화되어, 1930년대에 이르러 사회주의적 사실주의 원칙을 발표하기에 이른다. 이는 모든 예술 활동의 목적은 사회주의 이념을 국가, 사회, 국민들 사이에서 실현하도록 하는 것에 있다는 것이다. 이를 위해 소련은 모든 예술 활동을 감독하여 체제의 우수성을 선전하고, 당과 지도자를 영웅화, 우상화하는 내용을 포함시키도록 했다. 음악 역시 그러한 상황 속에서 창작에 많은 제약을 받았다.

예술을 사회적인 목적에 따라 사용한다는 원칙은 그 후에도 유효하게 적용되었다. 1941년 독일의 침공으로 인해 2차 세계대전에 참전한 소련은 전시상황을 맞아 국민들을 전쟁에 동원해야 했다. 따라서 당시 소련 정부는 당시 작곡가들에게 음악에 민족적 우수성이나, 애국심을 고취시키는 내용을 담도록 했는데, 쇼스타코비치의 교향곡 7번과 8번은 이러한 상황 속에서 작곡된 대표적인 음악이다.

2. 붉은 군대 합창단

레드아미 코러스(이하 붉은 군대 합창단)는 그 이름에서 알 수 있듯이 본래 소비에트 연방의 '붉은 군대' 소속 군악대 및 군 합창단이었다. 모스크

붉은 군대 합창단

바음악원 교수인 알렉산드로프Aleksandrov의 주도아래 1928년 창단되었고, 당시에는 10여명의 보컬과 소수의 연주자로 구성된 작은 악단이었다. 그러나 붉은 군대 합창단의 힘 있고도 세련된 화음은 스탈린의 마음을 사로잡아 적극적인 지원을 얻어냈으며 일개 부대의 군악대를 넘어 소비에트 연방 군인정신의 상징을 노래하는 합창단으로 발전했다. 이후 붉은 군대 합창단은 소비에트 연방 시절 시베리아에서 우크라이나까지 러시아 전역을 횡단하며 강렬하고 묵직한 군가를 전파했다.

그들의 활동은 러시아 내에만 국한되지 않았다. 붉은 군대 합창단은 러시아 · 몽골 친선 페스티벌, 두산베 국제 페스티벌, 모스크바 전세계 청소년 페스티벌, 상해 국제음악 페스티벌 등 소비에트 연방과 함께 하는 공산주의 국가들의 친선 행사에 참여하며 국제적인 명성을 얻었다.

러시아 개방과 함께 기존의 군대 체계가 개편되며 많은 수의 붉은 군대가 해체되었다. 붉은 군대 합창단 또한 축소될 수밖에 없었지만, 그러나 이들은 새로운 러시아와 서구 국가들과의 문화 교류의 일환으로 다시 떠오르게 되었다. 러시아 개방 이후 미국에서 200회 이상의 공연을 가졌으며, 프랑스나 영국, 캐나다 등 여러 자유민주주의 진영의 국가들에서도 수차례 공연을 했다. 또한 1994년에는 백악관에서 열린 클린턴과 옐친의 회담에 초대되어 공연을 펼치는 등 개방 러시아의 힘찬 도약을 보여주는 문화 사절단으로 활약하고 있다.

붉은 군대 합창단은 30여명의 합창단과 10여명의 오케스트라 등으로 구성되어 있다. 이들은 단순히 군가만 부르는 것이 아니라 러시아 전통 악기와 러시아 전통 민요를 합창으로 재구성하여 공연하고 있다. 붉은 군대 합창단의 오케스트라는 러시아의 대표적인 전통 악기인 발랄라이카와 바얀, 트레쇼트카 등을 활용해서 아름답고 풍부한 선율을 제공한다.

바얀은 러시아 악기인 아코디언의 일종으로 1907년 그 명칭과 모양이 자리 잡기 시작한 악기이다. 바얀은 섬세하고도 풍성한 음색을 통해 러시아풍의 애잔한 느낌을 전달한다. 발랄라이카는 러시아식 기타의 일종으로 울림통은 삼각형 모양이며 3현으로 구성되어 있는 것이 특징이다. 붉은 군대 합창단은 이러한 악기들이 포함된 오케스트라로 러시아 전통 민요들을 재해석하여 전 세계에 알리는 역할을 했다. 또한 군대 행진을 연상시키듯 절도 있는 동작으로 리듬에 따라 일어서고 앉는 고팍춤을 주요 테마로 하는 댄스 앙상블은 붉은 군대 합창단에 다양성을 더한다.

지금도 붉은 군대 합창단은 전 세계의 주요 도시와 콘서트홀에서 연간 150회 이상의 공연을 하며 러시아 민요를 알리고 러시아의 기상과 장엄함을 전파하고 있다.

최근 붉은 군대 합창단은 경직되고 강렬한 음악 일변도의 합창에서 벗어나 다양한 퍼포먼스를 도입하는 등 변화를 시도하고 있다. 그러나 이러한 시도는 '장엄하고 절도 있는 합창'을 중심으로 하는 붉은 합창단만의 색깔을 흐리고 있다는 비판을 받게 하고 있다.

〈참고문헌〉

＊ 김혁외 5명. 『러시아 인문가이드』. 서울: 문예림, 2013

＊ 니콜라스 르제프스키. 『러시아 문화사 강의』. 서울: 그린비, 2011

＊ 이덕형. 『러시아 문화예술의 천년』. 서울: 생각의 나무, 2009

＊ 채혜연. 「1920년대 소련음악에 나타난 다양성, 대중성, 창조성-현대 음악과 프롤레타리아음악」. 《노어노문학》. 20-2(2004)

6. 미술

러시아 미술사에서 분기점이 되는 시기는 크게 세 번인데 이는 러시아 역사와 동일한 것으로 988년 정교 수용, 18세기 표트르 대제 개혁, 1917년 사회주의 혁명이다. 정교 수용은 이교도적이고 토템적이던 원시 미술이 기독교 미술로 넘어가는 전환점이 된다. 표트르 대제 개혁은 기독교 미술을 인간중심의 미술, 즉 세속적 미술로 전환시킨 거대한 사건이었다. 또한 19세기 중반부터 싹트기 시작해 1917년 혁명을 절정으로 러시아 미술은 민중 중심의 '이동파'와 예술가 중심의 '러시아 아방가르드'가 차례로 등장하면서 세계 미술사에 한 획을 긋는다. 하지만 아쉽게도 이후 소비에트 시기 미술은 사상의 도구로 사용되는 불운의 길로 들어선다.

러시아는 러시아 미술품 뿐 아니라 유럽 미술품들도 많이 소장하고 있다. 전통적으로 컬렉션 전통이 강한 러시아는 로마노프 왕조 때부터 꾸준히 미술품을 수집하였고 특히 18세기 표트르 대제 이후부터 서유럽으로부터 유명 작품들을 꾸준히 사들였다. 혁명의 와중에도 예술품의 가치를 인정하고 수집하고 보존하는 러시아인들의 예술 애호는 제정러시아 시대로부터 내려오는 그들의 국민의식이라고 볼 수 있다. 러시아에는 주요 미술관 네 곳이 있다. 모스크바에 있는 트레치야코프 미술관과 푸시킨 미술관, 페테르부르크에 있는 러시아 미술관과 에르미타주이다. 트레치야코프 미술관과 러시아 미술관은 러시아 작가들의 작품을 집중적으로 모아놓은 곳이다. 에르미타주 박물관은 러시아 최대 규모로 프랑스의 루브르, 영국의 대영 박물관과 함께 세계3대 박물관에 속한다. 에르미타주는 황제들이 살던 겨울 궁전과 4개의 별도 건물이 연결되어있는데 높이는 3층에 불과하지만 옆으로 길게 이어져 있어 전시실은 1,050개에 달한다. 24km에 달하는 엄청난 전시실 곳곳에서는 음악가들이 연주를 하기도 한다. 에르미타주의 소장품은 300만점이 넘고 전부 보려면 최소 5년이 걸린다고 한다. 여행객들은 주로 2층으로 향하는데 바로 이곳에 19세기까지의 서유럽 거장들의 그림이 대거 전시되어있기 때문이다. 모네, 드가, 세잔, 고갱, 다빈치, 렘브란트, 칸딘스키 등의 대표작이 걸려있다. 특히 2층 전시실에 있는 마티스의 〈춤〉(1910)은 2006년 영국의 《가디언》이 "죽기 전에 꼭 봐야할 그림20선"에 포함시킨 작품이기도 하다.

본 글에서는 크게 고대(17세기까지), 근대(18세기이후), 현대(20세기이후)로 나누어 러시아 미술을 살펴보기로 한다. 러시아는 18세기 표트르 대제 시대를 기준으로 그 이전을 고대 러시아, 그 이후를 근대 러시아라고 한다. 특이한 점은 러시아에서는 고대와 중세를 따로 구분하지 않는다는 점이다. 사실 9세기부터 17세기까지의 시기는 서유럽에서는 중세에 해당하지만 러시아에서는 중세라는 말 대신 고대라고 한다.

1. 고대 러시아 미술

러시아 고대 예술의 전통은 선사 시대부터 시작한다. 시베리아를 비롯한 여러 지역에서 발견된 러시아 선사 시대 예술의 유산은 상트페테르부르크의 에르미타주를 비롯해 여러 박물관에 소장되어있다. 이 시기 러시아인들의 예술성을 보여주는 것으로 1959년에 발견된 우랄 산맥의 카포바 동굴 그림이 있다. 동슬라브족인 러시아 미술의 기원은 우크라이나 남부의 드네스트르 강 동부에서 원시 공동체 생활을 하던 동슬라브족의 미술 작품에서 찾을 수 있다. 당시 동슬라브인들은 길흉화복을 표현하기 위해 다양한 문양을 사용하였고 여러 신들을 믿었다.

러시아 고대(중세) 미술은 10세기 말 러시아가 비잔틴으로부터 정교를 수용하면서 받아들인 교회예술의 시기로서 18세기 표트르 대제 이전까지의 중세예술을 의미한다. 이 시기 러시아 미술은 교회를 중심으로 발전하며 주로 성서의 내용이나 그리스도, 성모, 성인들의 모습을 담은 이콘, 프레스코화, 모자이크화 등이다. 비잔틴 회화의 영향 아래 작품의 주제나 기법, 색채 사용 면에서도 비잔틴 화가들과 유사했다. 종교화가 곧 미술을 의미했고 성전 건축이 건축사의 주된 줄기였다. 이러한 전통은 18세기 표트르 대제가 유럽 미술을 받아들이기 전까지 계속된다. 현재까지도 러시아인은 종교화에 대해 각별한 태도를 보이고 종교화의 전통은 현대미술에서도 이어지고 있다. 그중에서도 정교를 수용하면서 비잔틴으로부터 들어온 이콘은 표트르 대제 시대까지 주요한 예술 형태로 자리매김한다.

이콘의 재료는 주로 나무인데 나무는 예수가 못 박힌 십자가를 상징한다. 또한 금도색을 즐겨 사용하는데 금은 러시아인들이 좋아하는 재료이다. 색채는 붉은 색이 압도적이고 그리스도 보혈을 상징한다. 이콘의 주인공은 주로 예수, 성모, 성서의 예언자나 사도, 성자 등이다. 이콘을 내용적으로 분류하면 주인공의 일대기를 그린 일대기적 이콘이 있고 성서의 내용을 이야기하듯 그린 성서 내용적 이콘이 있다. 이콘의 주인공 중에서 러시아인들이 좋아하는 사도는 사도 안드레이이다. 그는 일찍이 동슬라브인이 사는 여러 지역을 방문한 사도로서 루시의 비호자로 여겨진다. 러시아인들이 좋아하는 성자 중에는 올가가 있는데 그녀는 정교를 수용한 블라지미르 대공의 할머니이자 본인은 정교 수용 이전에 세례를 받은 것으로 알려져 있다. 그러나 러시아에서 가장 인기 있는 성상화는 바로 성모 이콘이다. 성모 이콘은 중세 러시아에서 신앙과 전투, 예술과 군대 간의 긴밀함을 보여주는 것이기도 하다. 14세기 말 외적으로부터 모스크바를 방어하기 위해 성모 이콘을 가져오기도 했고 이반 뇌제는 도시 카잔에서 몽골 타타르를 물리친 것이 '카잔 성모' 이콘 덕분이라고 할 정도였다.

그리고 성모 이콘 중에서도 러시아에서 가장 유명한 이콘은 '블라지미르의 성모' 이콘이다.

아기 예수가 성모 품에 깊이 안겨 어머니 목에 뺨을 맞대는 형상인데 아기와 엄마가 나누는 따뜻한 교감이 인상적이다. '블라지미르의 성모' 이콘은 선이 곱고 쌍꺼풀이 없는 동양적인 얼굴을 하고 있다. 특히 성모의 눈빛이 인상적이다. 아기를 안고 있는 엄마의 눈빛이 너무 슬프다. 성모는 아기가 앞으로 겪어야할 수난과 고통의 삶을 알고 있기 때문이다.

블라지미르의 성모

모든 역사는 이미 이루어졌고 그 결과는 이미 정해져있다는 중세의 예정론적 사고를 반영한다. 이 이콘은 중세 러시아인의 삶과 문화 예술 발전에 커다란 영향을 준다. 그런데 사실 이 이콘은 러시아인이 그린 것은 아니다. 12세기 초 비잔틴 제국의 수도 콘스탄티노플에서 러시아로 옮겨졌다. 당시 러시아는 통일국가를 만들지 못한 채 여러 도시국가들로 어수선한 상태였고 무엇보다 몽골의 지배 아래 놓여있었다. 당시 러시아인들은 '블라지미르의 성모' 이콘이 나라를 수호하는 신비로운 능력을 지니고 있다고 생각했다. 그렇게 이 이콘은 러시아 안에서 승리한 도시 국가의 전리품이 되어 이리저리 떠돌다가 블라지미르에 전해진 뒤 이 도시국가가 번성하자 이콘은 '블라지미르의 성모'라는 이름을 얻게 된다. 그리고 마지막으로 안착한 곳은 최후의 승리를 거둔 도시국가 모스크바였다. 우연인지 14세기 말 '블라지미르의 성모' 이콘이 모스크바에 도착한 바로 그날부터 몽골군이 퇴각하기 시작했다. 이로써 모스크바 공국은 러시아를 240여 년 동안 지배하던 몽골을 격퇴하고 통일국가 러시아를 위한 기반을 마련할 수 있었는데 연대기 기록자들은 이 위업을 '블라지미르 성모' 이콘의 놀라운 능력과 연관시킨다. 블라지미르 성모 이콘은 2006년 영화 〈패션 오브 크라이스트〉개봉과 함께 세인의 관심을 받기도 했다. 영화는 예수를 희생양으로 삼은 인간의 불의와 탐욕을 질타하는데 이 영화를 만든 제작사의 이름이 '아이콘'(이콘) 프로덕션이고 제작사 로고가 바로 '블라지미르의 성모' 이콘의 눈이다. 현재 '블라지미르의 성모' 이콘은 모스크바의 트레치야코프 미술관에 있다.

15세기 모스크바 루시 시대 러시아 이콘은 점차 비잔틴 방식에서 벗어나 자신만의 독특한 전통을 수립하게 되는데 대표화가들은 페오판 그렉

(1340~1410)과 안드레이 루블료프(1360~1430)이다. 페오판 그렉은 그리스 출신으로 비잔틴의 가장 훌륭한 화가 중 하나였다. 그는 러시아에 와서 지낸 30여 년 동안 러시아의 미술문화를 풍부하게 만들고 비잔틴 문화와 러시아 문화를 연결시켜주는 역할을 하게 된다. 페오판 그렉이 활동하던 14세기 말부터 15세기까지는 러시아 이콘화의 전성기로 고전적인 이콘화의 대부분이 제작된다. 새로운 러시아의 중심지가 된 모스크바에서 그는 루블료프와 함께 러시아 이콘화의 본격적인 부흥기를 일으킨다. 위대한 두 화승 페오판 그렉과 안드레이 루블료프는 공동 작업을 많이 한다. 두 사람이 함께 완성한 최고의 걸작 중 하나가 바로 크렘린 수태고지 교회의 이콘화 작업이다. 이 시기 교회벽을 장식하는 거대 그림인 이코노스타스 체계가 러시아만의 독특한 양식으로 완성되기도 한다. 이코노스타스는 16~17세기를 거치며 더욱 복잡해진다. 페오판 그렉의 이콘화가 강고하고 금욕주의적이라면 루블료프의 이콘화는 섬세하고 부드럽다. 루블료프는 인간들의 어리석음을 질타하는 대신 인간을 감싸 안음으로써 신을 위해 존재하던 예술을 인간을 축복하는 예술로 바꾼다. 그리고 루블료프는 중세 러시아 미술의 최대걸작으로 꼽히는 〈삼위일체〉를 완성한다.

안드레이 루블료프 「삼위일체」1420년대
트레치야코프 미술관

세 천사가 식탁에 둘러 앉아 있다. 오른쪽과 왼쪽 천사의 발판은 양 방향으로 뒤로 갈수록 더 넓게 그려져 있다. 이는 중세 회화의 특징인 역원근법에 의한 것이다. 하나의 시점이 아닌 다양한 시점으로 그려진 역원근법은 마치 신의 눈으로 세상을 보는 것과 비슷하다. 이 원칙은 모든 중세 그림에 적용되었다. 세 천사들은 고개를 숙이고 상대의 이야기를 조용히 경청한다. 서로 어깨를 맞대고 있는 모습은 평온함과 조화로움으로 가득하다. 이 이콘은 또한 화면 전체가 황금색과 푸른색이 서로 어우러져 그 아름다움을 더하는데 푸른색은 천국의 색으로 황금색은 고귀한 신의 색으로 간주되어 왔다.

16세기에 접어들면서 르네상스 사조는 모스크바 이콘에도 영향을 미치게 된다. 모스크바 이콘 화가들은 역사적인 주제를 전통적인 이콘에 도입한다. 또 모스크바 이콘에는 새로운 장르가 등장하는데 종교적 주제와 세속적 주제가 결부된 우의적 이콘이 나타난 것이다. 하지만 16세기 중반 이후 교회가 이콘에 엄격한 통제를 가하기 시작하면서 이콘은 점차 쇠퇴의 길로 접어들게 된다.

17세기말부터 러시아 회화에는 커다란 변화가 일어난다. 표트르 대제의 개혁과 함께 이콘화가와 전문화가가 구분되기 시작한 것이다. 이제 화가들은 교회의 그림이 아니라 세속의 그림을 그리기 시작했고 이콘화는 종교미술로 한정된다. 하지만 이콘화는 러시아 민중 생활에서 중요한 일부였기때문에 그 명맥은 계속 이어진다. 19세기 중엽이후에도 이콘화는 러시아 미술에서 중요한 역할을 한다. 러시아를 대표하는 화가 일리야 레핀 역시 지역 이콘화가에게 그림을 배웠다. 하지만 가장 위대한 이콘화의 발견은 20세기 초 러시아 아방가르드 작가들에 의해 이루어진다. 곤차로바와 라리오노프의 신원시주의의 기초는 러시아 전통의 이콘 화와 민중들 사이에서 흔히 유통되는 값싼 판화 루복이었기 때문이다. 칸딘스키 역시 러시아 이콘화에서 많은 영감을 받는다. 훗날 1910년 러시아를 방문한 프랑스 미술계의 거장 마티스도 러시아 이콘화에 찬사를 아끼지 않았다.

2. 근대 러시아 미술

(1) 18세기 미술 : 표트르 대제 개혁과 러시아 미술의 서구화

18세기 표트르 대제의 개혁은 20세기 말 고르바초프의 개방에 필적할 만한 역사적 의미를 지닌다. 러시아는 '서구화'를 향한 강력한 질주를 시작한다. 러시아 귀족 사회는 서유럽의 세련된 귀족 생활을 동경하고 따라한다. 귀족 자제들은 서유럽 출신 가정교사에게 교육을 받았고 프랑스어를 사용한다. 도스토예프스키가 '러시아 영혼의 정수'라고 칭찬한 푸시킨 소설『예브게니 오네긴』의 여주인공 타치야나는 러브레터를 프랑스어로 쓴다. '러시아 영혼의 정수'인 그녀가 정작 모국어를 모르는 황당한 상황은 당시 러시아의 전형적인 모습이었다. 언어뿐 아니라 독서와 교육을 통해 서유럽식 감정이 훈육된다.

18세기 초 유럽의 도시를 좋아했던 표트르 대제의 기호에 따라 도시는 유럽형으로 계획, 건설되고 유럽의 생활문화, 교육, 군사, 사회제도 등 사회 전반적 영역에서 러시아는 커다란 변화를 겪게 된다. 이는 러시아 미술사의 운명 또한 바꾸어 놓았다. 이전까지 러시아 예술의 주요 장르였던 이콘은 점차 뒤로 물러나고 당시 유럽에서 풍미하던 인간 중심의 미술이 등장한다. 러시아 미술에는 서구에서 볼 수 있는 다양한 현실적 주제와 소재를 표현한 초상화, 풍속화, 풍경화 등이 나타나기 시작한다. 표트르 대제 개혁이후 러시아 작가들은 탁월한 재능으로 단숨에 서유럽 미술을 따라잡는다. 표트르 대제는 자국의 화가를 유럽 여러 나라로 유학을 보내는가 하면 유럽의 이름난 화가를 러시아로 불러들였다. 러시아 미술사상 혁명적인 시기였다. 이들 외국인 미술가들과 외국에서 돌아온 러시아 미술가들은 표트르가 세운 새 수도 페테르부르크를 건축물로, 조각물로, 회화로 장식하였다. 이들은 러시아 황제를 비롯하여 귀족들의 초상화를 제작하는가 하면 러시아의 전쟁화, 역사화, 풍경화, 풍속화 등의 기초를 놓았다. 또한 르네상스, 바로크, 로코코, 고전주의가 동시에 수용되면서 이후 독특한 러시아적 양식을 만들어낸다. 유럽의 여러 작품도 대부분 이 시기에 수집되어 오늘날 에르미타주를 가득 채우게 된다. 그러나 이는 대부분 일반 서민과는 격리된 발전이었고 이러한 결점은 19세기 젊은 화가들에 의하여 비판을 받는다.

이러한 미술계 전반적인 변화는 사람들의 마음속에 새로운 세계관을 불러일으킨다. 18세기 러시아 미술이 아직까지는 현실의 농노제 사회로부터 유리된 것이기는 하지만 민중의 의식 속에 인간의 가치와 자유, 평등에 대한 욕구가 어렴풋이 자라나게 된다.

이 시기에 특이할 만한 사건은 미술 아카데미의 설립이다. 18세기 초부터 계속적인 논의와 노력 끝에 마침내 1757년 새 수도 페테르부르크에 미술 아카데미가 세워진 것이다. 회화, 조각, 건축의 영역을 맡아 교육하는 이 미술 아카데미의 설립은 러시아 미술이 체계적인 교육에 의해 발전하게 되는 중요한 계기가 된다. 전통적인 규범을 바탕으로 한 교회 예술에서 탈피해 창의적 상상력을 표현하는 미술가들을 배출함으로써 근대 러시아 미술이 정착하는데 기여한다. 어느 정도 고전적인 규범에서 벗어나 이때부터 러시아 화가들은 자유롭게 현실을 그릴 수 있게 된다. 특히 화가들은 해부학을 기초로 구성력 있는 회화의 기본을 닦게 되었고 이를 바탕으로 훗날 리얼리즘이 꽃을 피우게 된다. 당시 사실주의적 경향은 아직 일정한 계통을 지니고 있지 않은 자연 발생적인 것이었지만 이후 뛰어난 화가들에 의해 이어질 단초가 마련된 것이다.

1762년부터 1796년까지 예카테리나2세가 통치하던 시기는 러시아에서 가장 화려한 귀족의 황금시대였다. 바로 이 시기 18세기 상트페테르부르크의 아름다운 외관도 완성된다. 서유럽(독일)출신으로 표트르 대제의 손주 며느리였던 여제는 이런 궁정문화 발전에 온힘을 기울인다. 18세기는 특히 '초상화의 시대'라고 불릴 만큼 엄청난 초상화들이 그려진다. 유학을 다녀오지 않은 순수 국내파인 드미트리 레비츠키(1735~1822)의 그림 〈예카테리나2세〉(1783)에서 여제는 위대한 계몽군주로 묘사된다.

미술 아카데미를 중심으로 러시아에는 이후 '아카데미즘'이라는 화풍이 한 세기를 주도한다. 아카데미즘은 형식면에는 인체를 가장 완전하고 아름답게 그리도록, 내용이나 소재면 에서는 그리스, 로마의 신화나 역사 혹은 성서의 내용으로 한정한다. 이 화풍을 대표하는 러시아 화가로는 브륨로프와 이바노프가 있다. 카를 브륨로프(1799~1852)는 명작 〈폼페이 최후의 날〉(1833)을 그려 유럽 전역에 명성을 떨친다. 이 그림은 러시아 미술관에 소장되어 있다.

(2) 19세기 미술 : 사실주의적 화풍과 이동파의 활동

이 시기 러시아 미술의 특징 중 하나는 서구 미술의 영향을 받은 러시아 미술이 자신들만의 독특한 사실주의적 화풍을 정착시킨다는 점이다. 러시아 리얼리즘 회화가 꽃을 피우는데 결정적인 역할을 한 사건은 1812년 나폴레옹 전쟁과 1861년 농노제 폐지이다. 프랑스와 전쟁을 하면서 유럽의 발전된 모습을 목격한 귀족 청년들은 엄청난 충격을 받고 개혁의 필요성을 느끼게 되고 1825년 청년귀족들의 제카브리스트 봉기로 이어진다. 미술계 역시 그에 발맞춰 아카데믹한 고전주의 화풍에서 벗어나 민족적, 민중적인 예술관을 형성하기 시작한다.

1861년 알렉산드르2세의 농노해방령은 러시아 사실주의 회화가 발전할 수 있는 계기를 마련한다. 이 시기 민족적 자각과 민중의 생활상에 대한 새로운 이해를 바탕으로 진보적 민중성 원칙이 가미된 사실주의적 회화 양식이 크게 발전한다.

이렇게 러시아 사회는 사회적 변화에 대한 강한 기대감으로 들끓고 있었고 이러한 분위기는 미술 아카데미 학생들 사이에서도 점차 확산된다. 그러나 19세기 중반까지 미술 아카데미는 공인된 규범을 답습하며 그리스 로마 신화나 전설, 영웅 등의 정해진 테마와 역사화, 신화화, 초상화와 같은 특정 장르만을 고집하고 있었다. 풍경화나 정물화, 풍속화는 천시되었다. 반면 젊은 화가들은 '지금' '여기', 즉 '현실' '러시아'에 주목하며 풍속화에 관심을 가지게 된다.

19세기 러시아 문화의 리더는 단연 문학이었다. 푸시킨, 고골, 도스토예프스키, 톨스토이 등 위대한 작가들이 러시아 지성계를 주도하고 있었다. 엄격한 검열이 이루어지던 시기 러시아 지식인들은 문학이라는 형식을 이용해 사상을 표현할 수밖에 없었다. 미술가들 역시 그림이라는 형식을 통해 당대 삶을 형상화하고자 했고 풍속화는 민중들의 생각과 일상을 담아내는데 적합한 장르였다. 페도토프에서 시작된 러시아 풍속화의 전통은 페로프에 이어진다. 바실리 페로프(1834~1882)는 당시의 시대적 요구에 충실한 화가였고 러시아 회화사의 중요한 분기점이 되는 화가이다. 회화에서 '비판적 리얼리즘'이라는 원칙을 정립하는 데 전거가 되는 인물이기 때문이다. 페로프는 가난한 민중의 모습을 소개하고 교회에 대해 대담한 비판을 가하기도 한다. 그는 아카데미에서 금메달을 받고 외국 유학의 기회를 얻게 되어 프랑스로 떠난다. 1860년대 당시 미술의 중심지는 단연 파리였고 당시 파리는 새로운 미술, 인상주의를 준비하고

바실리 페로프 마지막 여행. 1865년. 트레치야코프 미술관

있었다. 그러나 페로프에게는 여전히 해결해야할 예술적 과제가 따로 있었기에 그는 서둘러 러시아로 돌아온다. 그리고 다음 해인 1865년 페로프는 〈마지막 여행〉을 완성한다.

페로프에게 필요한 것은 부르주아들의 행복한 도시를 그리는 인상주의가 아니라 러시아 민중의 삶을 그리는 리얼리즘이었던 것이다. 농노제는 폐지되었지만 농민들은 소작농이나 도시 하층민으로 전락한다. 〈마지막 여행〉은 이런 시대적 분위기를 보여준다. 제목은 지상에서 떠나는 마지막 여행, 즉 묘지로의 여행을 의미한다. 어느 가난한 가족이 아버지가 죽자 수레에 싣고 묘지로 가는 장면을 그리고 있다. 아무도 함께하지 않는 쓸쓸한 풍경은 당시 농촌 사회를 기반으로 하는 가부장적 세계가 붕괴하고 있음을 의미한다. 가난하고 소외당한 민중에 대한 연민과 그들을 벼랑 끝으로 내모는 사회에 대한 비판이 적나라하게 드러난다.

1870~1880년대 러시아 풍속화는 최고의 발전을 이룬다. 러시아 풍속화는 러시아 사회의 변모 과정을 그대로 기록하면서 페도토프와 페로프가 문을 연 풍속화 전통은 이후 이동파 화가들에게 이어져 러시아 미술에서 가장 중요한 페이지를 장식하게 된다.

이렇게 서민의 풍습과 생활상을 담은 미술이 19세기 중반에 발생한 뒤 19세기 후반에서 20세기 초에는 러시아 전역을 휩쓸었다. 이 시기는 러시아 미술사에서도 전환기이자 사실적이고 민족적인 경향이 수립된 때이다. 그러나 당시 주류였던 미술아카데미는 그와 같은 경향에 부응하지 못한 채 황실의 눈치만 살피고 있었다. 1863년 크람스코이가 미술 아카데미 졸업반이었을 때 졸업 작품 주제로 농노제 폐지가 지정된다. 황제의 치적을 찬양하기 위한 의도였다. 이에 크람스코이를 포함한 열네 명의 학생들은 졸업 작품 주제 선정의 자유를 요구하다가 결국 졸업 직전 집단 자퇴를 한다. 당시 미술아카데미 졸업장은 앞날을 보장해주는 '철밥통'이었는데 이를 내팽개친 것이다. 이들은 스스로를 가리켜 '14인의 반란자'라고 불렀다. 아카데미의 권위는 바닥으로 추락했다.

이반 크람스코이(1837~1887)는 뛰어난 화가이자 탁월한 비평가였고 훌륭한 제자들을 키워낸 스승이자 이동파를 결성한 조직가였다. 크람스코이는 19세기 후반 러시아 문화계를 대표하는 전형적인 지식인이었다. '14인의 반란자'들은 작업실과 주거지를 공유하는 생활 공동체를 결성한다. 그러던 중 모스크바의 페로프를 중심으로 한 여섯 명의 화가들과 상트페테르부르크의 화가들 사이에 공동체에 관한 논의가 진행된다. 1870년 크람스코이와 비평가 스타소프의 합의로 '이동 전시 협회'가 결성된다. 드디어 러시아 미술사에 '이동파'라는 이름이 등장하는 역사적 순간이다. 그들은 미술이 민중을 위해 무엇을 할 것인가를 고민하였고 형식적으로는 민중의 현실적 삶을 생생하게 표현할 수 있는 리얼리즘을 선택하였다. 러시아 전역을 돌아다니며 그림을 전시하였기에 그들을 가리켜 '이동파'라고 부르게 된다. 19세기 말 러시아의 인텔리겐치야들, 즉 사회에 비판적 시각을 지닌 진보적 지식인들은 일명 '민중 속으로'(브나로드: V narod) 들어가서 활발한 활동을 펼친다. 이동파의 활동은 일종의 미술계 브나로드 운동이었다. 가난한 민중들이 미술관에 가기란 너무 어려웠기 때문에 이동파는 직접 그림을 들고 찾아다닌 것이다. 이동파의 목표는 '러시아에 사는 모든 사람들에게 동시대 예술작품을 감상할 수 있는 기회를 주는 것', 그리고 '러시아 사회에 대한 애정을 함양하는 것'으로 그들의 민중지향성을 명백히 보여준다.

이동파는 러시아 미술의 성격을 가장 근본적으로 규정짓는다. 러시아와 서유럽 미술의 발전경로는 이동파의 등장과 함께 달라진다. 한마디로, 파리의 화가들이 햇빛 반짝이는 거리로 나가 인상주의자가 되었다면 러시아의 화가들은 먼지 날리는 '민중 속으로' 들어가 이동파가 된 것이다. 이동파의 핵심인물인 크람스코이는 이에 대해, "그들(프랑스 인상주의 화가들)에게는 내용은 없고 형식만 있다. 우리들(러시아 이동파 화가들)에게는 형식은 없고 내용만 있다"고 말한다. 하지만 쉽지 않은 형식의 문제는 크람스코이의 제자인 일리야 레핀이 풀게 된다. 이동파는 1870년 결성되어 1923년 마지막 전시를 갖고 해체되기까지 무려 52년 동안 존속하며 세계 미술사상 유래 없이 장수한 화가 그룹이었다.

'이동파'는 기업가인 마몬토프와 트레치야코프의 후원을 받는다. 아브람체보에 있는 마몬토프의 영지는 예술가들의 집단 거주지가 되었고 트레치야코프는 모스크바에 유명한 미술관을 세우게 된다. 특히 트레치야코프는 19세기 러시아 문화예술에서 독보적인 존재다. 트레치야코프가 없었다면 러시아 미술은 존재하지 않았을 것이라는 말은 과장이 아니다. 트레치야코프는 자신의 부를 사회에 환원하겠다고 결심했고 그 결심은 미술관 건립으로 구체화된다. 이런 점에서 트레치야코프는 민주적 지식인의 시대였던 1860년대의 아들이었다. 트레치야코프는 한편으로는 뛰어난 러시아 화가들의 작품을 수집하기 시작했고 다른 한편으로는 화가들에게 당대 지식인들의 초상화를 그려달라고 요청했다. 일명 '초상화 그리기' 프로젝트인 셈이다. 1873년 트레치야코프는 크람스코이에게 톨스토이의 초상화를 주문한다.

많은 화가들이 톨스토이의 초상화를 그렸다. 니콜라이 게(1831~1894)

와 일리야 레핀은 집필에 몰두하거
나 작업하고 있는 톨스토이를 그렸
다. 이와 달리 크람스코이는 에피소
드적인 요소를 가미하지 않은 채 톨
스토이를 정면으로 그린다. 크람스
코이의 그림에서 톨스토이는 소박
한 러시아 농부 차림을 한 채 깊은
생각에 잠겨 있다. 명상가의 집중력
과 금욕적 도덕성이 강하게 느껴진
다. 크람스코이는 톨스토이의 『안나
카레니나』에 등장하는 화가 미하일

이반 크람스코이. 톨스토이의 초상. 1873년.
트레치야코프 미술관

로프의 모델이기도 하다. 크람스코이는 1887년 그림을 그리다가 손에 붓
을 든 채로 죽음을 맞이한다.

크람스코이의 제자이자 동료인 레핀(1844~1930)은 러시아 리얼리즘을
대표하는 이동파 중 한명으로 러시아 미술사뿐만 아니라 세계 미술사에
서도 상당히 주목을 받는 화가이다. 가난한 집에서 태어난 레핀은 성상
화가한테서 그림을 배운 뒤 상트페테르부르크 미술 아카데미에서 공부
한다. 장학금 덕분에 프랑스와 이탈리아를 여행한다.

레핀은 86년이라는 짧지 않은 생애동안 많은 작품을 남긴다. 〈볼가 강
에서 배를 끄는 인부들〉(1873) 〈사드코〉(1875~76), 〈쿠르스크 현의 십자가
행렬〉(1880~83), 〈1581년 11월 16일 이반 뇌제와 그의 아들 이반〉(1885),
〈터키 술탄에게 편지를 쓰는 카자크들〉(1878~91)등의 대작들은 레핀이
진정한 거장임을 보여 주는 작품이다. 레핀은 또한 미술가, 문학가, 사상

일리야 레핀, 〈볼가강에서 배를 끄는 인부들〉, 1870-1873년, 러시아 미술관

가 등 동시대인들의 초상화를 많이 그렸다.

레핀의 〈볼가 강에서 배를 끄는 인부들〉(1872)은 러시아 사실주의 회화의 새로운 화풍을 확립했다는 평가를 받는다. 특히 정교한 구성과 인물의 전형성이 돋보인다. 무거운 배를 묵묵히 끌고 있는 하층민들의 삶이 사실적으로 표현되어 있다. 힘든 일을 하면서도 주어진 운명에 순응하며 당당함을 잃지 않는, 전형적인 러시아 민중의 모습이라고 할 수 있다.

〈아무도 기다리지 않았다〉(1884)는 이동파 화가들의 사회적 관점을 예술적으로 승화시킨 작품으로 러시아 회화에서 최고 걸작 중 하나로 손꼽힌다. 유형지에서 혁명가 남편이 갑자기 귀환하는 순간을 그리고 있다. 놀라는 부인과 가족들의 표정이 생생하며 인물들의 다양한 공간 배치로 인해 더욱 생동감 있게 느껴진다.

당시 프랑스에서는 인상주의 화가들이 활발하게 활동하고 있었다. 레핀은 인상주의의 뛰어난 기교와 화풍을 수용하여 이를 바탕으로 자기만

일리야 레핀. 〈아무도 기다리지 않았다〉. 1884년. 트레치야코프 미술관

의 스타일을 완성하여 당대 러시아의 현실과 민중을 그렸다. 인상주의가 빛으로 부르주아의 파티를 그렸다면 레핀은 빛으로 혁명가의 귀환을 그린 것이다.

러시아 자연의 아름다움을 새롭게 발견하고 그려질 가치가 있다고 평가한 것도 이동파 화가들이었다. 이전까지만 해도 추운 겨울이 반년 동안 지속되는 러시아 자연이 그림의 주제가 될 수 있다고는 생각하지 못했다. 알렉세이 사브라소프(1830~1897)는 이런 새로운 풍경화의 문을 연

알렉세이 사브라소프 〈산까마귀 떼가 돌아오다〉.
1871년. 트레치야코프 미술관

화가이다. 1871년 제1회 이동파 전시회에 전시된 〈산까마귀 떼가 돌아오다〉는 사브라소프의 최고작품이자 러시아 풍경화의 기념비적인 작품이다. 그림 속에는 어느 흐린 날 긴 겨울의 침묵을 깨고 날아든 산까마귀 떼와 평범한 목조 교회가 그려져 있다. 러시아 시골 마을 어디에서나 볼 수 있는 평범한 풍경이지만 한편으로는 겨울에서 봄으로 넘어가는 자연의 미묘한 변화를 느끼게 해준다.

사브라소프가 풍경을 서정적인 분위기 속에서 표현했다면 이반 시슈킨(1832~1898)은 강인한 러시아의 자연을 보여준다. 사브라소프가 겨울에서 봄으로 바뀌는 변화의 계절, 약간 흐린 날의 대기 변화를 그렸다면, 시슈킨은 햇빛과 생명이 넘치는 대낮의 풍경을 그렸다. 시슈킨은 햇빛 비치는 숲속 풍경을 많이 그렸다. 〈햇빛을 듬뿍 받은 소나무〉에는 햇빛 찬란한 숲속에서 소나무 껍질의 균열까지 세세하게 그려져 있어 사진으로 착각할 정도이다. 시슈킨이 워낙 디테일 하나도 놓치지 않은 탓에 일부에서는 그의 작품에는 생명이 결여되어 있다고 혹평하기도 한다. 실제로 시슈킨은 러시아 풍경화가 중에서 유물론적 미학의 가장 든든한 교사였다. 하지만 시슈킨의 그림은 여전히 러시아인들의 사랑을 받아서 요즘도 노트 표지나 쵸콜릿 포장지에는 숲에서 노는 곰을 그린 그의 그림 등이 그려져 있다.

　이삭 레비탄(1860~1900)과 함께 러시아 풍경화는 최고 수준에 오른다. 1880~1890년대 이동파는 새로운 세대의 젊은 작가들이 합류하면서 다양하고 풍부한 양상으로 나타난다. 그들은 선배작가들이나 앞선 경향들을 받아들인 뒤 이 모든 것들을 자기 것으로 만들면서 독자적인 길을 개척한다. 가을날 볼가 강을 되살려 그린 1890년 작품 〈영원한 평화 위에서〉에는 커다란 강이 내려다보이는 언덕 위 작은 교회가 그려져 있다. 부동의 안식과 평화 그리고 인간 존재의 무상함이 느껴진다. 혹자는 이 그림을 일종의 '메멘토 모리 풍경화'라고 부르기도 한다. 1890년대 중반 이후 레비탄의 작품 세계는 더욱 풍부해지는데 특히 죽기 전 삼년 동안은 가장 활동적인 시기였다. 레핀의 후기 작품에서는 옛 러시아 미술의 영향과 함께 당시 프랑스에서 유행하던 인상주의와 상징주의 영향을 동시에 만날 수 있다.

3. 현대 러시아 미술

　현대 러시아 미술사를 잘 정리하고 있는 작품이 있다. 2003년 바딤 자하로프의 〈러시아 미술사 : 아방가르드에서 모스크바 개념주의까지〉이다.

　그림에는 다섯 개의 서류 파일이 있다. 첫 번째 파일은 '러시아 아방가르드' 파일인데 핵심은 '유토피아'이다. 말레비치적인 혹은 리시츠키적인 붉은 삼각형이 꽂혀있다. 이 파일 옆에는 아무것도 없고 계단만이 덩그

바딤 지하로프, 〈러시아 미술사 : 아방가르드에서 모스크바 개념주의까지〉, 2003년 프랑크푸르트 현대미술관

러니 놓여있다. 두 번째 파일은 '사회주의 리얼리즘'이고 핵심은 '이데올로기'이다. 세 번째 파일은 '비타협주의(1950~60년대 비공식 미술)'이고 핵심은 '예술'이다. 정치색을 벗어버린 예술 그 자체를 추구함으로써 역설적으로 더욱 강력한 정치적 효과를 낸다. 네 번째 파일은 '소츠 아트'인데 핵심은 '자기비판'이다. 다섯 번째 파일은 '모스크바 개념주의'이며 뒷면에는 수많은 작은 파일들이 보인다.

19세기 말과 20세기 초에 걸쳐 러시아에서는 대규모 문예부흥이 일어나는데 이 시기를 흔히 은세기Silver Age라고 부른다. 은세기의 사상적 조류는 관념론적 형이상학과 종교로의 복귀 경향을 띤다. 작가와 예술가들은 정치와 사회에 무관심하게 되고 미학을 최고 가치로 여기게 된다. 1890년대 '예술 세계파'는 다시 상징주의와 모더니즘 미술이라는 고리로 러시아 미술과 서유럽미술을 연결시킨 유파이다. 러시아 모더니즘은 서구의 영향으로 문학, 음악, 미술 등 다양한 예술 장르에서 20세기의 새로운 세계관을 표현하고자 한 사조였다. 세기말의 새로운 세계관을 반영하고자 하는 이들 젊은 화가들은 예술을 위한 예술, 즉 순수예술을 옹호한다. 주도적인 인물로는 브루벨(1856~1910)이 있다. 그는 악마에 대한 강

박관념을 작품 속에 표현했고 상징주의의 영감을 잘 보여주었다. 세로프는 무용가인 이다 루빈시테인의 초상화로 유명하다. 그 외 소모프는 어릿광대 그림으로, 그리고 쿠스토지예프는 화려하고도 기이한 방식으로 상인 계급을 묘사한 것으로 유명하다.

1905년 이후 러시아 화가들의 활동은 복잡해지고 어제의 푸른장미파는 오늘의 황금양털파가 되었다가 다시 내일은 '다이아몬드 잭'파의 전시에 참여한다. 그만큼 이 시기 화가들은 역동적으로 움직인다. 이미 1910년대에 가장 좌파적인 미래주의가 러시아 미술사에 모습을 드러낸다. 쿠지마 페트로프보트킨의 〈붉은 말의 목욕〉(1912)이다. 이 그림과 함께 러시아 미술의 상징주의는 막을 내린다. 현실은 더 이상 상징으로는 설명할 수 없을 만큼 긴박하게 진행된다. 그렇게 러시아 아방가르드가 등장한다. 1910년 예술세계파 전시에는 예술세계파, 상징주의자들과 함께 곤차로바와 라리오노프의 신원시주의 작품도 출품된다. 본격적인 러시아 아방가르드 미술의 막이 열린 것이다.

러시아 예술가들은 1917년 혁명을 겪으면서 본격적인 아방가르드적 면모를 드러낸다. 그들은 바로 눈앞에서 구 질서가 무너지고 새 질서가 확립되는 광경을 목격하며 열광했다.

러시아 아방가르드란 신원시주의, 광선주의, 칸딘스키의 추상미술과 샤갈, 절대주의, 구성주의, 생산 미술 등을 포괄하는 광범위한 흐름을 가리킨다. 1915년에서 1932년까지의 시기에 해당된다. 실제로 이 시기 러시아 미술은 다양한 여러 유파들의 격전지였다. 20세기 초반에도 이동파는 여전히 명맥을 유지하고 있었고 그 외에도 인상주의, 상징주의, 예술세계파의 작가들이 여전히 활동하고 있었다. 러시아 아방가르드가 등장하는데 자극이 된 것은 두 가지 요소였는데 바로 서유럽 최신 미술의 수용과 러시아 전통미술의 재발견이었다.

러시아 아방가르드는 신원시주의에서 출발한다. '앞서나가는 자'(아방가르드)들이 주목한 것은 아이러니하게도 '원시'였다. 신원시주의자들이 발견한 것은 이콘화를 포함한 러시아 민속예술이었다.

'다이아몬드 잭'그룹에는 유명한 칸딘스키(1866~1944)와 말레비치(1878~1935), 타틀린 등이 있다. 바실리 칸딘스키(1866~1944)도 러시아 민속예술에서 시작한다. 칸딘스키는 초기에 러시아 민중서사시와 러시아 중세미술에 등장하는 인물을 모티브로 작품을 완성한다. 칸딘스키는 모든 예술이 동일한 목적에 종사해야 한다고 말하는데 그 목적이란 인간 영혼을 감동시키고 정화하는 것이다. 그리고 현대사회에서는 모든 예술이 정신적인 추상으로 전환함으로서 그들의 목표에 더욱 다가갈 수 있다고 생각했다.

칸딘스키와 말레비치는 현대 추상미술 발전에서 중요한 역할을 한다. 칸딘스키의 추상은 현실 대상에 기인하는 감정을 기반으로 한다. 그에 반해 말레비치의 추상은 현실대상을 철저히 부정함으로써 시작된다. 칸딘스키는 자신의 작품들을 시기별로, 여전히 재현적 요소를 볼 수 있는 '인상', 의식의 통제없이 자유롭게 표현된 '즉흥', 그리고 기하학적인 형태가 의식적으로 배열된 '구성'으로 나눈다. 1921년 칸딘스키는 바우하우스의 교수직 제안을 받고 독일로 떠나는데 그 무렵 러시아 미술계는 절대주의자와 구성주의자간의 격전장이었다.

절대주의의 주창자 카지미르 말레비치(1878~1935)는 러시아 아방가르드의 지도자로서 중요한 역할을 한다. 말레비치의 창작 여정은 인상주

의, 신인상주의, 상징
주의, 신원시주의, 입
체미래주의, 추상미
술(절대주의)로 나아가
는 현대미술의 발전 경
로와 일치한다. 「검은
사각형」은 그의 대표
작 중 하나이다. 1915
년 말레비치는 캔버스
에 검은색 사각형 하나
를 그린 뒤 새로운 예

카지미르 말레비치, 〈검은 사각형〉. 1915

술, 즉 절대주의의 탄생을 선언한다. 말레비치는 〈흰 사각형 위의 흰 사각
형〉(1918, 뉴욕 현대 예술 박물관소장)을 포함한 자신의 작품에 기하학적 추상
을 도입한 수프레마티즘 양식을 발전시킨다.

　러시아 아방가르드를 대표하는 사람에는 샤갈(1887~1985)이 있다. 당
시 소련에 속한 벨로루시의 유태인 마을 비텝스크가 고향이며 본명은 샤
갈로프이다. 사물의 모습을 있는 그대로 그린 게 아니라 과장된 색과 형
태로 그렸다. 즉 자기의 느낌을 표현하려했다. 샤갈의 주요 테마는 러시
아 고향에 대한 추억과 아내 벨라에 대한 사랑이다. 샤갈은 1910년 프랑
스로 떠나기 전에 그린 작품 속에서 이미 그의 유명한 꿈의 특성이 나타
나있다. 〈7개의 손가락이 있는 자화상〉(1914)에는 샤갈 자신이 그려져 있
다. 바깥의 에펠탑을 보건대 그림의 공간은 파리이다. 즉 그는 파리에서
고향 소련을 그리고 있는 것이다.

마르크 샤갈 〈7개의 손가락이 있는 자화상〉
1914년2차대전 직후의 베를린

타틀린(1885~1953)은 기계, 기술 등이 주요 특징인 구성주의 운동을 시작한다. 그는 새로운 건축 원리를 나타내고 유토피아적 미래 도시의 건설을 상징하는 '제3인터내셔널 기념탑'을 만든다.

러시아 아방가르드들은 더욱 강력한 예술가의 권력을 주장한다. 그들은 단순히 세상을 고발하는데 만족하지 않고 현실세계를 창조할 수 있는 신적인 지위를 주장한다. 아방가르드 프로젝트의 핵심은 '예언가적 작가'의 위대한 활동성 바로 그 자체였다. 러시아 아방가르드들의 창조적 열정은 1917년 혁명의 분위기 속에서 최고조에 달했다. 레닌의 시대만 해도 소련에서 아방가르드들은 활발하게 여러 다양한 실험을 할 수 있었다. 인류 최초로 사회주의 국가를 건설한 소련 예술가들은 '아침에는 일을 하고 저녁에는 예술 비평을 하는' 사회주의적 총체적 인간상을 구현하기 위해 열정적으로 대중 속으로 들어갔다. 이와 같은 아방가르드들의 열망을 멈추게 한 것은 바로 사회주의 리얼리즘(1934)이었다. 소비에트의 유일한 예술 강령은 오직 사회주의 리얼리즘뿐이었다. 예술은 국가의 통제를 받게 되었고 미술 역시 공산주의 이념을 이상화하는 의무를 떠안게 되었다. 이제 작가들은 해외로 망명하거나 소비에트 체제에 순응해야 하는 기로에 놓이게 된다. 하지만 비록 짧은 기간이긴 했지만 러시아 아방가르드들은 예술가가 '세계 창조자'로 느껴지는 체험을 했던 작가들이다.

　러시아에서 예술은 소득이 많건 적건 일반인들 모두가 쉽게 즐길 수 있는 일종의 문화 콘텐츠이다. 교육시스템도 비교적 잘 갖추어져 있어 재능 있는 학생들은 어릴 때부터 특성화된 예술 학교에 입학한다. 1917년 혁명 이후 예술은 정책 홍보 수단으로 전락했지만 오히려 민중들은 예술에 더욱 가까워진다. 사회주의 국가는 사유재산이 금지되었기에 예술이 몇몇 부자들의 전유물이 되는 것을 막을 수 있었던 것이다. 러시아에는 도시마다 연극 극장, 오페라 극장, 미술관, 박물관들이 헤아릴 수 없이 많이 있다. 더욱 놀라운 것은 어느 곳이나 관람객들로 만원을 이룬다는 사실이다. 러시아인들은 주말이 되면 연극이나 오페라, 발레를 보거나 미술관, 박물관에 가는 것을 당연하게 생각한다. 2차 대전 레닌그라드 봉쇄 당시 인육을 먹었다는 이야기가 나돌 정도로 끔찍한 상황에서 사람들이 음악을 듣기 위해 극장을 가득 메웠다는 일화는 러시아인들의 예술에 대한 애정을 잘 보여준다.

〈참고문헌〉

＊ 이주헌. 『눈과 피의 나라 러시아 미술』, 학고재, 2006.

＊ 이진숙. 『러시아미술사』, 황금가지, 2007.

＊ A.I.조토프, 이건수 역. 『러시아 미술사』, 동문선, 2009.

＊ 이덕형. 『러시아문화예술의 천년』, 생각의나무, 2009.

＊ 캐밀러 그레이, 전혜숙 역. 『위대한 실험 러시아 미술 1863~1922』,
   시공아트, 2001.

＊ 이영범 외. 『러시아문화와 예술』, 보고사, 2008.

＊ 르제프스키, 최진석 외 역. 『러시아문화사 강의』, 그린비, 2011.

＊ 조성관. 『페테르부르크가 사랑한 천재들』, 열대림, 2014.

7. 발레

러시아 발레

　현재까지도 발레는 사람들에게 특정 계층의 사람들만이 향유할 수 있는 고급 예술 장르로 인식되고 있다. 클래식 음악이나 뮤지컬, 연극 등의 공연예술은 종종 미디어를 통해서도 상영되기도 하고, 공연 횟수도 많아 대중의 접근성이 그리 떨어지지는 않지만, 발레는 타 예술장르에 비해 공연 횟수도 적고, 방송을 통해 상영되는 경우는 매우 적어, 일반 대중이 접근하기가 쉽지 않은 것이 사실이다.

　이러한 대중과 발레의 유리遊離는 발레에서 남자 무용가를 '발레리노', 여자 무용가를 '발레리나'라고 부른다는 사실조차 대단한 지식인 것처럼 인식하게 만들었다.　물론 대중적인 인지도를 가지고 있는 발레 음악이나 발레단이 없는 것은 아니다. 스스로 발레에 대해 문외한이라고 생각하는 사람들도 차이코프스키의 '호두까기 인형' '백조의 호수'에 나오는 음악, 물론 그 곡명은 모르더라도 다양한 매체를 통해 여러 번 들어보았을 것이다. 또한 만일 누군가 가장 값비싼 그리고 세계적인 발레공연을 보았다고 자랑한다면, 그가 본 공연은 볼쇼이 발레단의 발레 공연일 확률이 가장 높다. 그리고 이렇게 대중적으로 유명한 많은 발레곡과 발레단을 탄생시킨 곳이 바로 러시아이다.

러시아는 무엇보다 재능 있고, 실력 있는 발레 예술가를 탄생시키는 것으로도 명성이 높다. 사람들에게 가장 유명하고 대중적으로 알려진 발레리노 중 한명인 미하일 바리시니코프Mikhail Baryshnikov가 그 예가 될 것이다.

미하일 바리시니코프는 구 소련연방의 15개 공화국 중 하나였던 라트비아 출신이다. 그는 군인으로서 가족과 늘 떨어져 근무하던 아버지 그리고 11살 때 어머니가 자살하는 사건을 겪으면서 부성과 모성 모두를 충분히 누리지 못했다. 그는 이러한 애정 결핍의 불우한 어린 시절을 보냈던 것이다. 그런 그에게 발레란 절망을 딛고 또 극복할 수 있는 삶의 유일한 버팀목이자 탈출구였다.

그는 각고의 노력 끝에 1966년 불가리아에서 열린 세계적인 발레 콩쿠르 '바르나 국제 콩쿠르'에서 우승하게 된다. 그 결과 클래식 발레 분야에서 최고의 권위와 명성을 가진 러시아의 키로프 발레단(현재 마린스키 발레단)의 수석 무용수로 선발되어 국제적인 명성을 얻게 되었다. 하지만 바리시니코프는 1974년 캐나다 토론토에서 공연을 하던 중 미국으로 홀연히 망명한다.

이미 세계 최고라는 명예를 얻었던 그는 정형적이고 형식과 규율이 엄격한 클래식 발레에서 벗어나, 미국의 예술적 자유로움 속에서 자신의 발레를 더욱 대중적이고 현대적인 발레로 발전시키고 싶어 했기 때문이

미하일 바리시니코프, 영화 〈백야〉의 한 장면

었다. 한 마디로 그는 발레의 현대화를 꿈꿨던 것이다.

1986년 개봉된 영화 〈백야White Nights〉에는 그런 미하일 바리시니코프의 마음의 가장 잘 표현되어있다. 영화에서 주인공을 맡은 그는 지금까지 흑인들이 주도했던 대중적인 춤에 도전하여 발레와 현대 무용의 기법을 완벽하게 조화시키며 흑인 댄서들을 압도했다. 이 영화를 통해서 그는 대중적으로도 크게 성공했다.

이처럼 러시아는 클래식 발레의 수호자임과 동시에 현대 발레의 요람이며, 마하일 바리시니코프와 같은 걸출한 발레리노와 발레리나들을 수없이 배출해왔다.

1. 러시아 발레의 역사와 발전

발레의 명칭은 '노래하고 연주하며 춤추는 것' 이라는 뜻의 이탈리아어 '발라레ballare'에서 유래되었다. 이후 '발레또balletto' 또는 '발로ballo' 로 불리다가 프랑스어 '발레ballet'로 표기되면서 그 정식명칭이 확정되었다.

러시아에 발레가 최초로 전파된 것은 공식적으로 1673년 독일 무용단이 알렉세이 황제를 위해 발레를 시연했을 때이다. 하지만 발레가 러시아에서 보다 친숙한 예술장르로 정착한 것은 이후 즉위한 표트르대제에 의해서였다.

그는 자신의 개혁, 서구화西歐化 정책의 일환으로 서구의 무용을 적극 도입하여, 사교 댄스는 러시아 대중 오락으로, 발레는 귀족들의 극장 무용으로 정착시켰다. 이러한 표트르 대제의 무용을 이용한 서구화 정책은 러시아 사회에 빠르게 전파되었고, 특히 발레는 러시아 상층 문화에 위화감 없이 수월하게 흡수되었다.

국가의 주도로 러시아에 정착하게 된 발레는 표트르대제를 계승한 안나 여제가 1738년 최초의 황실 발레 학교를 세우고, 1773년 예카테리나 2세가 볼쇼이 발레단의 원형인 볼쇼이 발레학교를 설립함으로써 예술적 기반을 다질 수 있게 되었다.

러시아 발레 초창기에 가장 큰 영향을 미친 것은 역시나 프랑스를 중심으로 한 서유럽의 발레였다. 흔히 한 문화권에 외래문화가 유입될 경우 초창기에 유입된 문화에 대한 모방의 시기를 겪듯이, 러시아 발레 또한 이 시기에는 서유럽의 발레 공연들을 비슷하게 모방하려는 노력이 주를 이루었다. 발레 공연은 서유럽 발레 공연을 단순하게 재현하는 수준에 그쳤다.

그러나 그 후 러시아 발레는 점차 독자적으로 발전하기 시작하여 단순한 서유럽 발레에 대한 모방과 재현이 아닌, 러시아 특유의 정서와 문화적 특징들을 발레 공연 속에 담아내기 시작했다.

19C에 들어서는 이러한 노력이 빛을 발하여, 러시아 발레는 서유럽의 영향에서 벗어나 세계 발레에서 러시아만의 입지를 다지기 시작했다. 이러한 러시아만의 발레를 만들어가려는 노력 중에서 선구자적인 역할을 담당한 사람이 이른바 '페테르부르그 스타일'의 발레를 만든 이반 발리베르흐였다.

모스크바 발레 학교와 모스크바 발레단의 지도자였던 그는 기존의 발레 형식 속에 이전에는 없었던 새로운 개념을 접목시켰다. 발레베르흐의 대표작인 〈로미오와 줄리엣〉 등의 작품들에서 기존 발레에서는 찾아볼 수 없었던 사실적인 묘사를 찾아볼 수 있다는 점은, 이러한 노력의 결과로 볼 수 있을 것이다. 발리베르흐의 노력은 러시아의 색깔이 담긴 발레를 만드는데 시작점 역할을 하였으며, 그 노력은 디들로에 의해서 더 풍성한 결실을 맺게 된다. 발리베르흐와 마찬가지로 발레학교를 맡았던 디들로는 발리베르흐가 만들어왔던 발레 스타일과는 구별되는 모던한 느낌의 발레 공연을 선보였다.

디들로의 작품 세계는 크게 두 시기로 나뉜다. 첫 번째 시기인 1801년에서 1811년에 이르는 10년의 기간 동안 그는 기존에 있던 신화들을 발레 작품으로 각색하고 재해석하는 일에 힘을 기울였다. 그리고 그 결과 〈세쥬로스와 스둘라〉, 〈아모르와 푸쉬케〉 등의 작품을 만들어낼 수 있었다.

1816년부터 1830년대에 이르기까지 디들로는 낭만주의적인 발레 공연을 주로 기획했는데, 이 시기 그의 작품 세계는 전 시기와는 확연히 구별되는 차이를 보인다. 특히 개그적인 요소를 포함시킨 팬터마임 기법을 발레에 접목시킨 점은 주목할 만한데, 디들로는 이를 위해 사람들의 경험과 심리, 감정표현 등을 다양한 측면에서 관찰하고 표현했다. 디들로가 보였던 이러한 신화에 대한 재해석, 인물에 대한 다양한 접근과 표현, 팬터마임적인 요소는 이후 모스크바의 볼쇼이 발레단의 특성으로 이어졌다.

19세기 이후 러시아 발레의 중심지는 페테르부르크였는데, 발리베르흐와 디들로의 노력의 성과였다. 이들의 발레를 통해서 러시아 발레가 러시아만의 색채를 지닌 독특하고 개성 있는 발레로 인정받기 시작했다.

당시 러시아에서 성행하던 발레 사조는 서유럽에서는 이미 사양세로 접어들고 있었던 고전주의적 낭만주의 발레였다. 서유럽에서는 시대적 소명을 잃어갔지만, 러시아에서는 오히려 더 발전적 모습을 보이게 된 고전주의적 낭만주의의 유행은 서유럽에 기반을 두고 있던 많은 고전주의 발레 무용수들과 안무가들이 서유럽을 떠나 러시아로 넘어오게 되는 계기가 되었다. 이들의 유입은 러시아 발레를 더욱 풍성하게 만들어주었으며, 러시아 발레가 도약할 수 있는 또하나의 중요한 토대가 되었다.

오늘날 러시아 발레를 대표하는 것은 모스크바의 볼쇼이 발레단이지만, 19세기 러시아 발레의 중심은 페테르부르크였으며, 모스크바의 발레는 그에 못 미치는 수준에 머무르고 있었다. 당시 모스크바 발레 학교를 이끌던 사람은 스웨덴 출신의 크리스찬 요한슨이었고, 그의 지도 아래서 피레이나 레그나니, 올가 프레오 브라젠스카야, 파벨 게르드트 등의 무용수들이 수학하고 있었다.

그러나 크리스찬 요한슨은 페테르부르그와 구별되는 모스크바만의 독창적인 발레 스타일을 개척하지 못했고, 페테르부르그의 영향 아래서 벗어나지 못한다는 한계를 지니고 있었다. 이렇게 모호한 스타일에 머물렀던 모스크바 발레에 새로운 전환점을 가져다 준 존재가 바로 고르스키이다.

고르스키는 페테르부르그에서 무대 구성, 안무의 독창성 등 발레에 대한 새로운 관점을 배우고, 모스크바 발레단에 입단하여 발레 마스터가 되었다.

당시 유럽은 19세기에서 20세기로 넘어가는 전환기를 맞아 다양한 사상들이 혼재하고 있었다. 고르스키는 이러한 사상에 관심을 가졌고 자신의 작품 속에 당대의 사상들을 담아냈다. 발레에 사상적 깊이를 더한 고르스키의 발레 공연은 모스크바에서 대단한 호평을 받았으며, 페테르부르그와는 구별되는 모스크바만의 스타일을 가진 발레 공연의 출발을 알렸다.

그의 대표작으로는 〈라이만다〉, 〈백조의 호수〉, 〈돈키호테〉, 글라주노프의 〈교향곡 5번〉 발레 공연작 등이 있다.

반면 눈부신 발전을 이루었던 페테르부르그의 발레는 그 이후 뚜렷한 변화 없이 정형화된 안무와 획일적인 공연의 반복으로 일관하고 있었다. 이러한 정체를 깨고 정형성에서 벗어나 새로운 스타일의 발레를 창조해야 한다고 생각했던 사람 중 한명이 페테르부르그의 안무가 포킨이었다. 그는 정형화된 페테르부르그 발레의 틀을 깨기 위한 수단으로써 역사에 주목했다. 발레를 통해 관객들과 역사적 사실을 공유하기를 시도했으며, 역사적 사실의 극적인 장면들이 관객들에게 보다 효과적으로 전달되도

록 하기 위해서 표현의 극대화를 추
구했다.

이렇듯 모스크바와 페테르부르크
에서 각자 자신만의 스타일을 발전시
켜나가던 러시아발레는 디아길레프
에 의해 세계적인 명성을 얻게 된다.

디아길레프는 '발레뤼스'를 창단한
후, 이들과 함께 서유럽에서의 러시
아 발레 공연을 기획하여 러시아 발
레의 서유럽 진출을 도모했던 인물
이다. 이것은 발레가 러시아에 처음

세르게이 디아길레프토

전해진 이래로 줄곧 서유럽의 발레를 일방적으로 수용하던 기존의 상태
에서 벗어난 획기적인 일이었다.

1909년 파리공연에서 디아길레프는 니진스키, 칼사비나, 파블로바 등
의 무용수들과 함께 러시아 발레를 선보였는데, 그의 러시아 색채가 짙
게 배인 공연은 재능과 능력을 겸비한 러시아 무용수들의 세밀하고 다채
로운 연기와 표현력을 힘입어 비평가 및 관객들에게 큰 호평을 받게 되
었다.

흔한 사회 혁명이 그렇듯이, 1917년 10월 발생한 러시아 혁명 역시 러
시아 전역을 붉은 물결로 뒤덮으며, 러시아의 정치, 경제, 사회, 종교 등
국가 전반에 걸친 수많은 영역들에 거대한 변화의 물결을 몰고 왔다.

문화 역시 이러한 변화의 물결을 피할 수는 없었다. 투철한 혁명정신
과 계급의식으로 무장했던 프롤레타리아 세력이 혁명 후 이전 기득권 세

력이 향유하던 이른바 부르주아 문화와 예술에 대해 날카로운 비판적 태도를 보인 것은 어찌 보면 당연한 일이었다.

발레 역시 그러한 비판의 대상이 되었다. 화려하고 웅장한 무대를 꾸리고 수많은 무용수들을 후원해주기 위해서는 많은 자금이 필요했고 그런 자금을 충당하며 발레를 향유했던 계층 역시 부르주아였기 때문이다.

발레는 당시 교리와도 같았던 프롤레타리아 정신의 잣대로 비판받았고, 그 내용과 사회적 기능에 있어서 부정적인 시각을 피할 수 없었다. 심지어 러시아에서의 존속여부도 불투명한 상황이었다.

하지만 발레를 보존하고, 지키려는 움직임도 있었다. 러시아 발레는 러시아만의 가치와 정신을 러시아 대중이 함께 공유하고 전승할 수 있는 도구이며, 소중한 사회적 기능을 수행한다며 발레에 대한 부정적 비판을 반박했던 것이다.

소련 정부 역시 이러한 주장에 타당성이 있다고 판단하여, 부르주아 문화로써의 발레가 아닌, 러시아 대중 모두가 향유하는 '국민 예술'로써 발레를 새롭게 정의하고 러시아 내에서 발레와 관련된 예술 활동을 유지할 것을 결정했다.

물론 발레는 소련 정부 하에서 그 생명을 유지할 수 있게 되었지만, 당연하게도 그 주제와 내용에 있어서는 제약을 받았다. 즉 러시아의 사회주의 체제를 선전하는 내용이나, 과거 발레를 형태적으로 복원하는 작품만이 허용되어 발레의 명맥이 유지되었던 것이다. 이전과 같이 자유로운 주제 선정은 어려웠고, 덩달아 새로운 예술적 시도, 안무의 변화 역시 위축되었다. 러시아 혁명 이후 내용과 사상 측면에서 심각한 제약을 받아 침체기를 겪던 러시아 발레에 새로운 기운을 불어넣고 독창성을 추구한 사람이 바로 안무가 아그피나 바가노바이다.

　제정 러시아 시절 발레를 수학했던 아그피나 바가노바는 페테르부르그의 발레학교에서, 눈부신 발전을 이루었던 러시아 제국 시기의 발레 스타일에 자신만의 발레 스타일을 융합하여 무용수들을 교육했다. 그녀는 이러한 독창적인 교수법을 통해 소련 시기 발레 작품의 내용에 대한 제약에도 불구하고 안무 측면에서 새로운 동작과 표현을 이끌어내어 러시아 발레에 생명력을 불어넣었다.

　훗날 '볼쇼이 발레단'이나 '페테르부르그 발레단'(1935년 키로프 발레단으로 개명)의 안무에도 바가노바의 교수법은 상당한 영감을 주었으며, 러시아 발레가 안무적 측면에서도 발전을 이루게 되었다. 하지만 내용과 사상 면에서 러시아 발레는 여전히 정부의 제제를 받아, 러시아 공산주의 이데올로기를 선전하고 찬양하는 내용의 작품들이 이후 러시아 발레의 주를 이루게 되었다.

　개방이후 러시아 발레는 발전과 위기의 두 가지 측면을 함께 안고 있다. 제정러시아부터 시작되고 특화된 러시아 발레 무용수들의 실력은 세계 어디에 내놓아도 손색없을 만큼 훌륭하게 발전하였다. 그리고 그들은 개방이후 전 세계 다른 국가의 발레단으로 진출하여 뛰어난 실력과 안무 기법으로 러시아 발레의 명성을 떨치고 있다.

　그러나 수 십 년간 소련 정부의 제약을 받았던 러시아 발레는 내용과 혁신적인 측면에서 뚜렷한 발전을 이루지 못했다. 그리고 이제 개방이후에는 국가의 경제적 어려움으로 인해 재정적인 어려움을 맞이하고 있고, 러시아 발레의 성장에 장애요인이 되고 있다.

2. 러시아의 발레단 및 발레리나들

　제정 러시아의 수도였던 페테르부르그 와 소련시절 이래로 자칭 전 세계 공산주의 사회의 수도로 불린 모스크바는 과거부터 현재까지 러시아의 정치, 문화적 중심지로서 기능을 하고 있다. 발레에 있어서도 마찬가지다. 페테르부르크의 키로프 발레단과 모스크바의 볼쇼이 발레단은 러시아를 넘어서 세계적인 발레단으로 손꼽힌다. 하지만 이 두 발레단은 서로 다른 발전과정을 겪어왔고, 따라서 그 성격에 있어서도 큰 차이를 보인다.

　키로프 발레단은 러시아 발레 역사의 시작점이라고 할 수 있다. 러시아에 발레가 처음 유입되던 제정 러시아 시절, 왕실에 의해 왕실 발레 학교가 설립되며 1738년 키로프 발레단 역시 함께 설립되었다. 이 시기 러시아 발레는 이제 막 걸음마를 떼기 시작한 상태로, 자력으로 발전하기에는 아직 역부족이었기 때문에 서유럽 출신의 안무가들을 영입하는 경우가 많았다.

　이 때 유입된 서유럽 출신 안무가들의 영향으로 키로프 발레단은 유럽과 흡사하게 낭만주의적 색채를 보이면서도 이해하기 어렵지 않은 내용의 발레를 선보였고, 안무에 있어서도 유럽풍의 세련된 안무를 추구하는 특성을 갖게 되었다.

　당시 이곳 출신의 안무가인 라브로프스키, 로비치 등은 모스크바의 볼쇼이 발레단으로 건너가 모스크바 발레가 성장할 수 있는 동력을 제공하기도 하는 등, 키로프 발레단은 명실상부 러시아 발레의 중심지 기능을 수행하였다.

하지만 키로프 발레단 역시 소련 집권 이후 러시아 발레에 대한 소련의 규제를 피할 수는 없었다. 다른 발레단들과 마찬가지로 키로프 발레단 역시 내용과 안무 측면에 있어 위축과 정체를 겪었고, 이 시기 미하일 바리쉬니코프, 발레리와 갈리나 파노프, 루돌프 누레예프, 나탈리아 마카노바 등 많은 뛰어난 무용수들은 예술의 자유를 추구하며 서유럽이나 미국 등 서구권 국가로 망명을 택하였다.

1977년 키로프 발레단의 단장을 맡게된 올레그 비노그라도프는 이러한 키로프 발레단의 위기를 극복하기 위해 발레단이 여러 종류의 작품들을 소화할 수 있는 능력을 기르도록 힘을 기울였다. 그는 프랑스에서 발레 안무가를 영입하여, 키로프 발레단이 가지고 있던 특성에 귀족적 풍취를 결합하고, 이를 다시 대중의 기호에 맞추는 노력을 했다.

발레리 게르기예프 또한 키로프 발레단을 세계적인 발레단으로 키운 인물이다. 그는 비노그라도프가 설정한 방향성대로 키로프 발레단이 다양한 장르의 발레 공연을 소화할 수 있는 역량을 기르고 안무의 독창성을 추구하는데 힘을 기울였다.

화려하게 시작했던 키로프 발레단과는 달리, 모스크바에 있던 볼쇼이 발레단은 본래 러시아 발레에서 그리 큰 영향력을 발휘하지 못하는 존재였다. 하지만 러시아 혁명 이후 모스크바가 소련의 수도가 되면서 상황은 달라졌다.

볼쇼이 발레단이 커다란 도약을 하게 된 시점은 유리 그리고로비치를 단장으로 영입하면서 부터다. 러시아 발레에서 전설적인 인물로 통하는 그는 다소 난해했던 기존의 발레 공연 작품들을 일반 대중들도 이해하기 쉽게 재구성하여 대중의 접근성을 높였다. 쉽고 재미있는 발레는 곧 볼

볼쇼이 극장

쇼이 발레단의 가장 큰 특징이자 장점이 되었고, 이는 볼쇼이 발레단을 세계적인 발레단으로 만들어주었다. 〈이반 대제〉, 〈호두까기 인형〉, 〈스파르타쿠스〉, 〈사랑의 전설〉, 〈잠자는 숲속의 미녀〉 등 현재 볼쇼이 발레단의 대표작으로 꼽히고 있는 작품들은 당시 그리고로비치의 노력으로 다듬어진 작품들이다.

러시아 발레 무용수들의 해외 유출 문제는 개방 이후 러시아 발레단이 겪고 있는 가장 큰 장애물 중 하나다. 미하일 바리시니코프의 예처럼 개방 이전에는 해외진출을 위해 조국을 떠나 망명을 해야 했지만 개방이 된 이후에는 해외로의 이동이 자유로워졌기 때문에 러시아 무용수들의 해외 진출이 그 어느 때보다 가속화되었다.

또한 개방 이후 러시아가 겪은 재정난은 소련 체제의 영향으로 획일적인 내용이라는 큰 문제를 안고 있던 러시아 발레단에게 또 하나의 걸림돌이 되었다. 심지어 러시아 대표 발레단인 볼쇼이 발레단조차 지원 부족으로 인해 공연의 수준이 낮아지게 되었다. 위기의식을 느낀 볼쇼이 극장은 이러한 상황이 러시아 발레 전체의 질적 저하를 낳을 수 있다고 판단하여, 이를 타개하기 위해 여러 방면에서 개혁을 시도하고 있다.

러시아 발레가 오늘날의 세계적인 위치를 차지할 수 있었던 것은 앞서 살펴본 뛰어난 발레 감독과 안무가들 외에도 세계적인 수준의 무용수들이 있었기 때문에 가능한 일이었다. 안나 파블로브나 파블로바, 마리나 세묘노바, 예르몰라예프, 갈리나 울라노바 등은 앞서 언급되지는 않았지만 러시아 발레에 있어 매우 중요한 무용수들이다.

러시아 마린스키 극장 출신의 발레리나 안나 파블로브나 파블로바는 섬세한 동작과 감성적인 안무로 세계 발레 평단의 호평을 받은 인물이다. 그녀는 주로 고전적인 발레 작품에서 뛰어난 연기를 선보였다.

볼쇼이 발레단의 수석 무용수였던 마리나 세묘노바는 바가노바의 제자로, 바가노바 교수법에 따라 신선하고도 독창적인 안무를 선보이는 발레리나였다. 세묘노바의 상대역으로 활약했던 알렉세이 예르몰라예프 역시 러시아 발레 역사에서 손꼽히는 발레리노이다. 남성적이고 영웅적인 분위기의 연기를 선보인 그는 이러한 특징을 통해 러시아 혁명과 관련된 작품에서 활약하였고, 강렬하고도 웅장한 러시아 혁명 정신을 잘 드러내며 호평을 받았다.

갈리나 울라노바 역시 바가노바의 지도 아래 성장한 무용

안나 파블로바

수였다. 페테르부르그에서 활동을 시작한 그녀는 〈로미오와 줄리엣〉의 여주인공으로 분하며 많은 사람들의 사랑을 받았다. 그녀는 소련 시기의 엄격한 통제 속에서 위축되던 러시아 발레의 상황 속에서도 다채로운 표현과 역동적이고 신선한 안무 기술로 활약하였다. 그녀는 1962년 볼쇼이 발레단에서 은퇴할 때까지 왕성하게 활동했고, 최고라는 명성을 유지했다.

〈참고문헌〉

∗ 김수환. 「문화의 상호작용에 대한 문화기호학적 접근 : 한국 비보이
　와 러시아 발레 뤼스를 중심으로」, 《러시아연구》. 19-1 (2009)

∗ 김혁 외 5명. 『러시아 인문가이드』, 서울: 문예림, 2013

∗ 전주현. 「조지 발란쉰George Balanchine의 「세레나데Serende」에 내제
　된 신고전주의적 특징」, 《대한무용학회논문집》. 70-3 (2012)

∗ 미하일 바리시니코프. 「인터뷰」, 《객석》. 2001.3

8. 대중문화

대중문화를 이끌어 가는 사람들은 젊은이들이다. 사회가 변화하면서 젊은이들이 변화하고 그 변화가 문화가 되므로 젊은이의 역할은 중요하다. 과거 러시아 역사의 특수함은 젊은이들이 기존 질서에 대해 저항을 하면서 대중문화를 이루었기에 대중문화는 정치체제에 반하는 방향으로 나아갔다. 그런데 최근 러시아의 젊은이들은 달라졌다. 기존에 있던 것에 대한 저항이 아니라, 아직 존재한 적이 없는데 갖고 싶어 하는 것에 대한 갈망으로 문화를 이루어 간다. 때문에 없는 것에 대한 불만이 쌓이고 과격해지거나 도피하게 되어 자칫 대중문화가 잘못된 방향으로 흐르기 쉬운 때이다.

현재 러시아의 새로운 시대의 상징은 '노브이 루스키'이다. 노브이 루스키는 러시아에 자본주의가 들어오면서 생겨난 거대한 부를 거머쥔 신흥자본세력이다. 이들은 개혁 이후 갑작스런 사유화의 과정에서 막대한 부와 권력을 차지하고 적극적으로 경제활동에 참여하고 연합하며 기득권을 갖고 있다. 노브이 루스키는 지금의 러시아의 엘리트 계층이며 그들의 삶의 모습과 방식이 많은 러시아 청소년들에게는 선망의 대상이고 매우 큰 영향을 미치고 있다. 노브이 루스키는 러시아 자본주의의 부정적인 측면이다. 개혁의 시기에 부적절한 방법으로 경제적인 부를 이루었으며, 부패와 비리로 권력을 유지하며 안타깝게도 정권과 밀접한 관련을 가진 사람들이다. 힘들지 않고 벌어들인 재산이기에 생각하지 않고 소비하는 경솔한 자본가들이다.

미국의 경영지 《포브스》가 전 세계 1조원이 넘는 재산을 가진 사람들을 조사했더니 1125명인데, 그 중 110명이 러시아인이고, 74명이 모스크바에 산다고 한다. 그들의 쇼핑 품목에는 비행기가 들어있고, 필요에 의해서가 아닌 호기심으로 물건을 사모아도 타격이 없는 사람들이다. 이러한 '신인류'가 과거 러시아의 역사와 전통을 무시한 채로 젊은이들의 문화에 영향을 준다는 것은 위험하다고 아니할 수 없다.

1. 러시아 대중음악

러시아 대중음악은 1950년대 말에 형성되기 시작한다. 많은 젊은이들이 스탈린의 죽음으로 새로운 소비에트를 꿈꾸었고, 동유럽의 자유화 바람이 소련의 얼어붙은 사회에 변화를 가져올 것이라는 희망을 갖게 되었다. 그들은 시와 음악에 열광했고 위안 받고 싶어 했다.

음유시인(바르드)이 러시아에 처음으로 등장한 것은 제국주의 시대인데 영주에게 귀속되어 그들을 위해 시를 쓰고 노래하며 상류층과 지식인들에게 많이 사랑받았다. 오쿠자바와 비소츠키는 소비에트 시기에 형성된 러시아 음유시인의 대표자이다. 오쿠자바는 러시아 민요조의 차분한 곡을 만들어 노래했다. 70년대 말까지도 그의 아름다운 시구와 서정적인 멜로디는 공식적으로 출간이 되지는 못했으나 대중에 의해 비공식적인 방법으로 복사되어 러시아 전역에 퍼진다. 오쿠자바는 젊은이를 위한 문화의 거리인 아르바트에 대한 예찬, 전쟁 비판, 삶의 고통, 사람에 대한 사랑 등을 노래하였고 아르바트에 그의 노래를 기념하는 동상이 세웠졌다. 배우이자 음유시인이었던 비소츠키는 한층 격렬해진 멜로디에 사회주의에 대한 비판과 소련 인민으로서 삶의 고단함을 노래했다. 700여 곡에 달하는 비소츠키의 노래는 철저하게 금지되었고, 단 한 장의 공식적인 앨범도 발표하지 못했지만 그의 노래는 복제를 통해 손에서 손으로 전해져 대중의 사랑을 받았다. 고르바초프 시대에 비로소 비소츠키를 기념하기 위한 거리와 동상이 만들어 졌다. 러시아 음유시인의 전통은 러시아 록에 전해지고, 현재도 율리 김을 비롯한 많은 예술가들이 이어가고 있다.

러시아에서 재즈는 자본주의에 의해 억압받는 민족의 음악이라 환영받았지만, 로큰롤은 반사회적이며 야만적이라고 배척했다. 그런데 록음악은 1950년대 말 서구와의 교류가 가능해지고 암시장을 통해 들어온 레코드가 유통되면서 대도시를 중심으로 젊은이들에게 전해진다. 러시아 젊은이들은 비틀즈의 노래를 들으며 비로소 억압에서 벗어나는 자유를 맛보기 시작한다.

1963년 러시아 최초의 록그룹인 '편력자'가 결성되고 처음에는 비틀즈의 노래를 부르다가 자신들의 음악을 작곡하기에 이른다. 그런데 소련에서 작곡은 직업동맹인 작곡가 동맹에 가입해야만 가능한 것이었다. 때문에 정부에서는 록그룹을 정부에 대한 도전으로 간주하여 이들의 문화를 부르주아의 퇴폐적인 문화라고 규정하고 확산되는 것을 막았다. 그러나 1965년 학교, 기관, 산업체들을 중심으로 록 밴드를 만드는 것이 유행이 되었고, 많은 젊은이들은 록 밴드 활동을 통해서 정부에 대한 불신과 불만을 토로했다. 브레즈네프 정권이 들어서고 경제 불황과 함께 관료들의 부정부패가 만연해지자 더 많은 젊은이들은 상실감에서 벗어나기 위해 록 음악에 열중했다. 1970년대 중반에 레닌그라드에는 '아크바리움', 모스크바에는 '마쉬나 브레메니'가 결성되는데 실로 대단한 성공과 인기를 누렸다. 두 그룹의 멜로디는 서구의 록과 다를 바 없었지만, 그들의 가사

는 진실에 대한 무관심, 사회현
상에 대한 가치관의 상실 문제,
위선에 대한 비판 등이 주를 이
루며 바르드의 전통을 이어 바
르드 록을 만들어 간다.

빅토르 최

1980년대 개혁의 시대와 맞
물려 록은 새로운 시대를 맞는
다. 그룹 '키노'로 대표되는 뉴웨
이브 록의 시대가 열리며 빅토르 최는 록의 전설이 된다. 록 그룹들이 스
스로 앨범을 제작하고 보급하게 되자 급속도로 확산되는 록 음악은 정부
의 억압과 제제를 뛰어넘어 발전하게 된다.

개혁과 함께 록 그룹의 모든 활동이 공식화되지만 록 음악은 오히려 주
춤하게 되고, 서구로부터 들어오는 새로운 댄스 음악의 다양한 장르들이
확산되기 시작한다. 랩, 힙합 문화와 함께 러시아 음악의 방향이 크게 바
뀐다. 화려한 무대에서 현란한 춤사위로 표현되는 랩, 힙합의 장르가 거
대한 음반회사의 매니지먼트와 함께 러시아 쇼 비즈니스를 만들어 낸다.

대중음악을 통해서 젊은이들은 부유하고 아름다운 행복한 삶에 대한
선망을 표현하기 시작했고, 더 이상 이데올로기와 체제에 대한 갈등을
이야기하지 않는다. 변화의 시기에 많은 젊은이들은 서구의 화려한 삶을
추구했고, 빈부의 격차에서 생기는 경제적인 소외감에 사로잡혔다. 그들
은 거리로 나가서 나이키나 아디다스의 헐렁한 운동복을 입고 모자를 쓰
고 브레이크 댄스를 추고 랩을 읊조리며 과격해져 갔다. 랩의 위험한 가
사들은 스킨헤드로 알려져 있는 극우민족주의자들의 비뚤어진 애국심까

지도 거르지 않고 표현했다. 마치 랩이 보장하는 자유의 세계가 진리인 것처럼 오인하여 음악에 빠져들수록 잘못된 가치관을 스스로에게 각인시켜 대중음악의 위험요소를 드러내고 있는 실정이다.

2. 축구 서포터즈 운동

19세기 중엽까지 러시아에서 근대적인 스포츠는 많이 알려지지 않았다. 러시아에 산업이 발전하며 서구와의 교류가 활발해지면서 19세기 후반에 이르러 보트, 테니스, 스키, 사이클 등과 같은 종목들이 나타났으며, 20세기 초반 전국적으로 확산되기 시작한다.

스포츠 발전을 정책적으로 지원하기 시작한 것은 혁명 후 소비에트 정권이 마련한 노동능력 평가제도Готов к труду и обороне СССР, ГТО (1931~1991)를 마련하면서 부터이다. 10세에서 60세에 속하는 전 국민을 대상으로 노동과 방어에 대한 준비 상태를 점검하기 위해 단련시키는 프로그램으로 전국적으로 실행되어 기초체력 향상에 도움을 주었다. 2014년 스포츠 강국을 꿈꾸며 푸틴은 ГТО를 부활시키고자 정책을 주장하여 2015년 시행을 앞두고 있다.

소비에트 시기에 스포츠는 애국심을 고취시키는 집단적인 단결의 의미로 널리 장려되었다. 그 결과 소련은 올림픽에서 세계 스포츠 강국임을 여러 차례 확인했다. 현재 러시아는 과거 어느 시기보다 강하게 스포츠를 통한 국가적 단합을 원하고 있다. 2014년 소치 동계올림픽에서도 증명되었듯이 푸틴은 스포츠에 거대 자본을 끌어들였고, 적극적인 정책으로 관심과 지원을 아끼지 않고 있다.

개혁과 함께 급속도로 이루어진 경제의 재분배에서 오는 빈부의 격차와 소외감은 다양한 형태로 표출된다. 그 중 하나가 축구 서포터즈 운동이다. 물론 축구는 전 세계 어느 문화권에서도 뜨거운 열기를 가장 빨리 만들어 낼 수 있는 화제 중 하나일 것이다. 러시아의 축구 서포터즈 운동은 시기적으로 다른 나라보다 늦게 시작되는데 확산속도는 매우 빠르다. 축구 서포터즈 운동은 1950년대 유럽에서 생성되기 시작하여 러시아에 전해진 것은 1970년대이다. 색색의 머플러를 두르고 조직적인 응원을 하며 생겨나기 시작하여, 1980년대 몇몇의 주요 팬클럽을 중심으로 통일된 복장, 도구, 구호, 노래 등을 갖추고 경기를 관람하여 일반 관중과 차별화되기 시작한다. 축구 서포터즈 운동은 소비에트 시기 자발적으로 형성된 비공식적 문화집단으로 이름뿐인 공식 단체 콤소몰을 대신하여 빠르게 성장했다. 서포터즈 운동은 암울한 시대에 자유를 원하는 젊은이들이 축구를 매개로 하여 소속감을 가지고 단합하여 공식적인 문화와 정권에 대한 불만을 토로하는 저항적인 태도를 표출하는 활동이었다. 때문에 억압과 통제가 가능하던 소비에트 문화에서 대중적이고 자발적인 집단 행동은 정부가 허용하지 않는 행위였기에 서포터즈 운동은 당국의 표적이 되었다. 그런데 1982년 루쥐니키 경기장에서 모스크바(스파르타크)와 네델란드(하르렘)의 경기 도중에 열광하는 젊은이들이 뒤엉켜 300여명이 사망하는 사건이 일어난다. 이 사건을 계기로 소련 당국은 서포터즈 운동을 억압하기 시작하여 1980년대 서포터즈 운동은 상당히 감소되었다.

개혁의 분위기 함께 활성화된 서포터즈 운동은 초기 정신과는 달리 영국의 훌리건 정신과 결합되면서 변질된다. 경기 응원에 본격적인 도구,

러시아 서포터즈 응원 모습

구호, 노래, 휘장 등이 등장하고 폭력으로 이어지게 된다. 1987년 디나모
와 스파르타쿠스의 서포터즈 사이에 일어난 폭력사건은 서포터즈 운동
의 질이 낮아지는 전환점이 되었다. 이후 급변하는 러시아 사회에서 서
포터즈 운동은 러시아 축구 자체의 질적인 수준 하락과 함께 자연스럽게
감소하였다.

  1990년대 중반 등장한 신흥부호들이 축구에 대한 투자를 시작하면서
축구 팬클럽들은 다시 동요하기 시작하여 팬클럽 내에 소그룹을 만들고,
다른 그룹들과 대결하는 양상으로 발전한다. 또한 서포터즈 간의 폭력사
건이 크게 늘고 그 방법 또한 파괴적이 되어 철근, 돌멩이, 유리병 등이
동원되면서 범죄의 수준으로 발전하자, 경기장 안팎으로 경찰과 특수부
대가 배치되고 일반 관객과 격리되는 등의 조치가 취해졌다. 2007년 전
러시아 축구 서포터즈 연합Всероссийское объединение болельщиков이 형

성되고 조직적으로 규모가 커지면서 서포터즈 운동 내부로부터 자성의 목소리가 높아지기 시작했다. ВОБ는 축구를 포함한 모든 스포츠 종목의 국가 대표팀을 응원하고 모든 스포츠 단체들의 연합을 도모하여 서포터즈들의 권익을 보호를 하고, 서포터즈 운동을 공식화하고 있다. 최근 러시아 축구 서포터즈 운동이 비공식 문화에서 공식적 문화로 변화하면서 폭력에서 평화적 방법으로 단합의 힘을 보이며 다른 대중문화들과 공존하면서 지속되려는 노력을 보이기 시작한다.

3. 사이버 문화 - 게임

2009년에 '테트리스'라는 추억의 게임이 25주년을 맞이했다. 1984년 파지트노프가 '테트리스'를 개발했을 때, 사업성을 보지 못해 헐값에 미국에 넘겼고 1989년 닌텐도에서 활용하면서 전 세계적으로 사랑받는 게임이 되었다는 웃지 못 할 에피소드가 있다.

1996년 러시아에 온라인 게임이 시작되었을 때 당시 게임 시장은 협소했고, 게임을 하는 사람도 거의 없었다. 2002년 러시아 정부가 전자화된 러시아를 위해 정책적인 지원을 늘리면서 온라인 게임시장은 급성장하게 된다. 2006년 발표에 따르면 러시아 온라인 게임 유저의 19%가 일주일에 48시간, 19%는 24~48시간, 22%는 12~24시간 게임을 하고 있는 것으로 나타났다. 또한 온라인 게임 유저의 60%가 하루 2~3시간 게임을 하는 헤비 유저이다. 2011년 온라인 게임 시장은 4억 6,000만 달러, 2013년 11억 달러를 기록했다고 한다. 러시아에 온라인 게임이 보급된 시기를 보면 지나치게 빠른 성장이라 할 수 있다.

현재 러시아는 인터넷의 사용에 대한 검열 문제가 논란이 되고 있지만 유럽에서 가장 빠른 속도로 인터넷 사용자가 늘고 있는 나라이다. 그러나 급속한 인터넷 확산은 여러 문제를 불러 일으켰다. 러시아는 전 세계 스팸의 최다 발송국으로 11%의 스팸이 발송된다. 또한 세계적인 수준을 자랑하는 헤커들의 천국이고, 불법 복제와 다운로드가 자유롭다.

러시아에서는 여러 사용자가 동시에 접속하여 가상의 현실에서 각자 자신들의 역할을 맡아 하는 이야기가 있는 게임 방식이 인기가 많다. '리니지2', '퍼펙트 월드', 'RF 온라인'이 많은 사용자를 기록한다. 2007년 러시아는 게임 제작도 시작하는데 IT Territory에서 개발한 '레전드: 레가시 오브 더 드래곤즈'는 러시아에서만 250만 유저를 확보하고 5000만 달러 이상을 벌었다. 다음해에는 중국, 영국, 독일에도 진출했다.

또한 2008년 '얼로드 온라인'을 개발하여 거대한 자본을 필요로 하는 게임 제작에도 두각을 드러내고 있다. 러시아에서 많은 유저를 확보하거나 제작되는 게임에는 이야기를 중심으로 하는 것들이 많은데, 러시아 고유의 전통문화, 역사, 미술, 건축 등 다양한 문화가 집결되어 나타난다.

레전드: 레가시 오브 더 드래곤즈

현재 러시아에선 FTP 방식 온라인 슈팅게임인 '크라이텍'의 '워페이스'
가 크게 유행하고 있으며, 수익성도 높은 게임이다. 하지만 비디오 콘솔
게임 시장은 상대적으로 외면 받고 있다. 전체 게임 인구의 32%가 비디
오 게임을 즐기고 있는 것으로 알려졌고, 전체 게임인구의 66% 가량은
태블릿과 스마트폰 등 모바일 게임을 즐기고 있다.

〈참고문헌〉

✱ 러시아 유라시아 연구사업단.『현대러시아 대중문화의 양상과 전망』, 한국학술정보, 2010

✱ 강윤희 외.『현대 러시아 문화연구』, 한울, 2009

✱ 허승철 외.『러시아 문화의 이해』, 대한교과서, 1998

9. 의식주

1. 러시아 전통의상

혹한의 겨울이 긴 러시아에서 의복은 추위로부터 신체를 보호하고 개성을 나타내기 위해 착용하였다. 또한 수많은 민족이 함께 살아왔던 다민족 국가이므로 지역에 따라 민족성을 드러내는 것도 의복의 중요한 의미였다. 전통의상은 보통 일상복으로 상용되거나 장식이 많은 옷의 경우에는 축일에 착용하였는데, 혁명 후 노동의 현장에서 간편하게 일할 수 있도록 간소화하며 축일에만 사용하게 되었다.

전통적인 의상은 남자의 경우 셔츠와 바지, 여자는 블라우스와 치마, 원피스가 기본이다. 남자들의 셔츠는 루바쉬카라고 불리는데, 스탠드 칼라에 앞이나 옆으로 여미게 되어있다. 보통 여미는 방향과 주변에 놓여진 수의 무늬로 지역과 민족을 구분한다. 여자들의 블라우스는 루바하, 치마는 유브카, 원피스는 사라판이라고 한다. 사라판은 러시아의 특징적인 옷으로 어깨에 끈으로 연결되어 점퍼스커트 형태로 입는 긴 치마이다. 사라판은 루바하 위에 입으며, 빨강 색을 중심으로 하여 파랑, 초록 등 원색을 선호한다. 치마나 원피스 위에 덧입는 폭이 넓은 치마 형태의 파네바는 결혼식 등의 특별한 날에 입었다.

러시아 여성의 전통의상

러시아 사람들은 전통의상과 함께 모자 등의 머리장

러시아 민속의상을 입은 사람들

식도 좋아하는데, 장식적인 효과와 추위로부터 머리를 보호하여 병에 걸리지 않으려는 노력이 엿보인다. 남녀 모두 사용하는 샤프카는 모피로 만든 털모자로 털의 종류에 따라 재산의 정도를 가늠할 수 있었다. 전통적인 샤프카에 동물의 꼬리 장식을 달아 러시아를 대표하는 기념품으로도 자리 잡았다.

여자들이 하는 머리장식은 좀 더 다양했다. 민간신앙에서 비롯된 여성의 긴 머리카락은 마술적인 힘을 지녔다고 믿는 풍습 때문에 여성들은 늘 머리카락을 가렸다. 가장 일반적인 것으로 플라톡이 있는데 이는 보통 머리수건이나 스카프의 형태로 둘러매는 것이다. 또한 지금은 축일에만 쓰는 것으로 남아있는 코코쉬닉이라는 높은 머리 장식은 보통 북쪽 지방에서 사용하는데 하늘에 가까이 닿고 싶어 하는 종교적인 의미에서 비롯되어 미혼 여성은 코코쉬닉 아래로 머리를 땋아 내리고, 기혼 여성은 머리를 말아서 장식 안으로 넣어 구분한다. 남쪽에서는 낮은 형태의 장식인 키치카를 주로 썼다.

의상과 머리 장식에 쓰이던 자수는 색실과 은실, 금실이 사용되었는데, 농민들은 러시아 강가에서 구한 진주나 유리구슬을 함께 사용하고 지주나 귀족들은 베네치아에서 수입된 유리구슬을 선호했다. 또한 뜨개

질을 좋아해서 실로 뜬 레이스를 활용해서 식탁보나 숄, 모자 등의 소품을 만들고 옷을 장식하기도 했다. 스카프에는 선명하고 아름다운 꽃 그림을 그려 사용하기도 하는데, 지금도 모스크바 근교의 파블로프 마을의 스카프가 전통적인 수공예품으로 가장 유명하다. 파블로프의 스카프는 짙은 감색이나 검은색 등의 어두운 색조의 바탕에 화사한 색상의 꽃으로 장식하는 것이 특징이다. 장식된 꽃들은 다양하게 배치되어 매우 독창적이고 많은 국제박람회에서 수상도 받았다.

외투는 생명과도 결부되는 중요한 의미로 의상 중 가장 중요한 역할을 한다. 19세기 작가 고골리는 「외투」라는 작품을 통해 러시아 인들이 생각하는 외투의 절박한 의미를 전하기도 했다. 슈바(슈브카)라고 불리는 모피로 만들어진 외투는 남녀구분 없이 입었으며, 그 길이가 발목에 닿도록 길었다. 농민들은 양털, 토끼털로 된 슈바를 입었고, 귀족들은 담비, 흑담비, 산양피로 된 것을 주로 입었다.

러시아의 전통적인 신발은 라프치, 발렌키, 사포기가 있다. 라프치는 나무껍질로 만든 신발로 많이 춥지 않을 때 신었고, 발렌키는 펠트 재질로 만든 겨울에 신는 장화이며, 사포기는 가죽으로 만든 장화로 주로 도시에서 많이 신었다. 사포기는 다양한 색의 덧가죽을 대거나 진주나 보석으로 장식을 하기도 했다. 여성들은 사포기보다 짧은 형태의 바슈막을 주로 신었는데, 벨벳이나 비단, 가죽 등을 사용하여 장식하였고, 16세기 이후에는 뒤축을 만들어 덧대기도 하는데 10㎝까지 높은 형태의 바슈막도 있었다.

2. 러시아 음식

새로운 세기를 맞이하며 먹을거리와 관련된 문화는 대중으로부터 사랑받는 큰 관심거리가 되었다. 음식 재료, 만드는 법, 맛 등에 대한 기본적인 호기심에서 벗어나 지역문화 및 더 나아가서는 인류의 삶을 통째로 연결시켜 보고자하는 이들이 늘어났다. 덕분에 음식문화와 관련된 많은 정보를 다양한 매체를 통해 접할 수 있게 되었고, 음식문화와 관련된 새로운 직업과 음식 문화를 통해 한 문화를 이해하고자하는 연구가 증가하고 있다.

러시아 음식문화는 유럽과 아시아에 걸쳐 광활한 영토, 역사 및 다양한 문화를 배경으로 발달해 왔음을 전제로 하면 지나치게 소박하다. 유럽식 화려한 정찬과 달리 러시아 음식으로 차려진 식탁은 검소하고, 요리법이나 식재료의 종류도 다양하지 않다. 정찬으로 차려지는 식사에서는 서두르지 않고 담소를 나누며 먹고, 손님을 초대할 때에는 많은 양의 음식을 준비하여 넉넉하게 대접하며 음식을 권하고 마시는 것을 좋아하는 식습관은 동양적이기도 하며 오늘날의 음식문화에도 그대로 전해지고 있다.

오늘날 러시아 음식문화에서 중요한 의미를 갖는 빵과 소금은 경작과 채집의 문화를 대표한다. 러시아 광활한 자연이 제공하는 땅에서 농사를 짓고 생산물을 채집하는 경제활동을 상징하며 손님에 대한 지극한 환대를 의미한다. 현재까지도 러시아에서 손님을 맞이하는 풍습으로 빵과 소금을 대접하는 문화가 남아있다. 커다랗고 둥근 빵 위에 소금을 한 주먹 올려놓고 손님에게 권하면 손님은 반드시 한 조각 떼어 먹어보는 것으로

답하는 것이 예의이다. 이것을 '흘레바솔리스트보'라고 하며 현재까지 국빈을 내접할 때도 행하는 관습으로 남아있다.

러시아 음식문화는 몇몇의 역사적인 사건으로 크게 변화한다. 첫 번째는 정교의 수용이다. 988년 국가적 통합을 위해 수용한 정교는 음식문화에도 소박하고 금욕적인 변화를 가져온다. 손님을 접대하고 술 마시기를 좋아하는 풍습은 종교의 수용에 있어 알코올을 허용하는 동방정교를 받아들인다. 음주를 지극한 즐거움으로 느끼는 민족성을 잘 반영한 선택이다. 서방의 기독교에 비해 금욕과 절제의 교리가 덜 엄격한 동방의 정교를 받아들이기는 했으나, 기독교의 수용은 음식문화의 새로운 질서를 요구하게 된다.

정교에서는 부활절, 성모 승천 대축일, 성탄절 등 종교의 축제일에 즈음하여 200일 이상의 육식과 유제품을 금지하는 기간을 중요시한다. 때문에 고기 요리를 중심으로 하던 러시아의 식탁에 생선의 중요성이 부각되며, 청어를 비롯한 다양한 생선과 이크라까지도 사랑받는 메뉴로 자리 잡게 된다. 국교를 통한 화합이 이루어 지고 16세기에 이르러 정교는 도덕적인 차원에서 불결한 음식을 금하기 시작한다. 서방교회가 목 졸려 죽은 것과 까마귀를 먹어서 타락했다고 비난하던 동방정교는 짐승의 피와 목 졸려 죽은 동물을 먹는 것을 금지한다.

두 번째 변화는 몽골의 지배기에 일어난다. 240여년이 되는 '타타르의 멍에'를 겪으며 외국과의 교역이 현저하게 줄어들어 기본적인 경제활동이 농업이 된다. 혹독한 기후와 척박한 땅에서 경작을 해야 하고 조공까지 징수당하는 농민의 부담이 가중된다. 몽골인은 염장법과 요쿠르트 제조법, 샤실릭을 전해주어 러시아 음식문화의 변화를 가져온다. 겨울이 길어 신선한 야채를 구하기 어려운 러시아에서 양배추 절임이라는 저장이 가능한 샐러드를 만들 수 있는 요리법이 전파되어 현재까지 러시아인들이 겨울을 나기 위해 저장하는 가장 평범하고 일반적인 음식이 가능해진다. 몽골인들의 고기요리로는 쉽게 이동하며 준비해야 했던 유목민의 특성상 간단하게 꼬치에 끼어 구워먹는 요리인 샤실릭이 있다. 샤실릭이 러시아에 전해지면서 집에서나 야외에서, 혹은 길거리의 간편한 음식으로 많은 사람들이 즐기게 되었다.

세 번째 변화는 표트르 대제의 개혁에서 비롯된다. 18세기 수도를 페테르부르크로 옮긴 황제는 적극적으로 유럽의 문화를 받아들이기 시작한다. 서구의 화려한 주방용구와 새로운 향신료, 식재료가 귀족들의 음식문화를 바꾼다. 서구로부터 수입된 물품들은 상류층 귀족의 전유물이었고, 새로운 물품으로 맛을 낼 유럽의 요리사들도 대거 유입된다. 더 나아가 황제는 상류층의 입맛을 서구화하는데 앞장선다. 장신의 몸집에 걸맞은 식욕을 가지고 있던 황제는 흑빵과 잘 어울리는 향이 강한 벨기에산 치즈와 헝가리산 포도주를 시작으로 러시아에 유럽식 음식문화를 유행시킨다. 상류층을 중심으로 프랑스 요리사가 증가하고, 가정에서 뿐만 아니라 거리의 레스토랑에도 프랑스와 이탈리아식 요리와 식사예절이 유포된다. 음식을 담는 그릇은 은그릇, 금그릇에 화려한 보석을 박아 사용하던 것이 유럽식 도자기 그릇들로 바뀌어 유행하게 된다. 이 시기 페테르부르크 주변에는 도자기 그릇을 만들기 위한 공장들이 건설되기도 했다.

흑빵과 귀리, 양배추, 오이와 절인 생선에 크바스, 맥주, 보드카를 곁들이던 소박한 러시아식 식사는 다양하게 변화한다. 치즈가 들어간 샌드 위치, 햄, 소시지, 피클, 후추와 마늘 등의 향신료와 함께 요리되고 포도주와 커피를 곁들인 식사에 담배까지 등장하면서 크게 바뀌어 간다. 또한 훈제 연어와 이크라, 절인 청어 요리 등은 이후 러시아식 정찬의 전채요리로 자리 잡게 된다.

설탕의 수입은 꿀의 자리를 대신하게 된다. 설탕은 러시아식 요리에 사탕과 신선한 상태로 수입되기 시작한 갖가지 과일과 곁들어져 만들어지는 디저트의 발전을 촉진시킨다. 또한 차에 곁들어지는 설탕은 차문화 확산에도 영향을 준다. 차와 함께 초콜릿과 케이크가 권장되기도 한다.

표트르는 음식의 재료와 요리의 종류, 그것을 담는 그릇 뿐만 아니라 식사예절의 변화도 도모한다. 이전의 많은 양의 음식을 가득 쌓아서 실컷 먹고 마시는 것을 즐기던 문화가 양이 아닌 질을 고려하게 되고, 식사 중에도 유럽식 예절이 요구되어, 게걸스럽게 소리를 내어 먹지 못하도록 하고, 식사 후에는 나이프로 이를 쑤시지 못하게 하는가 하면 식사를 할 때 냅킨을 사용하도록 권장했다.

음식이 차려지고 손님에게 내어지는 방법은 오히려 러시아식 만찬이 유럽에 영향을 주었다. 당시 프랑스식 만찬은 차려지는 모든 음식을 한꺼번에 식탁에 올려 풍성함을 자랑하는 것이었는데, 러시아식 만찬은 찬 음식으로 시작하여 따뜻한 음식이 차려진다. 고기나 생선요리에서는 음식이 차려지는 시간이 맛에 영향을 주었으므로 주요리는 식지 않도록 대접하는 것이 만찬에서 음식의 맛을 유지하는 데 효과적이다. 이러한 효율성이 고려되어 러시아식 상차림을 유럽인들이 배워가기도 했다.

민중의 식탁에는 감자와 토마토가 소개되면서 100년이 지난 후에 감자는 러시아인들의 식사에서 빵을 대신하는 사랑받는 요리 재료가 된다.

그러나 표트르 대제의 식문화 개혁은 민중의 식탁까지 바꿔 놓지는 못한다. 민중의 식문화는 혁명기까지 크게 변화하지 않는다.

네 번째 변화는 혁명기에 일어난다. 세기말 적인 혼란과 함께 혁명, 내전이 가져온 기근은 음식문화의 개혁이 아닌 절대적인 부족 현상을 가져온다. 러시아에 사는 사람이면 누구나 추위와 굶주림을 견뎌야 했던 고단한 시간이 지나고 찾아온 새로운 국가는 음식문화의 오랜 전통을 배급이라는 제도 안에 가두게 된다. 제국주의의 상류층이 누리던 호화로운 음식문화는 배급을 위해 노동하고 배급되는 식재료를 받기위해 장시간 서있어야 했던 '줄'에서 사라진다. 음식의 재료, 종류 등의 간소화되면서 '노동자'가 즐길 수 있는 일반적이고 서민적인 음식들이 널리 보급된다. 여성의 노동력을 가정에서 사회로 끌어내면서 정부가 제공한 것이 육아를 나누어 하는 탁아소와 일터를 중심으로 하는 집단화된 식사였다. 전통적인 러시아 가정에서 하던 식사는 일터 혹은 공동주택에서 할 수 밖에 없는 공동체적 식사로 대체되었다.

일반적으로 러시아식 정찬은 자쿠스카라고 불리는 샐러드와 찬음식, 스프, 따뜻한 음식, 디저트의 순서로 나온다. 빵과 음료는 식사의 처음부터 함께할 수 있는데, 빵은 주로 흑빵과 흰빵을 먹는다. 샐러드는 양배추 소금절이, 청어 절임 등이 일반적이다. 이 밖에도 샐러드에 많이 쓰이는 채소로는 오이, 감자, 양파, 당근 등과 향이 나는 채소인 우크로프와 페트루쉬카 등이 있다. 스프로는 비트로 만든 보르쉬와 양배추로 만든 쉬가 가장 일반적이며, 햄과 고기를 곁들인 살랸카, 손님접대용이나 축제일에 많이 끓이는 우하, 여름에 먹는 차가운 스프인 아크로쉬카 등이 있다. 고기 요리는 양고기, 닭고기, 돼지고기, 소고기 등이 자주 사용되는데, 요리법은 굽거나 찌는 정도로 간단하게 조리한다. 생선 요리는 청어, 연어, 이크라 등이 많이 사용된다. 샐러드와 스프, 주요리에는 주로 유제품이 곁들여 지는데, 러시아 인들이 좋아하는 마시는 요쿠르트 케피르, 만능 소스인 스메타나, 손쉽게 만드는 치즈인 트바로크, 버터 등이 널리 사용된다.

3. 보드카

러시아인들이 좋아하는 술로는 호밀 등의 곡식을 발효시켜 만드는 무알콜 음료인 크바스, 즙이 많은 과일과 곡식을 발효시켜 만드는 메도부하라고 불리는 꿀술, 포도주, 샴페인 등이 있는데 역시 압도적인 것은 보드카이다.

보드카는 러시아를 대표하는 술로써 무색, 무미, 무취의 3가지를 모두 갖춰 서양에서도 칵테일을 만드는 데 기본이 되는 술로 많이 사용되고 있다. 보드카는 14세기 이탈리아에서 등장하여 15세기 러시아에서 일반화된다. 어원으로 보면 '보다'는 물을 뜻하는 단어이다. 증류방식으로 추출하는데 그 순도가 매우 높아서 보통 40%이상의 알콜함유량을 포함한다. 보드카는 오이피클이나 칼바사, 이크라 등과 함께 먹지만, 예로부터 러시아 남자라면 흑빵과 땀 냄새만 있으면 마실 수 있다고 전해지고 있으며, 숙취 해소에는 오이피클물이 좋다고 알려져 있다.

그런데 소비에트 시기를 지나며 러시아에는 알콜중독이 커다란 사회문제가 되었다. 알콜중독이 범죄, 질병, 이혼, 사망, 낙태 등의 부차적인 문제들을 야기시키자, 고르바초프는 금주령을 내리기도 했다. 그러나 '사마곤'이라고 불리는 밀주를 성행하게 하여 큰 효과를 거두지는 못했다.

4. 차문화와 사모바르

러시아 사람들은 장소를 불문하고 식사를 마친 후, 손님이 방문하거나 혹은 오후 티타임을 이용해서 차를 즐기며, 차를 마시는 것은 매우 일상적인 습관이다. 혹독한 겨울을 견뎌야 하는 러시아의 기후를 떠올리면 뜨거운 차를 마시는 것은 자연스럽게 형성된 문화이기도 하다.

러시아에서 차를 마시기 시작한 것은 시베리아 원주민들이었는데, 차가 보급된 것은 1638년 몽골의 특사로 갔던 러시아 관리가 선물로 차를 받아오면서 시작된다. 처음에는 쓸모없는 마른 잎사귀로 여겼으나, 러시아 상류층이 차의 독특한 향에 매료되면서 대량으로 수입되기 시작한다. 차의 수입이 늘면서 중국에서 유럽으로 차가 이동하는 '티로드tea road'가 생겨난다. 중국의 실크는 '실크로드'를 통해 유럽으로 운반되는데, 차는 시베리아를 거쳐 러시아에 도착한다. 압축해서 단단하게 만들어진 차덩어리는 중국에서 낙타에 실려 고비사막을 지나고 시베리아를 횡단한 후 모스크바에 전해지고 다시 중국으로 돌아가기까지는 1년 반의 시간이 걸렸다. 때문에 중국에서 값싼 차라고 하더라도 모스크바에 도착하면 그 가격은 수십 배가 올랐다. 차를 수출하는 중국의 대상들은 차를 러시아산 모피와 교환하기도 한다. 값비싼 차의 가격 때문에 차가 수입되던 초기에 차문화는 상류층이 즐길 수 있는 문화였으나, 점차 인도와 스리랑카 등지에서 여러 경로로 차가 수입되면서 차문화가 모든 계층으로 확산된다. 차의 수입이 '티로드'를 제외하고도 배로 가능해지자 오데사는 차 수입으로 호황을 누리기도 한다. 18세기에 이르러 표트르 대제의 차문화 장려로 홍차를 비롯한 유럽의 다양한 차도 소개되고 차문화는 점차 일상으로 스며든다.

혁명기에는 차와 관련된 재미있는 에피소드가 생겨난다. 내전이 종결되던 즈음 적군인 혁명군이 점령했던 지역은 차를 보관하는 창고가 많아 병사들에게 차를 나눠주고 마실 것을 권했다. 때문에 보드카를 마시는 백군과의 전투에서 승리할 수 있었다고 전한다.

러시아 사람들이 차를 마시는 방법은 여러 가지이다. 요즘은 티백이라는 편리한 제품이 있어 간편하게 마기시도 하지만 전통적인 방법은 사모바르에 끓여서 먹는 것이다. 중앙아시아에서 유래되었다고 전해지는 사모바르는 러시아 차문화와 더불어 성장해서 러시아의 상징으로 자리매김한다. 사모바르는 18세기 차문화가 널리 퍼지면서 고안된 차를 끓이는 주전자이다. 나무나 숯, 석탄 등을 넣어 물을 끓이면서 차가 진하게 우러나게 하고, 언제든지 원하는 때에 쉽게 차를 마실 수 있도록 개발된 독특한 러시아식 찻주전자이다. 사모바르가 보급되던 초기에는 부자들만이 사용할 수 있었으나 점차 차문화가 모든 계층에 널리 전파되면서 어느 가정에서나 볼 수 있는 생활필수품이 된다. 또한 그 모양이나 장식이 꾸준히 발전하면서 러시아 공예품의 한 부분을 차지하기도 한다. 현대에는 가스나 전기를 사용할 수 있는 제품이 개발되기도 했다.

사모바르에 잘 끓여낸 차는 설탕이나 잼과 함께 제공된다. 러시아 사람들은 차를 마실 때 설탕을 차에 넣지 않고 입 속에 물고 차를 조금씩 마시는 방법으로 단맛을 음미한다. 또한 단맛을 매우 좋아하는 러시아 사람들은 차를 마시면서 차의 양에 버금가는 정도의 설탕과 잼 등을 즐긴다. 사모바르에서 따르는 차는 매우 뜨거운 상태에서 제공되기 때문에 러시아 사람들이 찻잔 받침에 조금씩 차를 따라서 마시는 모습도 종종 볼 수 있다.

5. 러시아 주택

러시아의 전통가옥은 '이즈바'의 형태에서 찾아 볼 수 있다. 정교가 전파되면서 정교회의 사원은 석조 건축물이 대부분이었고, 신분계층이 존재하던 제국주의 시대에도 2층 미만으로 된 유럽식 석조 건축물이 대부분이었지만, 전통가옥의 대표적인 형태는 나무로 만든 이즈바이다. 이즈바는 농민들이 도끼를 가지고 다니면서 숲에서 쉽게 구할 수 있는 재료인 나무로 짓고 내부를 장식했다. 러시아에 많이 분포하는 나무는 소나무, 전나무, 자작나무가 대부분이며 나무의 특성상 긴 겨울 동안에는 온기를 잘 보존했고 여름에는 시원했다. 크기에 맞게 자른 나무를 집터에 펼쳐놓고 그 위에 차례로 나무를 쌓아 올리는 방식으로 지어진 이즈바에는 못을 사용하지 않았다. 왜냐하면 못을 사용할 때 생기는 나무 구멍에 눈이나 비로부터 습기가 들어가면 쉽게 썩을 수 있기 때문이다.

이즈바의 지붕은 매우 급한 경사를 이루었다. 이는 겨울 동안 많은 눈이 내려 쌓이게 되면 혹시라도 지붕이 무너질 수 있으므로 고안해낸 방법이다. 보온을 위해 창문은 되도록 작게 만들었고, 겨울을 위해 덧문을 달기도 했다. 지붕과 처마, 창문은 민간신앙이나 정교의 상징물을 나무로 깎아 장식하기도 했다. 이즈바의 내부에는 공간을 나누는 벽이 없었다. 내부의 중심에는 페치카라고 하는 난로가 위치했는데 난로 윗부분은 집안 어른이나 임산부, 아이들을 위한 잠자리가 마련되었다. 난로에서 나오는 온기가 집안 구석구석에 닿을 수 있도록 내부 공간은 나누지 않았다.

이즈바가 모여 제레브냐라고 하는 시골 마을이 형성되고, 조금 더 크고 교회가 있는 마을은 셀로라고 한다. 도시에는 둘러싸는 장벽을 만들어 크레믈리라고 하고, 크레믈리 주변의 상공업지대를 파사드라고 했다. 이렇게 도시가 형성되는데, 현재 러시아에 이즈바의 형태는 도심을 벗어난 외곽에서 다차(별장)의 개념으로만 찾아볼 수 있다. 다차도 이즈바의 형태를 유지하는 곳은 많지 않고, 현대적으로 개조되었다.

혁명과 함께 제국주의 시대가 막을 내리면서 19세기까지 도시에서 가장 쉽게 찾아 볼 수 있었던 2층 미만의 석조주택들이 대부분 사라졌다. 혁명은 모든 문화를 집단화시키며 전통적인 가옥의 형태까지도 공동주택Коммунальная квартира으로 바꾸어 놓았다. 초기의 공동주택은 귀족들의 저택을 몰수한 후에 방을 하나씩 배정하여 한가구가 머물렀다. 점차 농촌으로부터 많은 인구가 유입되면서 방 하나도 칸막이를 설치하여 나누어 써야 했다. 영화 〈동—서Восток-Запад〉(1999)'에는 좁은 공동주택에서 말 한마디 자유롭게 하지 못하고 사생활을 침해받으며 생활해야 하는 문제가 잘 드러난다. 건물 안에 하나 밖에 없는 화장실 문에 수많은 변기받침이 걸려있는 모습을 보면 우울했던 당시의 시대를 잘 나타내주고 있다.

1940년대에서 50년대에는 고급스런 아파트가 등장한다. 스탈린식 아파트Сталинская квартира로 불리는 이 건물은 당의 간부와 관료를 위해 지어진 것이다. 확실하게 이웃과 구분되는 거주 공간과 넓은 실내, 높은 천장 등은 매우 고급스럽고 견고하게 지어진다. 도시의 중심부를 따라 건축되어 현재는 호텔, 백화점 등으로 개조되어 사용되기도 한다.

전쟁이 끝난 후 대부분의 건물들이 소실된 후에 주택문제는 심각했다. 서둘러 건설해야 하는 수많은 건물들은 저마다 특색 없이 똑같은 형태의 네모난 상자처럼 지어진다. 1950년대 이후 인민들을 위해 지어진 건물을 흐루시쵸프식 아파트Хрущёвская квартира라고 부른다. 어느 도시에 가더라도 가장 흔하게 볼 수 있으며, 일반적으로 소련식 아파트를 지칭한다. 내부는 넓지 않고 방은 2~3개 정도이다. 이 아파트 덕분에 주택난은 크게 해결되었고, 공동주택에서 벗어난 거주자들도 만족했다. 이러한 똑같은 형태의 주택 때문에 집을 잘못 찾아 벌어지는 에피소드를 담은 〈운명의 아이러니Ирония судьбы〉라는 영화도 있다.

개혁이후의 주택은 좀 더 다양하게 발전한다. 겨울이 길어 난방 문제가 있으므로 개인 주택이 활성화되지는 않는다. 기존의 아파트와는 구별되는 호화로운 아파트가 생겨나고, 경제적으로 부유한 계층이 선호하는 코테쥐Коттедж라고 불리는 빌라형태의 주택도 나타났다. 최근 신문에 러시아 어느 부호가 천문학적인 가격의 집을 매매하여 기사화되었다. 모스크바 근교에 위치한 호화로운 저택이었는데, 루블화의 가치가 하락한 것을 감안하고도 1,160억에 거래가 되어 화제가 되었다. 예카체리나 2세의 호화로운 궁전을 방불케 하는 이 저택은 '노브이 루스키'를 위한 집으로 현재 러시아의 빈부격차를 가늠할 수 있는 좋은 예라고 할 수 있다.

'다차Дача'는 보통 별장이라고 해석되는데, 현재는 우리의 문화에서 생각하는 휴식을 위한 별장과는 의미가 다르다. 18세기 초, 표트르 대제 때 처음으로 나타나는데, 물론 황제와 그 측근을 위한 시설이었다. 19세기 중반에 귀족들 사이에 확산되어 많은 러시아인들이 다차의 문화를 즐길 때는 별장의 의미와 잘 맞았다. 그런데 소비에트 시대에 들어서면서 도시에 사는 사람들이 나무로 만든 집을 짓고 텃밭을 가꾸는 주말 농장의 개념으로 바뀌었다. 1970년대 소비에트 정부가 무상으로 다차를 분배하면서 도시인의 70%가 다차를 소유하게 되었으며, 겨울을 나기 위해 저장하는 채소를 가꾸고 휴식을 취하는 문화가 자리를 잡았다. 다차 주변에는 바냐라고 하는 러시아식 사우나를 종종 볼 수 있다. 바냐는 난로에 물을 부어 김이 나게 하여 덥히는 방식으로 만들어 지는데 사우나를 즐기면서 혈액순환을 돕기 위해 자작나무를 이용해 몸을 두드리는 풍습도 있다.

〈참고문헌〉

＊ 이덕형.『천년의 울림』, 성균관대학교 출판부, 2001

＊ 장진헌 편.『러시아 문화의 이해』, 학문사, 2009

＊ 로트만.『러시아 문화에 관한 담론1,2』, 나남, 2011

＊ 하영식.『얼음의 땅, 뜨거운 기억』, 레디앙, 2010

＊ 석영중.『러시아 문학의 맛있는 코드』, 예담, 2009

10. 영화

1894년 프랑스의 뤼미에르 형제의 발명은 영화라는 새로운 예술을 탄생하게 하였다. 영화가 발명되었을 때, 전 세계인들은 놀라움을 금하지 못했다. 러시아도 예외는 아니었다. 러시아 작가 고리키는 처음 영화를 접했을 때의 감정을 회색빛 공포로 표현했다. 소리도 색도 없는 그림자 왕국이었으며, 사람도 집도 나무도 모두 회색빛에 갇혀 영원히 침묵하는 죽음의 세계에 비유한 바 있다.

러시아에 영화가 처음으로 소개된 것은 니콜라이 2세의 대관식이었다. 1896년 대관식을 촬영하러 온 뤼미에르 제작진은 몰려든 민중이 희생되는 뜻밖의 참사로 경찰에 연행되어 촬영필름을 압수당한다. 그러나 페테르부르크에서 연극의 막간에 미리 준비했던 필름을 상영하여 러시아에 소개하게 된다.

영화는 러시아 혁명의 물살을 타고 빠르게 성장한다. 혁명의 목표와 이데올로기 교육에 영화라는 장르는 더없이 좋은 방법이었다. 한 번의 촬영으로 수많은 필름의 제작이 가능하고, 의미의 가감 없이 언제 어디서나 손쉽게 상영할 수 있어서 선전과 선동을 위한 탁월한 장르였다.

1908년 드란코프 감독의 〈스텐카 라진〉이 러시아 최초의 영화다. 초기 영화는 멜로드라마, 코미디, 역사물이 대다수였고, 프로타자노프 감독은 문학작품을 영화로 옮기는 작업을 한다. 톨스토이의 〈전쟁과 평화〉(1915), 도스토예프스키의 〈악령〉(1915), 푸시킨의 〈스페이드의 여왕〉(1916) 등이 제작되었다. 당시 영화는 관중들에게 새로운 호기심을 불러일으키며 사회적 불안으로부터 도피하기에 좋은 장르였다. 때문에 제1차 세계대전을 겪으며 영화는 더욱 많은 관중을 불러 모으게 되었다.

1919년 레닌이 '영화산업의 국유화'를 선포하면서 혁명의 과정을 담은 기록영화와 뉴스영화 제작을 장려한다. 때를 같이하여 세계에서 최초로 모스크바에 국립영화학교(1919)가 설립되어, 이후 러시아 영화계를 이끌어갈 거장들의 탄생을 예고하고, 최초의 국가영화사인 '고스키노(1922)'는 이러한 영화계의 동향에 발맞추어 재정 및 설비부분을 뒷받침한다. 1920년대에는 대도시뿐만 아니라 시골에서까지도 영화를 관람할 수 있는 시설과 장소가 마련된다.

국가의 지원 하에 1920년대 중반, 러시아 영화는 무성영화 시대에 황금기를 맞이한다. 러시아 영화계뿐만 아니라 세계영화계를 놀라게 한 몽타주 이론이 집대성되면서 러시아 영화는 단번에 예술적 경지에 오르게 된다. 에이젠쉬타인Эйзенштейн, Сергей Михайлович과 푸도프킨은 영화는 단편적인 장면들이 촬영되고, 그 장면들을 선택 혹은 재구성되면서 만들어지므로 영화는 촬영되는 것이 아니라 편집되는 것이라고 주장한다. 당시 영화에 소리를 입히는 기술이 없었으므로 화면에 보이는 것이

더욱 중요했기 때문에 몽타주 이론은 더욱 발전하게 된다. 에이젠쉬타인의 〈파업〉(1925), 〈전함포템킨〉(1926), 〈10월〉(1927), 푸도프킨의 〈어머니〉(1926)는 몽타주 이론으로 영화언어를 발전시킨 대표적인 작품이다. 회화적인 아름다움과 시적인 수법을 가미한 도브젠코 감독의 〈대지〉(1930)도 같은 시기의 작품이다.

에이젠쉬타인 감독

그러나 1920년대 말, 대중들은 어려운 이론의 영화보다 쉽게 이해할 수 있는 오락영화, 멜로드라마를 선호하기도 했다. 오세프의 〈미스 멘드〉 (1926), 바르네트의 〈살라만데르〉(1928)는 정치적 성향과 영화 기술이 만들어 내는 예술성을 배제하여 반혁명적 영화로 비난받았지만 많은 사람들이 좋아했다.

1928년 영화계에도 스탈린 시기가 찾아온다. '영화에 관한 전소련공산당평의회'에서 영화산업에 대한 당의 지침과 함께 영화산업 전체가 중앙집권화된다. 20년대 예술영화들이 배제되고, 에이젠쉬타인과 같은 감독들이 비판받게 된다. 영화에 새로운 기술인 소리가 들어오면서 1931년 소련 최초의 유성영화인 에크 감독의 〈인생안내〉가 발표된다. 영화의 주인공이 대중에서 개인으로 바뀌고 주인공의 활동상을 중심으로 하는 표현에서 개인적인 성향이나 심리를 중점적으로 묘사하는 경향으로 옮겨간다. 영화에 있어서 소리의 도입은 등장인물의 내면세계를 표현하는 것을 가능하게 하면서 영화의 형식보다는 내용이 중요하게 되었다. 바실리예프 형제의 〈차파예프〉(1934), 에이젠쉬타인의 〈알렉산드르 네프스키〉 (1938), 돈스코이의 고리키 3부작을 영화화한 〈어린 시절〉(1938), 〈세상 속으로〉(1939), 〈나의 대학〉(1940) 등이 있다.

시기를 같이하여 영화제작에 있어 사회주의적 리얼리즘이 도입된다. 그러나 다른 예술 분야와 마찬가지로 영화에 있어서 스탈린 시기는 침체를 의미한다. 1940년대에 제2차 세계대전과 함께 영화계의 분위기가 변화하여 전쟁의 승리를 기원하는 작품들이 제작된다. 전선에서 싸우는 영웅들의 뉴스영화, 조국을 위해 투쟁하는 인민들에 대한 기록영화 혹은 군인들의 사기를 북돋우기 위해 제작되는 역사적인 영웅들의 일대기를

다룬 영화가 제작된다. 푸도프킨의 〈수보로프〉(1941), 페트로프의 〈쿠투
조프〉(1944), 에이젠쉬타인의 〈이반 뇌제〉(1941~1946) 등이 있다. 전쟁이
끝난 후 사회주의적 리얼리즘은 더욱 발전해 갔다. 전후 혼란한 사회를
안정시키기 위해 어떤 갈등도 용납하지 않는 전형적인 긍정적 주인공이
등장하는 편협한 작품들이 제작된다.

영화계의 긴 침체기는 스탈린 사후에 조금씩 벗어나게 된다. 해빙
기가 시작되고, 영화계에 새로운 힘을 불어넣은 감독은 타르코프스키
Тарковский, Андрей Арсеньевич였다. 모스크바 국립영화학교를 졸업한
타르코프스키는 졸업 작품인 〈증기롤러와 바이올린〉(1960)으로 주목받
기 시작한다. 그의 작품은 섬세하고 신비로운 철학의 세계가 독특하게
그려져 있으며 인간의 내면을 깊은 종교적 이해로 해석하고 참혹한 현실

타르코프스키 감독의 '거울' 촬영 현장

을 평화롭고 아름다운 시적인 이미지와 잘 대비시켜 표현한다. 그러나 소련 당국에서 원하는 영화와 동떨어진 문제작들을 제작하여 망명하여 외국에서 떠돌며 작품 활동을 하게 된다. 〈이반의 어린 시절〉(1962), 〈노스텔지어〉(1983), 〈희생〉(1986) 등 발표하는데, 〈노스텔지어〉는 1983년 칸 국제영화제에서 심사위원 특별상을 수상한다.

해빙의 시기를 맞이하여 영화계에도 신인감독들이 등장한다. 신인 감독들은 전쟁의 폐혜와 상실감을 새롭게 조명하는 영화들을 제작하는데, 칼라타조프의 〈학이 날다〉(1957), 본다르추크의 〈인간의 운명〉(1959), 추흐라이의 〈병사의 발라드〉(1959) 등이 있다. 이들 영화에서는 전쟁의 현실적인 참상과 한 인간이 겪게 되는 인생의 과정과 상실, 파괴를 통해 전쟁사를 재조명해 보는 계기를 마련한다.

브레즈네프 집권기의 '정체기'에는 이데올로기에서 벗어나고자 문학작품을 영화화하는 경향을 보이고, 소련의 중심부를 벗어나 주변 공화국에서 영화를 제작하며 시적인 영상을 통해 형식을 탈피하려는 작품들이 발표된다. 또한 재능 있는 신인 감독들도 나타나는데, 획일적인 영화의 목적에서 벗어나 새로운 영화를 만들고자 하는 노력이 보인다. 메니쇼프 감독의 〈모스크바는 눈물을 믿지 않는다〉(1980)는 당시 최다 관객을 동원하는 기록을 세우며 흥행에 성공하고 아카데미 외국영화상을 수상한다.

고르바초프의 개혁과 개방의 시대에 영화는 검열과 금기로부터 자유로워진다. 상연 금지되었던 작품들이 해금되면서, 아불라제 감독의 〈참회〉(1984)는 개혁과 개방의 상징적인 작품이 된다. 자연스럽게 영화제작은 증가하고 많은 신인 감독들이 배출되지만 곧 영화제작비의 문제에 봉착하게 된다.

'고스키노'를 통한 국가적 지원의 중단, 자본주의 원리에 의한 경쟁 등은 러시아 영화계를 경직시켜 관객들이 원하는 흥미위주의 작품을 제작하거나, 흥행이 보장된 외국영화들의 수입이 증가한다. 열악한 상황에서도 제작을 시도하는 감독들은 외국과의 합작 영화를 기획하거나 대중의 호기심을 자극할 수 있는 멜로드라마, 판타지, 폭력물 등의 새로운 장르를 개척한다. 대중을 의식하는 러시아 영화계는 상업주의 영화를 출현시킨다.

1996년 이후 러시아 영화제작 지원을 주관했던 '러시아 연방 문화 영화국'을 흡수한 '러시아 문화성(2008년 이후)'은 러시아 국가 이념을 실현하는 영화를 지원하고 있다. 국가적 차원에서 적극적으로 후원하는 영화들이 꾸준히 증가하는 현상은 과거 소비에트 시기를 연상시키며 긴장하게 하지만, 실제로 러시아 영화의 양적인 성장을 가져왔다. 대규모 제작비가 지원되는 블록버스터형의 영화들이 제작되면서 외국의 영화와 경쟁하여 당당하게 러시아 박스오피스 흥행 1위를 차지하는 일도 종종 있었다. 다만 이들 영화의 대부분이 역사영화, 즉 푸틴 정부가 주장하는 국가적 이념이 드러나는 작품이라는 것이 문제되지만, 러시아적 문화의식 고양, 국가이념의 홍보에는 효과가 충분했다. 호티넨코 감독의 〈1612년. 동란의 연대기〉(2007), 칼레노프 감독의 〈알렉산드르, 네프스키 전투〉(2008)', 보르트코 감독의 〈타라스 불리바〉(2009) 등이 있다.

〈참고문헌〉

* https://ru.wikipedia.org/wiki/%D0%A1%D0%BA%D0%BE%D0%
  BC%D0%BE%D1%80%D0%BE%D1%85
* http://terms.naver.com/entry.nhn?docId=1167357&cid=40942&
  categoryId=33091
* 러시아 유라시아 연구사업단. 『현대러시아 대중문화의 양상과 전
  망』, 한국학술정보, 2010
* 강윤희 외. 『현대 러시아 문화연구』, 한울, 2009
* 장진헌 편. 『러시아 문화의 이해』, 학문사, 2003

11. 연극

기원전 5세기부터 시작된 연극은 2500년이 넘는 역사를 가지고 있다. 러시아에서 연극은 유럽의 다른 나라에 비해 늦게 발달하지만 독자적인 방향으로 발전한다. 러시아 민중들은 노동의 현장 혹은 종교 행사나 혼례, 제례 등의 의식에서 민속 악기를 연주하고 민요를 부르거나 이야기를 만들어 들려주기를 즐긴다. 때문에 러시아 어느 지역에서나 떠돌이 광대, 익살꾼, 이야기꾼의 흔적은 찾아보기 쉽다. '스코모로히Скоморохи'는 음악을 연주하고, 노래도 부르며 이야기를 들려주거나 우스꽝스러운 행동으로 즐거움을 주는 사람들인데, 그들은 전국을 돌아다니며 활동했다. 스코모로히의 활동은 비잔틴으로부터 정교가 도입되어 교회극이 전파되면서 시작되었다. 그런데 교회극은 극을 통한 종교의 세속화를 두려워했던 신부들의 반대로 민중에서 널리 전파되고 흥행을 하지 못했다. 스코모로히는 17세기 궁정과 귀족의 저택에서 공연하면서 크게 발전한다. 제국주의 러시아의 황족과 귀족은 공연예술을 사교 모임에 활용하여 예술을 탐미하는 목적 외에도 연극을 접해야할 이유는 많았다. 그러나 스코모로히의 극은 지배계급의 생활을 조롱하거나 사회문제를 풍자하는 경향이 짙어 1648년 황제 알렉세이 미하일로비치는 공연을 금지시키고 스코모로히를 추방했다.

17세기에 키예프와 모스크바 등의 신학교에서 학교극이 시작된다. 시인이자 극작가인 폴로츠키C. Полоцкий의 〈방탕한 자식Комедия притчи о Блудном сыне〉(1685)'은 교훈적인 희곡으로 신학생들에 의해 주변 도시나 마을에서도 공연되었다. 1672년 황제 알렉세이는 목사이자 교사였던 독일인 그레고리에게 연극공연을 일임하여 황제의 별장에 극장을 짓고 모스크바에 거주하는 외국인으로 구성된 극단을 조직했다. 당시 공연은 영국의 막간극이나 성서이야기가 대부분이었는데, 황제를 찬미한 것이 많았다. 1673년에는 러시아인으로 구성된 극단이 창설되어 독일어와 러시아어로 공연되었는데, 황제의 사후 극장은 폐쇄된다.

1702년 표트르대제는 뒤떨어진 러시아인들을 연극으로 계몽하기 위해서 모스크바에 극장을 창설하고 독일인 쿤스트가 이끄는 극단을 초청하여 공연했다. 예카테리나 2세는 셰익스피어의 희곡을 번안해 몇 편의 희곡을 써서 공연할 정도로 연극을 좋아했다. 이후 연극에 대한 관심이 높아져, 모스크바 대학을 비롯한 각지에 극장과 극단이 생겨나고, 상인의 아들 볼코프에 의해 야로슬라블에 직업적인 극단이 창설되기도 했다. 때를 같이하여 고전주의 작가 수마로코프Сумароков, А. П.는 〈호레프Хорев〉와 같이 러시아어로 쓰여진 공연을 본격화시킨다.

1756년 러시아 최초의 상설극장이 페테르부르크에 생겼다. 모스크바에는 페트로프스키 극장Большой Петровский театр이 건설되는데, 그 뒤 건물이 소실되어 1824년 한 상인의 저택에 말르이 극장Малый театр이라고 하는 러시아를 대표하는 연극을 위한 극장이 건설된다. 말르이 극장은 1832년에 창립된 페테르부르크의 알렉산드린스키 극장과 함께 19세기 러시아를 대표하는 극장으로 자리매김한다. 17세기 말에는 귀족들이 농노 출신 배우들로 극단을 구성하여 집에서 공연 보는 것을 즐겼는데, 19세기 초반까지 러시아 전역에 170개 이상이 생겨났다. 18세기의 폰비진Фонвизин, Д. И.은 농노제의 모순을 고발하며 사회를 풍자한 희극 〈여단장Бригадир〉, 〈미성년Недоросль〉으로 큰 성공을 거둔다.

19세기에 들어서면서 연극은 러시아 문학 발전에 힘입어 발전한다. 그리보예도프Грибоедов, А. С.의 〈지혜의 슬픔Горе от ума〉은 귀족사회에 대

〈지혜의 슬픔〉, 말르이 극장

한 비판으로 상연이 금지되기도 하는데, 당시 지식인들의 슬라브주의와 서구주의에 대한 갈등이 잘 드러난 작품이다.

푸시킨, 레르몬토프, 고골, 수호보-코브일린, 톨스토이, 투르게네프 등 당대 유명한 작가들이 희곡을 쓰거나, 그들의 문학작품이 연극으로 공연되는 등 러시아 연극은 비약적인 발전을 거듭한다. 오스트로프스키 는 러시아에 새롭게 등장한 신분계층인 중인을 중심으로 하는 50여 편 의 희곡 작품으로 러시아 국민연극의 기틀을 확립한다. 〈뇌우〉, 〈숲〉 등 의 작품은 현재까지 꾸준히 러시아인의 사랑을 받고 있으며, 러시아를 대표하는 말르이 극장의 입구에는 오스트로프스키Островский, А. Н.의 동상이 세워져 있다. 19세기 말 체홉Чехов, А. П.은 등장인물의 심리적 갈 등이 잘 묘사된 〈갈매기〉, 〈벚꽃동산〉 등의 작품으로 러시아 연극을 세 계무대에 올려놓았다.

1898년 스타니슬라프스키 Станиславский, К. С.와 네미로비치–단첸코를 중심으로 '모스크바 예술극장'이 창립된다. 이 극장을 중심으로 러시아 작가들의 실험적인 작품들이 상연되었으며, 서유럽의 근대극도 선보이며 러시아 연극의 개화에 중심지가 된다. 스타니슬라프스키는 배우이자 연출가, 제작자로 활동했던 경험을 바탕으로 연출과 연기법의 이론을 확립하고

오스트로프스키

20세기 소련 연극의 방향을 제시한다. 스타니슬라프스키의 배우는 끊임없는 훈련과 노력으로 이루어진다는 '스타니슬라프스키 시스템'을 설명한 〈배우수업Работы актёра над собой〉은 연극을 공부하는 세계인들의 교본이 되고 있다.

소비에트 정권은 러시아 연극에 새로운 시대를 마련한다. 19세기 연극의 주역인 작가, 배우, 연출가들이 망명한 후, 소련에 남은 예술인들은 정권에 협력해야 했다. 혁명 후 초대 교육인민위원이 된 극작가 루나차르스키와 젊은 연출가들은 새로운 연극적 기술이나 형태에 대한 시도를 두려워하지 않았다. 연극을 통한 인민의 교화와 계몽을 계획하는 정부의 의도와 모스크바예술극장의 근대극에 대한 관심, 메이에르홀드, 바흐탄고프, 예브레이노프의 연출 등이 조화를 이루어 연극은 발전을 거듭하게 된다. 집단을 위한 예술이 중시되는 사회적 분위기에 따라 100명 이상의

민중이 참여하는 민간 연극이 생겨나 야외극도 기획되고, 연극인을 위한 협회도 조성되는가 하면 젊은 연출가들의 새로운 시도들이 적극적으로 수용되어 연극계에 새로운 활기를 불어넣었다. 예브레이노프Евреинов, Н. Н.가 연출한 〈겨울궁전의 점령Взятия Зимнего дворца〉은 혁명의 전설을 무대에 재현한 작품이었다. 당시 무대감독인 아네코프Ю. Анненков에 의하면 이 연극에는 오케스트라만 500명 이상, 전체 출연자는 8,000명이 넘었다고 한다. 메이에르홀드는 〈미스테리야 부프〉 등의 작품을 연출하며 연극계의 혁신을 시도하고 세계연극계를 자극하는 이론을 확립하지만, 연극의 사회주의적 사실주의를 확립하려는 국가적 의도에 부합하지 않아 스탈린 암흑기에 한 방의 총성으로 사라진다. 그의 연출이론과 방식은 1967년 이후에야 다시 등장한다.

1931년에는 연극계의 활발한 움직임에 힘입어 모스크바 국립중앙인형극장이 창설되어 오브라스초프Образцов С. В.를 중심으로 옛 러시아 전통을 잇는 인형극이 만들어진다. 환상의 세계와 현실 풍자까지 포함한 수준 높은 인형극이 만들어지고 현재까지도 세계적으로 그 명성을 떨치게 된다.

스탈린 시기에 연극은 긴 침체기를 겪는다. 메이에르홀드의 숙청은 많은 연극인들을 경직시키고, 새로운 시도를 두려워하게 하였다. 이러한 두려움은 19세기 스타니슬라프스키의 연출 이론을 다시 활성화시켰고, 이후 1940~50년대에 세계대전의 영향으로 더욱 경직된 이데올로기는 극작 활동을 침체기로 몰아넣었다. 스탈린 사후에 연극계는 활기를 찾기 시작했다. 1920년대 실험적 연극이 부활하여 예프레모프의 사브레멘니크 극장이 두각을 드러내기 시작했다. 1960년대 해빙기는 모스크바의 타간카 극장, 페테르부르크의 고리키 극장에서 스탈린 주의를 비판하고 선전과 이데올로기가 목적이었던 극에서 벗어나 정통 예술극들을 선보였다. 해빙의 분위기를 타고 마야코프스키의 미공개 작품들도 대중에게 알려졌고, 브레히트, 사르트르, 밀러, 뒤렌마트 등 유럽의 작품들도 다루어졌다. 콜호즈를 중심으로 하는 아마추어 연극인들도 정부 보조금으로 작품활동을 할 수 있는 기회가 주어졌으며, 아동극도 활발하게 개발된다.

브레즈네프 정권기에 결빙은 연극계에 검열의 바람을 불러온다. 타간카 극장의 연출가 루비모프는 새롭게 찾아온 경직의 시기에 표현의 자유를 추구하다가 결국 서방으로 망명한다. 고르바초프 정권이 들어서 개혁의 분위기가 조성되자 예프레모프 연출의 〈은혼식〉, 자하로프 연출의 〈양심의 독재〉, 포킨 연출의 〈말하라!〉 등의 정치극이 쏟아져 나왔다. 자하로프 등의 연극인들이 모여 연극에의 검열폐지를 주장했고, 1987년부터 점차적으로 검열을 하지 않은 극이 무대에 올라 연극계의 자유가 시작되었다.

극의 내용뿐만 아니라 장르에서도 발전하여 기록연극, 음악극, 뮤지컬, 다른 예술 장르와의 교류가 성행하였고, 연출, 연기, 무대예술 등이 발전하여 기존의 전통성과 현대적인 요소들이 조화를 이루게 된다. 그런데 연극이 누리는 새로운 자유의 시간은 오래가지 않았다. 극단의 운영에서 정부의 지원은 점차 중단되고 살아남기 위해 자본주의를 수용해야했다. 극장은 관객의 기호에 맞춰 연극의 상업성을 고려하기 시작한다. 물론 서유럽이나 미국의 브로드웨이로 상징되는 공연들에서 상업주의 연극의 역사는 훨씬 길다. 이미 상업주의 연극에 반대하는 비판적이고 실험적인 연극들까지도 나온 지 오래다. 연극이 관객을 소비자로 인식하여 화려하고 재미있는 요소들로 포장하여 흥미를 자극하며 사랑받아 왔다. 상업주의 연극이 모두 예술성을 고려하지 않는 것도 아니다. 고전극에서 인정받은 작품들도 영화를 능가하는 거대 규모의 연극으로 제작되어 세계 곳곳의 무대에서 선보여지고 있는 것도 사실이다.

그러나 러시아 연극의 전통과는 매우 동떨어진 현상인 것도 사실이다. 최근 러시아 극장의 티켓 판매액을 보면, 러시아 국내에 계속되는 경제적 불안을 뒤로하고 매우 높은 성장률을 보이고 있다. 물론 예전과는 비교도 할 수 없을 만큼 티켓 자체의 가격이 오르기도 했지만, 엄청난 가격임에도 불구하고 인기를 얻은 작품은 표를 구하기도 어려울 정도이다. 연극을 위한 극장에도 많은 변화가 있었다. 모스크바예술극장, 소브레멘닉과 같은 전통을 잇는 극장도 있지만 렌콤, 포멘코와 같이 볼쇼이극장을 능가하는 규모의 화려하고 현대적인 시설을 자랑하는 극장들도 생겨났다. 렌콤과 포멘코의 프로그램은 큰 인기를 누리고 있을 뿐만 아니라 표를 구하기 위해 에이전시에 수수료를 붙여 내고 구하기도 한다. 몇몇의 새로운 극장들의 상업주의 연극은 '노브이 루스키'라고 불리는 젊은 러시아인, 부유한 젊은이들의 소비 기호에 맞추고 있음은 놀라운 현상 중의 하나이다. 그러나 아직은 러시아 전역에 분포하는 120여개의 극장 중 그들 극장의 비율은 매우 낮다는 것에 러시아 연극의 희망을 걸어볼만하다.

현재 러시아에서 주로 상연되는 작품은 매우 다양하다. 이미 오랫동안 관객들에게 인정받아 온 러시아와 서구의 고전작품 혹은 코미디, 미스터리, 멜로드라마와 같은 현대적인 장르이거나 혹은 고전작품과의 소통으로 새롭게 태어난 흥미로운 요소를 부각시킨 작품들, '노바야 드라마'라고 불리는 기존 극장의 고전적인 프로그램에 대한 불만으로 매일 일어나는 새로운 이야기를 새로운 연극언어로 표현하며 알리고자 하는 젊은 극작가들의 상업성을 배제한 작품들도 있다.

〈참고문헌〉

* https://ru.wikipedia.org/wiki/%D0%A1%D0%BA%D0%BE%D0%
BC%D0%BE%D1%80%D0%BE%D1%85

* http://terms.naver.com/entry.nhn?docId=1167357&cid=40942&
categoryId=33091

* 러시아 유라시아 연구사업단. 『현대러시아 대중문화의 양상과 전
망』, 한국학술정보, 2010

* 강윤희 외. 『현대 러시아 문화연구』, 한울, 2009

* 장진헌 편. 『러시아 문화의 이해』, 학문사, 2003

12. 사회정책

1. 주택, 보건, 교육

산업혁명 이전의 제정 러시아는 낙후된 농업국가의 전형적인 특징을 지니고 있었다. 제정 러시아 국민의 대다수를 차지하는 농노들은 자신들 스스로 집을 마련해야 했으며 먹거리에 관한 문제도 직접 해결해야 했다.

표트르 대제 시절부터 러시아 황실은 적극적인 서구화를 시도했지만 그것은 산업 · 외교, 군사기술, 문화 등에 한정되어 있었다. 러시아의 국민 복지에 관련된 제도가 급변하게 된 것은 말 그대로 '러시아 혁명'에 이르러서였다.

1917년 일어난 10월 혁명에 의해 짜르 황실을 물러나게 하고 정권을 잡은 볼셰비키 세력은 공산주의 체제를 러시아에 적용시켰다. '함께 벌고 함께 쓰는' 공산주의 이념 하에서 러시아 국민들은 무상으로 제공되는 주택, 보건, 교육 서비스를 이용할 수 있었다.

다른 무엇보다 주택이 무상으로 제공되는 것은 혁명적인 변화였다. 세계의 다른 모든 지역에서 그러하듯이 소련에서도 공업화와 산업화가 진행되며 많은 인구가 도시로 집중되었다. 급증하는 인구에게 주택을 제공하기 위해 소련에서는 도시에 아파트를 급조했다. 급조된 아파트는 비록 질은 낮았지만 무상으로 제공되었기 때문에 큰 호응을 받았다. 서구권 나라에서 아파트를 잘 찾아볼 수 없는 것과 비교할 때, 도심에 밀집된 아파트는 러시아 주거문화의 특징 중 하나가 되었다.

소련 붕괴 이후 러시아 정부는 심각한 재정난을 겪게 되었다. 모든 사회 시스템이 자본주의 물결에 휩쓸리며 주택 역시 중앙정부가 제공하는 무상주택에서 사유주택으로 개념이 변했다. 이러한 혼란 속에 러시아 연방 정부는 주택문제 책임의 일부를 지역 정부로 떠넘겼다. 주택의 사유화는 점차 확대되어 1990년대 중반에는 러시아 전체 주택의 30% 정도가 사유주택으로 전환되었다. 이러한 주택의 사유화와 시장 경제에 따른 주택가격의 상승은 자본주의 도입에 대한 러시아 국민들의 혼란과 과거 소련 시대의 향수를 불러일으켰다.

옐친 대통령은 주택을 포함한 재산 사유화와 물가·임금 등에 대한 포고령을 발표하고 개혁을 가속했다. 동시에 러시아 정부는 국민들의 혼란을 줄이기 위해 외국 자본을 끌어들여 임대 주택 건설에 대대적으로 나섰다. 그러나 현재까지도 러시아 주거의 여건은 열악하다. 임대 아파트의 경우 대부분 매우 협소한 면적의 집에 여러 가구가 함께 사는 경우가 많으며, 상하수도 등 기본적인 시설조차 갖추어지지 않은 집들도 많다. 더욱이 임대주택 신청 조건 중 하나가 '결혼한 부부'로서, 결혼을 하고 따로 살다 이혼하는 등 높은 이혼율의 원인이 되고 있으며, 이러한 러시

다차

아의 열악한 주거환경은 저출산의 원인 중 하나로 지목받고 있다.

러시아 주택의 또 다른 특징 중 하나는 '다차'라는 이름의 별장이다. 소련 정부는 러시아 국민들에게 시골의 일정한 규격의 토지를 배정했다. 다차는 이 토지에 별장을 세운 것이다. 그러나 '다차'는 서유럽의 수영장이 딸린 아름다운 별장의 개념은 아니다.

주로 텃밭과 통나무집으로 구성되어 있으며 여름 휴가기간에 가서 휴식과 더불어 겨울 양식을 준비하도록 제공된 토지개념이었다. 인구에 비해 광대한 영토를 가진 러시아와 공산주의 시스템이 만났기에 가능한 주거문화라고 할 수 있다.

소련 시절 러시아 국민은 모든 의료 서비스를 무상으로 누릴 수 있었다. 공산주의 체제 적용 이후 러시아인의 평균 수명이 30년 이상 증가한 것은 소련의 보건 시스템의 효율성을 단적으로 보여주는 수치이다.

그러나 1991년 러시아 개방 이후 모든 체제가 공산주의에서 자본주의 체제로 바뀌면서 이전의 보건 시스템이 붕괴하기 시작했다. 국가에서 무상으로 제공되는 국영병원의 의료 서비스의 질은 저하되었다. 우수한 의학 연구자들이 해외로 빠져나가면서 의료진의 인원수 부족 현상이 발생되고 있으며, 공산주의 시절에 건설되었던 병원과 의료 장비들은 이제 낙후되어 적절한 서비스를 제공하지 못하고 있다. 그나마 새로 생긴 병원과 우수한 의료 시스템은 시장 경제에 의해 비싼 진료비를 지불해야 이용할 수 있다. 이처럼 열악한 러시아의 보건 시스템은 1990년대 들어 오히려 러시아의 인구가 줄어드는 기현상을 낳았다.

현재 러시아 정부는 기본적인 의료 서비스만 정부에서 제공하고 그 외 의료 서비스는 개인이 담당하되 의료보험 가입을 통해 그 부담을 줄이는 것을 기본 방침으로 하고 있다.

러시아 보건의 열악성은 의료 서비스의 수준에만 기인하지 않는다. 공산주의 시절 무상 의료 서비스 체제 하에서 러시아 국민들은 가벼운 질병이나 상처도 병원에 가서 치료 받는 습관을 가지게 되었다. 개방 이후에도 러시아 국민들은 여전히 병원을 자주 찾고 있으며, 개방 이후 낙후된 의료 시스템과 맞물려 러시아 보건의 열악성은 더욱 심화되고 있다.

그 외에도 러시아 국민의 심각한 수준의 알코올 중독은 러시아 보건의 큰 문제로 거론되고 있다. 러시아 정부는 러시아 국민의 알코올 중독 문제를 해결하기 위해 많은 노력을 기울이고 있다. 금주령, 주류 광고 금지령, 주류 세금 부과 등이 이러한 노력의 일환이다. 뿐만 아니라 민간단체에서도 알코올 중독 금지를 위한 교육과 캠페인을 벌이고 있다. 그러나 러시아 경제에서 주류 시장이 차지하는 비중과, 러시아 정부의 연간 세수에서 주류세가 차지하는 비중 때문에 적극적인 금주 정책을 시행하기는 어려운 입장이다. 통계에 의해면 러시아 인구의 약 15%가 알코올 중독으로 확인되고 있다.

소련의 교육 시스템은 사회주의 이념의 편향성에도 불구하고 전 세계적으로 인정을 받는 우수한 체계를 갖추고 있었다. 소련의 모든 부모들은 일을 나갈 때 무상으로 제공되는 탁아소에 아이들을 맡겼다. 아이들은 부모가 퇴근 후 돌아올 때까지 탁아소의 자유로운 환경과 열정적인 선생 밑에서 자신의 재능을 발견해갈 수 있었다.

초중고등학교에 해당하는 청소년 교육기관 또한 무상으로 제공되었다. 엄격하고 철저한 학업 분위기와 실용 기술에 중점을 둔 중등교육기관의 시스템은 우수한 학생들을 배출했다. 이러한 무상교육제도의 근간

러시아 유치원

에는 러시아 여성들을 노동자원으로 활용하기 위한 소련의 의도가 숨어 있었다.

2차례의 세계 대전의 참전으로 인해 러시아는 노동인구 부족에 시달렸고, 러시아 여성들은 훌륭한 노동 자원이었기 때문이다. 의도야 어찌 됐든 우수한 무상교육 시스템을 갖추고 있었던 러시아 교육제도는, 소비에트 연방이 해체되며 흔들리게 되었다. 내용면에 있어서도 공산주의 편향적인 이념들을 제거하고 서유럽의 시민사회에 대한 내용들이 포함되기 시작했다.

현재 러시아 교육 시스템은 많은 어려움에 처해있다. 국가에서 제공하는 탁아소나 중등교육기관들은 낙후되기 시작했고 재정난에 허덕이는 연방 정부의 공교육 수준은 질적으로 저하되고 있는 실정이다.

시장경제 논리에 따라 사립 유치원과 초중고등학교가 들어섰으며 우수한 교사들은 사립학교로 빠져나가고 있다. 대학교 등의 고등 교육기관 또한 이러한 상황을 피해갈 수 없다. 우수 교수진과 학생들이 대거 해외로 이동하면서 대학교의 교육환경 또한 열악해졌다. 그 결과 성숙한 시민사회의식을 함양시키고 사회 각 분야에 필요한 전문가를 배출해야 할 대학이 그 기능을 제대로 감당하지 못하고 있다는 비판이 나오고 있다.

2. 러시아의 법

소련의 붕괴 이후 러시아는 조금씩 달라지고 있다. 입법 배심원 제도도 그렇고, 사유권 보장도 그렇다. 행정의 투명성을 위한 노력도 하고 있다. 사법권의 투명성과 개혁을 위해 KGB의 명칭부터 시작하여 기본적인 틀까지 바꾸기도 했다. 했다. 하지만 그런 달라짐이 오히려 과도기적 혼란을 일으키고 있는 것도 사실이다. 대표적인 예가 범죄의 증가이다. 조직범죄의 증가도 심각하다.

"러시아는 광대하고 짜르는 멀리 있다" 러시아의 속담은 러시아인의 법에 대한 의식을 보여주는 전형적인 말이기도 하다. 제정 러시아 시기부터 러시아의 광대한 영토에 넓게 퍼져 살고 있는 러시아인들은 법에 의해 통치를 받는다는 관념이 약했다. 희박한 준법 의식은 소련이 들어서면서 다른 모양으로 나타났다.

엄격한 법의 통치 아래에서 정부가 구성되고 운영되는 것이 아니라 소련 정부가 법 위에 서서 국민들을 통치하는 방편으로 법을 활용했기 때문이다. 즉 러시아에서 법은 '러시아 인민을 다스리는 도구'로써의 성격이 더 강했다. 그러다보니, 공산주의 체제 하의 러시아에서는 사법권과 사법기관의 힘이 막강했다.

대표적인 예가 바로 KGB이다. 소련의 KGB는 국내 범죄를 담당하는 안보부, 그리고 대외적인 첩보 공작활동을 담당하는 대외정보국으로 구성되어 있었다. 특히 KGB 산하 안보부의 악명과 전횡은 유명했다. KGB 외에도 러시아 검찰의 막강한 권한 행사, 러시아 사법부의 죄인에 대한 강도 높은 처벌 등은 러시아의 법이 가지는 특징 중 하나였다. 소련은 많은 인원을 사형시키며 국제적 악명을 얻었으며, 감옥의 열악한 시설과 교도소 내 환경도 비판의 대상이 되었다.

현재까지도 러시아 국민들은 일상생활이나 경제활동, 기업 운영에 있어서 법률과 규정을 무시하고 행동하는 경향은 강하다. 러시아 행정부의 부패도 매우 심한 것으로 알려져 있다. 일반 행정기관의 기본적인 서비스를 이용할 때조차도 러시아 국민들은 법이 규정한 범위 외의 대가를 지불해야 한다고 알려져 있다. 행정기관 뿐 아니라 입법기관인 의회에서의 부패도 만연한 상태이다. 뇌물로 해결이 안 되는 경우는 암살도 자행되는데, 의회의 의원들이나 언론인들 뿐 아니라 외국의 자본가들도 암살당하는 경우도 있었다.

현재 러시아는 이러한 부패를 씻어내기 위해 많은 노력을 기울이고 있다. 과거 공포의 대상이었던 KGB를 1993년 개혁하였다. KGB 산하 국내 범죄 담당으로 많은 전횡을 일삼았던 안보부를 해체시키고 연방보안국을 신설했다. 연방보안국은 국내의 어떤 정치적 공작도 배제된 채 단순한 국내 치안유지 업무만을 담당하는 정보기관으로 재탄생했다.

기존의 강력했던 사법권도 축소시키고 사법부가 러시아 행정부의 통제로부터 벗어나 독립적인 업무를 수행하도록 시스템을 개선했다. 배심원 제도를 도입하여 판사의 전횡을 막고 러시아 국민들에 의한 판결이 이루어지도록 재판제도도 개선했다. 그 뿐 아니라 러시아 정부는 개인의 소유권을 인정하는 지적재산권, 소비자보호법, 사유권 등의 법을 제정하고 강력하게 시행했다. 이는 러시아가 공산주의 체제에서 벗어나 국제 시장경제에 편입하기 위함이었다.

그러나 이러한 러시아의 법 제도 개선은 여전히 분명한 한계점을 가지고 있다. 사법권의 자율성을 보장했으나 여전히 검찰은 초법적인 권한을 행사하고 있다. 또한 유무죄의 판결은 배심원에게 맡긴다고 해도 형량을 결정하는 판사들은 여전히 뇌물의 유혹과 관습에 노출되어 있다. 더욱이 공산주의가 폐지되면서 기존 무상으로 제공되었던 많은 복지 관련 시스템이 낙후되거나 시장 논리에 따라 제공되면서 러시아 사회는 혼란에 빠져들었다. 많은 러시아 국민들은 이전보다 열악한 환경에 처하게 되었다. 반면 법에 의한 처벌의 강도는 완화되었다. 이 두 가지 요인이 맞물려 러시아의 범죄 문제가 급증했다.

러시아가 개방되고 경제 체제와 법적 시스템들은 급격하게 서구의 그것을 따라가고 있었지만 러시아 국민들의 의식은 쉽게 바뀌는 것이 아니었다. 자유 시장경제에 따른 자율적인 경쟁에 대한 기본적인 개념과 윤리의식이 부족한 상태에서 하루아침에 실직자가 된 러시아인들은 생활난에 허덕이게 되었다.

더욱이 러시아 정부의 자녀에 대한 무상교육 지원이 줄어들자, 러시아 여성들은 구직과 생업, 가사부담이라는 이중고에 빠지게 되었다. 서구적 시민의식과 준법의식이 부족했던 상태에서 경제난에 몰리게 된 러시아인들이 범죄에 손을 댄 것은 자연스러운 일이었다. 게다가 옐친이 집권하던 시기 러시아 정부는 개인의 총기 소유를 허가하는 법안을 통과시켰다. 개인의 총기 소지는 러시아 내에서의 범죄율의 상승을 더욱 부추겼다.

개인 뿐 아니라 러시아의 기업들도 자본주의의 홍수 속에서 막대한 이윤을 확보하기 위해 불법적인 일을 자행했다. 특히 사기업들은 범죄단체와 손을 잡고 각종 비리를 자행했으며 이는 러시아 내 범죄조직의 증가에도 기여했다. 러시아에는 대략 5000여개의 범죄조직이 활동하고 있는 것으로 파악되며, 러시아 내 기업들 중 70%에 이르는 많은 기업이 이러한 범죄조직에 연루되어 있다. 특히 독립과 반군활동, 테러 등으로 혼란스러운 상태인 체첸 지역은 러시아 마피아의 왕성한 활동지역 중 하나이다.

3. 러시아의 과학

현재 우주과학 기술에서 미국의 영향력은 압도적이다. 그러나 약 반세기 전으로 시계를 돌린다면, 공산주의 국가 소련의 능력을 경험하게 될 것이다. 인류 역사상 최초의 인공위성*을 발사한 나라도 소련이었으며, 우주에 최초로 인류**를 보낸 나라도 소련이었다.

냉전시기 미국과 소련은 우주라는 새로운 영토를 놓고 첨예한 대립을

---

* 스푸트니크 1호는 1957년 10월에 발사되었으며 96분마다 지구 궤도를 한 바퀴씩 돌았다. 스푸트니크 2호는 최초의 생명체인 '라이카'라는 개를 태우고 발사되었다. 이후 8회의 스푸트니크 우주비행이 시도되었다.

** 유리 알렉세예비치 가가린Юрий Алексе́евич Гага́рин (1934-1968) 인류 최초로 지구 궤도를 돈 우주비행사로서 1968년 비행 훈련 중 추락 사고로 사망했다.

하였다. 이 두 나라의 가장 강력
한 무기들은 최첨단의 과학기술
이었으며, 미국이 응용과학 위
주의 실용학문이 기술의 중심이
었다면, 소련은 기초과학을 모
태로 한 이론학문이 그 중심을
담당했다.

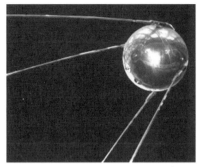

스푸트니크 1호

소련이 당시 과학 분야에 엄
청난 투자를 한 이유는 물론 미국과의 우주라는 미지의 영토 확보에 대
한 경쟁에서 반드시 승리해야 한다는 측면이 있었다. 국가 간 자존심 문
제도 한몫을 했다. 그러나 실질적으로는 과학 기술이 결국 군수 산업의
발전에 결정적 열쇠이기에 냉전에서 승리하기 위해서는 발전된 과학 기
술을 통한 새로운 군수물품의 확보가 그 목적이었다.

어찌되었건, 항공우주 기술 발달, 군수 산업의 발전을 도모하기 위해
소련이 추진한 기초과학 발전 정책들은 훌륭한 결과물들을 양산하였다.
그리고 그러한 결과물들은 공산주의 시절, 소련의 가장 강력한 장점의
하나로 손꼽히게 되었다.

그러나 소련 붕괴이후 러시아 과학은 국가의 재정지원 철폐, 실패한
세대교체로 인한 타국과의 과학 경쟁력 약화에 시달렸다. 낮은 임금과
연구의 비효율성은 연구 인력의 국외 탈출로 이어졌다. 연구인력 뿐만
아니라 연구기관 자체도 소련 시절 국가에서 공식적으로 지원을 받는 연
구기관이 1500여개 이상이었지만, 소련 붕괴이후 대부분이 실질적인 지
원을 받지 못하고, 겨우 250여개의 연구기관만 살아남았다.

푸틴시대를 맞이해서 과학 기술에 대한 새로운 지원정책들이 논의되고 있다. 푸틴정부는 자원과 더불어 과학 기술이야 말로, 러시아의 미래라고 공언할 만큼 과학의 현대화에 투자를 집중하고 있다. 특히 급변하고 있는 과학 기술 시대에 새로운 신진 과학 연구 세대의 육성은 당면한 러시아의 시급한 문제로 인식되고 있다.

현재 러시아의 과학 전문 연구 인력은 858,000명이며 그 중 663,000명은 국립 기관 소속이다. 그중 중앙정부가 특별 관리하고 있는 과학 아카데미 소속은 110,000명에 달한다.

중앙정부는 연구자들의 월급을 상향조정 하였으며, 과학 아카데미 산하 연구 기관들의 경우 기초 및 응용과학 기관들을 과학 아카데미의 틀 안에서 통폐합하고 대학과 같은 교육 기관과 연구소들의 통합을 추진하였다. 또한 응용과학 연구 센터를 기반으로 국립 연구소도 세웠다. 이들 연구소들을 국가 기업의 형태로 경제 분야의 성장을 유도, 자극할 수 있는 신기술의 강화와 개발을 담당하게 하였으며, 핵심 연구 분야 항공 기술, 핵 에너지, 무기와 군기술, 우주과학, 생명 공학과 신소재 개발에 집중하도록 하였다.

4. 러시아의 여성

러시아 여성에 대한 이미지는 2가지의 대조적인 모습으로 나타난다. 낙후된 농업 국가였던 러시아가 제국주의 열강들과 어깨를 나란히 하기까지 소련의 경제·군사적 발전을 이끌었던 강력한 산업역량으로서의

여성상이 첫 번째이다. 두툼한 옷을
입고 힘차게 일하는 여성 노동자들의
모습은 소련의 여러 포스터와 사진에
서 나타났다.

　두 번째는 하얀 피부와 금발, 큰 키
와 긴 다리, 깊고 푸른 눈동자와 균
형 잡힌 몸매 등으로 대변되는 미인
의 이미지이다. '루스까야'라고 불리
는 러시아 여성들의 미모는 유명하여
많은 세계적인 모델들을 배출했다.
이러한 러시아 여성들에 대한 두가
지 상반된 이미지는 러시아 정교라

2차 세계대전 때의 여성 저격수들

는 엄격한 종교체제 하의 제정 러시아, 스탈린 독재체제, 개방과 서구 문
물의 유입 등 여러 과정을 거치면서 형성되었다.

　전통 러시아에서 여성의 지위는 매우 낮았다. 가부장적인 관습과 사
회 내에서 여성에 대한 차별도 심했다. 그러나 러시아 혁명 이후 여성에
대한 시각과 사회적 위치는 조금씩 변화 되었다. 하지만 그것은 여성의
정치적 법적 지위를 향상시키기 위함이 아니었다. 공산주의 체제 하에서
여성은 우수한 노동 자원으로 판단되었기 때문이었다. 특히 세계 2차 대
전에서 후발 산업 국가였던 소련이 독일을 상대하기 위해 사용했던 인해
전술, 스탈린의 강제이주노동정책 등은 많은 남성들을 죽음으로 몰아넣
었다. 이에 따라 여성의 노동력 경제적 가치는 상승하게 되었다.

　소련 정부는 여성들을 산업 현장에 끌어들이기 위한 법적 제도와 장

하리톤 플라토노프, 옥사나, 1888년

치를 마련했다. 공산주의 이념 하에서 남녀의 평등을 강조하고 성 평등 인식을 확산시켰다. 여성에게 균등한 교육 기회를 부여하고 노동과 임금을 남성과 동일하게 지급할 것을 법으로 명시했다. 또한 여성에게 참정권을 부여하고 자유롭게 이혼과 임신 중절을 할 수 있음도 인정했다. 뿐만 아니라 소련은 우수한 탁아시설과 초중등 교육기관을 무상으로 제공했다. 이는 여성들의 가사부담 경감으로 이어졌고 여성들의 자유로운 경제활동 참여를 가능하게 했다.

그러나 공산주의 체제 하에서 여성의 경제 참여는 한계가 있었다. 법률상으로 모든 직업은 여성에게 평등하게 열려 있었지만 실제 국가기관이나 기업의 요직은 여전히 남성들의 전유물이었다. 여성들은 대부분 저임금 단순직종에 종사하였으며, 노동조합 내에서 여성은 조합 내 정책과 방향을 결정할 수 있는 위치에 오를 수 없었다.

소련 붕괴 이후 러시아 여성들의 경제활동은 오히려 과거보다 위축되었다. 자유경제체제 하에서 많은 여성들이 실직하게 되었다. 기존에 무상으로 제공되던 복지제도가 러시아 정부의 재정난으로 폐지되거나 축소되고 물가가 급상승하자 러시아 여성들은 가사부담도 함께 짊어져야 했다. 그 과정에서 자본주의의 물결은 러시아 여성의 상품화를 부추겼다.

열악한 노동 여건과 성 상품화를 개선하기 위해 러시아 정부는 노동법에 '여성의 장'을 포함시켰다. '여성의 장'에는 산업 현장에서 여성이 당할 수 있는 성 차별 금지조항, 그리고 출산 및 육아 관련 휴가를 보장하는 내용도 담겨 있다. 그러나 이와 같은 법적 조치에도 불구하고 남편의 폭력으로부터 아내를 보호할 수 있는 법 조항도 하원에 제출되었지만 기각된 것은 아직까지도 존재하는 러시아 내에서 여성에 대한 인식의 단면을 보여준다.

러시아 여성들의 정계 진출도 제한적이다. 소련 시기 공산주의 이념하에 여성 평등을 지지하는 몇몇 공산주의 정당들이 러시아 하원의 '쿼터 제도'로 의석을 배당한 것이 러시아 여성의 정치 진출의 전부였다. 쿼터 제도가 없는 러시아 상원에 여성 의원은 현재까지도 한두 명에 불과하다. 이러한 모습은 러시아 개방 이후에도 큰 변화가 없다. 이러한 사회 인식과 낮은 법적 지위를 개선하기 위해 개방 이후 러시아에서는 여성단체들이 조직되어 활동하고 있다.

러시아의 성에 대한 인식은 한국의 성 인식에 비해 매우 개방적이다. 이 차이를 보여주는 예는 사전에서도 확인된다. 러시아어 사전에서 순결을 의미하는 단어인 '치스토차'는 육체적인 순결이 아니라 정신적이고 도덕적인 순결을 의미한다. 따라서 러시아인들은 혼전순결이나 처녀성에 대해 비교적 중요하게 생각하지 않는다. 이처럼 성에 대해 개방적인 인식을 가지고 있다 보니 처음 성 관계를 경험하는 시기도 매우 빠르다. 한 통계조사에서 러시아 남성의 경우 80% 이상, 여성의 경우 50% 이상이 19세 이전에 성관계를 경험했다고 응답했다.

고등학교 졸업 전에 혼인을 하는 경우도 종종 있다. 조숙한 시기에 잦은 성 관계를 맺다 보니 러시아 내에서의 낙태율도 매우 높다. 러시아의 낙태는 300 만 건에 이른다고 한다. 이 수치는 러시아 전체의 신생아 출생 건수의 절반에 이르는 것으로, 통계상 러시아에서 태어나는 아이의 절반이 낙태된다는 것이다. 이러한 통계 또한 러시아 가족계획협회의 적극적인 피임에 대한 홍보 결과 절반으로 줄어든 수치라고 하니 러시아에서의 낙태율이 얼마나 심각한지 알 수 있다.

개방적인 성 관념 덕분에 러시아에서의 결혼과 이혼 또한 비교적 자유로운 편이다. 결혼을 집안간의 문제로 인식하는 한국과 달리 러시아에서는 공산주의적 여성 해방론을 근거로 '남성과 여성 두 사람만의 동의로 결혼과 이혼이 가능하다'라는 인식이 정착되었다. 결혼을 신성시하거나 가족 공동체를 소중히 여기는 전통적 관념이 사라지고, 여성들이 적극적으로 경제활동에 참여하면서 공산주의 체제 하에서 이혼은 제정 러시아 시기보다 쉬워졌다. 러시아 개방 이후 경제난과 여성의 상품화, 조기 혼인, 알콜중독 등을 이유로 러시아의 이혼율은 더욱 높아졌다. 현재 결혼한 부부의 1/3이 이혼하고 있는 것으로 집계된다.

결혼과 이혼에 대해 비교적 자유롭게 생각하는 것과 달리 러시아인들의 자녀에 대한 관심은 매우 높다. 특히 러시아 여성들의 자녀에 대한 모성은 유명하다. 자신이 누리지 못해도 자녀들에게 좋은 것을 제공해주려는 희생적인 모습을 쉽게 찾아볼 수 있다. 그러나 개방 이후 러시아 여성들은 축소된 복지혜택과 늘어난 가사부담, 실직의 위기로 인해 자녀 양육에 많은 어려움은 심화되었다.

러시아 여성의 뛰어난 미모, 개방 이후 러시아 사회의 혼란과 성 상품화, 가중된 가사 부담, 실직 등으로 인해 많은 러시아 여성들이 매춘에 손을 대고 있다. 이는 하나의 사회 현상으로까지 확산되며 러시아 사회의 문제로 대두되었다.

특히 '인터걸'이라고 불리는 러시아 매춘의 한 형태는 직업으로까지 인식되었다. 개방 이후 실직자의 70%가 여성일 정도로 열악한 직업 환경과, 자본주의 소비문화에 의해 러시아 여성들은 인터걸 이라는 '새로운 직업'에 내 몰렸던 것이다.

인터걸 외에도 역 주변 등지에서 사람들을 유혹하여 성매매를 하거나 해외 원정까지 이루어지고 있다. 최근에는 유럽을 벗어나 한국이나 일본 등 동아시아의 유흥가에까지 해외 조직과 연계된 러시아 여성의 진출이 이루어지고 있는 실정이다.

러시아 마피아 및 한국의 조직과 연계에서 한국에 들어오는 러시아 여성의 경우 문화 비자로 들어오는 경우가 많은데, 이를 악용하여 러시아 여성들의 인권이 유린되는 상황이 발생하곤 한다. 본래 방문 목적과는 달리 강압적으로 성매매를 강요받기도 하기 때문이다. 현재 한국과 러시아 양국 정부는 이러한 러시아 여성들의 불법 입국과 성매매 문제를 심각한 문제로 인식하고 있다.

〈참고문헌〉

✻ 강윤희. 「체제전환기 러시아의 여성운동 활성화 현황과 전망: 여성 NGO를 중심으로」. 《국제정치논의》. 43-4 (2003)

✻ 김학준, 장덕준. 『현대 러시아의 해부』. 서울: 동북아역사재단, 2014

✻ 김혁 외 5명. 『러시아 인문가이드』. 서울: 문예림, 2013

✻ 김현택, 김선래. 『러시아는 어디로 가는가?』. 서울: HUNE, 2014

✻ 김현택 외 4명. 『붉은 광장의 아이스링크』. 서울: HUNE, 2008

✻ 요네하라 마리. 『러시아 통신』. 서울: 마음산책, 2011

✻ 정재원. 「러시아 사회복지정책의 변화: 세계자본주의체제와 국가 신자유주의의 영향」. 《중소연구》. 38-2 (2014)

13. 정체성

러시아의 위치

　러시아는 유럽 국가인가? 아니면 아시아 국가인가? 아니면…… 러시아는 러시아인가? 지상에서 가장 큰 영토를 보유한 러시아만이 가지고 있는 특수한 문제. 바로 정체성에 대한 문제는 러시아제국의 시작부터 제기되었던 문제였다.

　러시아의 정체성 문제는 과연 그들이 누구인가에 대한 의문점부터 시작해서 현재 어디로 나아가야 하는 것까지 포함하는 중차대한 문제이다. 또한 앞으로도 러시아 지성인들이 풀어가야 할 영원한 숙제이며 논쟁거리이다.

　러시아만의 정체성 문제는 크게는 두 가지 원인 때문에 발생하였고 확대되었다. 바로 지리적 환경과 역사적 배경이다. 첫 번째로 유럽과 아시아에 걸친 러시아의 영토는 러시아인들에게 유럽도 아닌 아시아도 아닌 혼란스러운 정체성 문제를 야기시켰다.

　러시아는 어느 시대에나 늘 유럽의 변방이었으며, 아시아의 변방이었다. 유럽의 제도와 문화를 수입했지만, 문화적 이질감을 완벽하게 해소할 수는 없었고, 아시아를 접하고 있었지만 그들이 만난 아시아 제도와 문화는 몽고와 중앙아시아라는 지역 테두리에 갇혀있었다. 그들이 유럽의 주류로써, 아시아의 주류로서 도약하기에는 분명한 한계가 있었다.

두 번째로 역사 또한 러시아인들에게 정체성 혼란을 확대시켰는데, 몽골의 침입으로 강제적인 아시아문화를 강요받았고, 나폴레옹의 침입으로 유럽 문화의 강한 압박을 경험했다. 거기에다가 동방정교의 계승자로서 '제3 로마론'은 정체성 혼란만을 가중시켰다.

넓은 영토와 다양한 민족을 가지고 있는 러시아가 성숙한 국가로 발전을 이루기 위해서는 이들 전체를 아우를 수 있는 정체성 확립은 필수조건이었다.

근대로 들어오면서 러시아는 유럽도 아닌, 그리고 아시아도 아닌 러시아만의 특수성을 자신들만의 정체성으로 확립하기 위해서 수많은 노력을 기울려 왔다.

19세기부터 불기 시작했던 슬라브주의의 부각, 이를 확대 재생산한 20세기 초의 유라시아주의, 그리고 소련 붕괴이후 다시 불기 시작한 신유라시아주의는 이러한 자신들만의 정체성을 확립하고 발전하기 위한 움직임이라 할 수 있다.

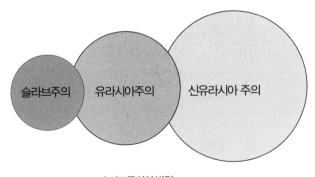

슬라브주의의 발전

1. 슬라브주의에서 신 유라시아주의로

19세기 전반 러시아사회는 조국전쟁과 니꼴라이 I 세의 전제정치로 인하여 사회갈등이 심화되었고, 이에 따라 러시아 지식인들은 해결방법을 찾기에 몰두하였다. 그들은 먼저 러시아의 현 상황을 철저하게 비판하고, 새로운 방향성을 제시하고자 했는데, 이때부터 서구주의와 슬라브주의의 본격적인 대립이 시작되었다.

서구주의자들은 유럽을 러시아 발전의 롤 모델로 설정하고, 더 가까이, 더 완벽하게 러시아의 유럽화를 꿈꾸었다면, 슬라브주의자들은 러시아가 가지고 있는 지리적, 문화적 특성을 인정하고 러시아만의 이데아를 꿈꾸었던 자들이라고 말할 수 있다.

19세기 당시 어려운 상황을 슬라브주의자들은 표트르 대제의 서구문물에 대한 무조건적인 도입과 이로 인한 러시아 전통의 파괴에서 시작되었다고 주장했다. 슬라브주의자들은 러시아가 어려움을 극복하고 오히려 발전하기 위해서는 러시아정교를 바탕으로 협동과 헌신을 통한 민족공동체로 나아가야 한다고 주장했다. 이는 러시아 정교의 협동과 헌신 사상이 농민공동체 '미르'mir에 이미 구현된 것으로 보았다. 그리고 이 공동체 사상이 러시아 전체와 더 나아가서 전 세계를 변화시킬 수 있는 열쇠라고 보았다.

이와 반대로 서구주의자들은 표트르 대제의 서구문명 도입 이후, 러시아는 진정한 국가로서 재탄생하였으며 성장의 기틀을 마련하였다고 여겼다. 사회적 혼란은 서구문명으로 인한 전통의 파괴에서 온 것이 아니라, 오히려 서구문명을 보다 더 적극적으로 도입하지 않았기 때문이라고 여겼고, 그래서 서구의 의회민주주의와 자유주의사상을 더더욱 적용 시켜야 함을 주장했다. 특히 개인의 성장과 성공을 통한 국가의 발전을 서구주의의 핵심으로 여겨서, 개인의 성장과 성공을 보장하는 제도적 완비 및 그 문화적 배경의 완성은 곧 러시아가 유럽의 완벽한 일원이 되는 길임을 주장했다.

물론 이 둘 사이에 차이점만 있었던 것은 아니었다. 슬라브주의와 서구주의 둘 다 시대에 뒤쳐져 있어서 아무런 희망도 제시하지 못하고 있는 짜르 체제 하의 러시아의 한계와 개인의 행복뿐만이 아니라 공동체의 성장도 가로막고 있는 농노제의 문제점을 극복하고자 했던 것은 공통점이라 할 수 있다.

이들의 주장은 '러시아의 정체성은 무엇인가?'에서 출발했지만, 결국 러시아의 정체, 경제, 사회, 문화, 예술에까지도 영향을 주면서 러시아의 근대화를 촉진시켰다.

크림 전쟁 패배와 베이징 조약 이후 러시아의 아시아 진출은 확대되었다. 서구주의와 슬라브주의는 러시아의 민족 정체성에 더욱 치중하기 시작했고, 새로운 전환점을 맞이하게 되었다.

유럽과 아시아 전체 포함하는 대륙. 유라시아Eurasia라는 명칭을 사용한 사람은 오스트리아 지리학자인 에른스트 주이스E. Zuiss였다. 그리고 이 용어를 러시아에 도입한 사람은 숩친스키П. П. Сувчинский을 비롯한 4명의 러시아 학자들이었다. 그리고 유라시아라는 개념을 공간의 의미뿐만이 아니라, 공동의 사회, 문화적 개념으로 확대한 사람들이 바로 러시아 유라시아주의자들이었다.

슬라브주의의 대안으로써 유라시아주의는 슬라브라는 혈통으로는 이미 제국으로 확대되어 민족적, 문화적 문제를 해결할 수 없음을 인정하는 것에서 출발하였다. 그렇다고 해서 유라시아주의가 슬라브주의를 완전히 벗어난 것은 아니다. 오히려 슬라브주의를 바탕으로 서구주의의 특성을 가미하는 방향으로 유라시아주의는 발전한다.

슬라브주의와 유라시아주의의 공통점은 러시아정교를 중심으로 하는 공동체주의를 핵심으로 서구문명을 한계를 가진 사회로 바라보고 대안점을 찾고자 했다는 점이다.

유라시아주의는 러시아를 유럽도 아닌 아시아도 아닌 '러시아는 러시아다!'라는 개념으로 규정하였다. 유라시아주의는 러시아인이 과연 유럽인인가? 아니면 아시안인가?에 대한 인류학적 문제에 대해서 오히려 그러한 규정이 무의미하며, 러시아인은 러시아인임을 주장했다. 이것은 슬라브주의의 혈통적 한계성으로는 제정러시아 사회에 참여하고 있는 모든 인종에 대한 관계성 문제를 해결할 수 없었기에, 보다 넓은 지역적 개념으로의 전환을 시도했음을 알 수 있다.

그리고 이러한 바탕위에서 유라시아주의자들은 문화 또한 재해석 하였는데, 러시아문화는 유럽이나 아시아의 변방 문화, 변종 문화가 아닌 그들만의 독창적이며, 독특한 러시아문화 그 자체임을 표방했다. 러시아문화를 바라보는 시야도 유라시아주의는 문화의 변방으로서 유럽 문화의 도입을 통해서 문화를 발전시켜왔다는 견지보다는 슬라브 민족의 고유성에 러시아정교의 공동체주의적 종교 특수성과 아시아의 문화의 도입이 상호작용을 하면서 독특한 문화를 형성해왔다고 주장했다.

유라시아주의자들은 몽골의 지배마저도 그것이 부정적이건, 긍정적이건 러시아 사회 발전에 분명한 역할, 특히 아시아를 이해하고 아시아를 품는 과정의 일단으로 보았다. 슬라브 민족의 정체성 대신 유라시아주의는 '다민족 정체성'을 택하였는데, 유라시아의 다민족 정체성은 계급 정체성을 중심으로 민족성 자체를 공산주의 정체성으로 통합하고자 했던 공산주의 사회에서는 받아들이기 쉽지 않았다.

20세기 초 슬라브주의를 확대 발전시키며 국가 발전의 주요이념으로 발전하고자 했던 유라시아주의는 공산주의 계급주의에 막혀 조금씩 그 영향력이 소멸되었다. 그러나 유라시아주의는 그대로 역사의 한 흐름으로 끝나지 않고, 소련의 붕괴와 더불어 부활하였다. 현대 러시아 사회의 가장 강력한 정책적 흐름의 한 이데아로 부활한 것이다.

신 유라시아주의는 고르바쵸프의 개혁 개방 정책에 대한 반감에서 출발하여, 옐친의 일방통행적인 서구주의의 실패에 따라서 급속하게 확대되었다.

고르바쵸프의 개혁 개방 정책은 노쇠한 공산주의의 변신을 위하여 추진되었지만, 실질적인 성과 없이 국가의 몰락의 한 원인이 되었다. 또한 옐친이 도입한 시장경제체제는 빈부간의 격차를 확대시킴과 동시에 국부의 해외 유출이 진행되는 등 오히려 적극적인 서구주의화에 따른 자본주의와 민주주의가 과연 러시아에 적합한가를 두고 논란을 가속시켰다.

무엇보다 러시아 국민들은 소련붕괴 이후 세계의 중심에서 변방으로 밀렸다는 자괴심에 빠져 있었고, 이것을 회복하기 위해서 추진했던 여러 서구화정책들이 실패함으로써 더 큰 좌절감에 빠져있었다.

신 유라시아주의는 이러한 논란 속에서 러시아의 새로운 대안으로써 급부상하게 되었다. 무엇보다 신 유라시아주의는 소련 시절, 세계 공산화라는 비전으로 전진했던 과거의 영광이 끝난 이후, 서구와 미국으로부터 유라시아를 지키는 것뿐만 아니라, 오히려 그들을 구원할 새로운 이데아로 제시되었다.

신 유라시아주의는 서구의 신자유주의를 근간으로 하는 세계화를 비판했는데, 이는 서구가 추구하고 있는 세계화가 소수의 다국적 기업의 환경 조성 역할에 충실할 뿐 진정한 세계화와는 거리가 멀다라는 인식을 가지고 있었다.

대표적으로 신 유라시아주의는 미국에 대해서 서구 신자유주의의 대부 일뿐이라는 비판적 견해를 표출했다. 미국이 주도하고 있는 탈 민족주의와 탈 지역주의라는 세계주의도 결국 미국 중심의 세계 재편의 다른 이름이라고 비난했던 것이다.

서구주의는 러시아가 서구화의 핵심인 자본주의와 민주주의, 더 나아가서 자유로운 경제정책, 자본주의 문화의 유입 등을 보다 강력하게 추진해야 함을 주장했다. 그래야만 잃어버린 시대를 되찾을 수 있을 것이라고 러시아를 설득하고자 했다. 이에 비해서 신 유라시아주의는 러시아는 결코 유럽의 변방이 아닌, 새로운 시대의 새로운 지도자로써의 성장할 충분한 재능이 있으며, 이를 위해서 오히려 러시아의 근간을 탐구해야 함을 강조했다.

1991년과 1992년 사이 서구주의를 대표했던 코지레프Andrei Kozyrev 전 외무장관과 가이다르Yegor Gaidar 전 제 1 부총리는 민족주의의 대표 주자들인 지리놉스키Vladimir Zhirinovsky, 주가노프Gennadii Zyuganov, 솔제니친Alexander Solzhenitsyn 등과 러시아의 미래에 대한 정책 대결을 진행하였다.

서구주의자들은 러시아가 서구 국가들과 현재보다 보다 더 친밀한 관계를 확보하는 것이 러시아의 미래를 위한 바른 선택임을 주장했다. 그리고 이를 위한 서구 국가들과의 협력 강화정책의 필요성을 역설했다.

이에 비해서 민족주의자들은 서구 국가들과의 협력 강화정책은 러시아의 특수성을 외면당하고 결국 그들의 체제 안에 굴복 당하게 될 것이라고 예견했다. 이에 서구 국가들과의 협력 강화정책이 아닌 러시아의 고유의 정체성을 확보하기 위한 정책을 시행하라고 요구했다.

그러나 이 정책 대결에서 민족주의자들은 무너진 경제에 대한 대안을 제시하지도 못했다. 또한 민족주의자들 사이에 과거 붕괴의 원인 제공자들인 소련 시대 특수층의 포함되어 있음이 알려지면서 민족주의자들의 의견들은 힘을 잃어갔다.

민족주의자들의 현실적인 한계와 대응 이론 부재는 신 유라시아주의자들의 성장에 촉매제가 되는 열쇠가 되었다. 신 유라시아주의자들은 민족주의자들의 한계를 뛰어넘어 새로운 러시아의 미래를 제시하고자 하였다.

특히 신 유라시아주의의 대두는 옐친 초기 외교, 경제 정책의 실패 이후, 급속도록 부각된다. 옐친정부는 초기 2년여 동안 친 서방주의를 내세우며, 경제의 활로를 모색했지만, 오히려 서방 국가들로부터 경제적 지원이 아닌 우회적 약탈을 당하였다. 경제적 어려움은 해소되지 못한 채, 옐친 정부는 수렁에서 헤매게 되었다.

대표적인 신 유라시아주의자들은 옐친의 자문위원이었던 스탄케비치 Sergei Stankevich와 외무장관과 총리를 역임한 프리마코프Evgeny Primakov 이다. 이들은 지금껏 홀대했던 아시아 태평양 지역에 대한 개발을 촉진하고자 했는데, 서구에 너무 치우친 정책은 오히려 러시아의 미래에 부정적인 요소가 될 것임을 주장했다.

미국과 NATO의 동진정책은 러시아의 서구주의자들의 입지가 좁아지게 되는 결정적인 원인이 되었는데, 신 유라시아주의자들은 서구의 압박을 이겨내는 길은 아시아에 있음을 표명하였다. 이러한 신 유라시아주의자들의 친 아시아적 정책 요구는 1993년 1월 "러시아 연방의 외교정책 구상"이 발표되면서 현실화되었다.

옐친 정부는 "러시아 연방의 외교정책 구상"을 통해서 러시아 외교의 중심을 아시아 국가들과의 협력체제 강화로 공식적으로 표명하였다. 이와 더불어 1993년 초 옐친 대통령은 '신 아시아 외교정책'의 요점을, "Россия идёт на восток"(러시아는 동쪽으로 가고 있다)라고 요약하였다.

1994년에 신 유라시아주의에 대한 흥미로운 실천적 제안이 이루어지는데, 놀랍게도 그것은 러시아가 아닌 바로 카자흐스탄이었다. 당시 러시아에서는 신 유라시아주의에 대한 학문적이고, 정치적 논의만 있었지, 이것을 구체적인 정책으로 만들지 못하고 있었는데, 카자흐스탄의 나자르바예프H.Назарбаев 대통령은 신 유라시아주의에 바탕을 둔 '유라시아 연합'을 제안했다.

이후 '유라시아 연합'은 푸틴시대에 들어와서 보다 실질적이고, 현실적인 정책으로 추진력을 가지게 되는데, 2011년 10월 푸틴은 "유라시아를 위한 새로운 통합안 - 오늘 탄생하고 있는 미래"Новый интеграционный проект для Евразии - будущее, которое рождается сегодня라는 기고문을 통해 유라시아 연합에 대한 새로운 안을 내놓았다.

푸틴은 먼저 러시아, 벨라루스, 카자흐스탄의 관세 동맹을 이룩하고,

이후 보다 높은 수준의 경제 통합을 이루어, 실질적이며, 현실적인 유라시아 경제 공동체를 만들어가자고 제의했다.

푸틴 시대, 신 유라시아주의는 경제적인 측면이나, 외교적인 측면에서 보다 확대되고 보다 심층적으로 나아가고 있다. 강력해진 국가 경제력과 군사력을 바탕으로 신 유라시아주의자들은 유라시아의 지역 한계를 중앙아시아에서 동북아시아로까지 확대하고자 하고 있다. 물론 신 유라시아주의의 이러한 지역팽창 논리의 확대는 무엇보다 러시아 중심의 제국주의 개념과 너무도 비슷하고, 이에 따른 서구의 신랄한 비판에 직면하고 있는 것도 사실이다.

〈참고문헌〉

* 김상현. 「러시아 문화사 강좌와 '러시아성' 주제에 대한 접근방법」, 《노어노문학》. 21-1 (2009)

* 김상현. 「19세기 러시아 제국의 형성과 러시아성 담론: Russianness 신화와 민족지 기행을 중심으로」, 《슬라브연구》. 27-4 (2011)

* 김우승. 「러시아의 새로운 정체성 모색 – 세계화인가 유라시아주의인가─」, 《담론201》. 9-3 (2014)

* 김학준, 장덕준. 『현대 러시아의 해부』, 서울: 동북아역사재단, 2014

* 김혁 외 5명. 『러시아 인문가이드』, 서울: 문예림, 2013

* 김현택, 김선래. 『러시아는 어디로 가는가?』, 서울: HUNE, 2014

* 김홍중. 「유라시아주의의 제 양상: 지정학에서 지역주의로」, 《노어노문학》. 26-4 (2006)

14. 경제

1. 소련의 사회주의 경제체제

(1) 전시공산주의

1917년 10월 혁명 성공 후 레닌을 중심으로 한 볼셰비키 집권세력은 곧바로 사회주의 경제건설을 위한 계획을 수립하여 추진 할 수 없었다. 구정권의 장교, 자본가와 지주계급 등을 비롯한 국내의 백군 세력이 구 체제로의 복귀를 위해 내전을 일으켰고 외부로부터는 노동자와 농민의 소비에트 권력수립을 좌시할 수 없었던 영국, 프랑스, 독일을 비롯한 유럽 각국과 미국, 일본의 자본주의 국가가 백군을 지원하면서 개입했기 때문이다. 혁명의 적으로부터 신생 소비에트 권력을 수호해야 하는 사명이 최우선 과제로 대두되면서 부득이 사회주의 경제개혁은 제쳐두고 전시공산주의 체제가 등장할 수 밖에 없었다. 전시공산주의는 '모든 것을 전선으로!'라는 슬로건 하에서 식량에 대한 강제징발과 대기업뿐만 아니라 중소기업까지 급속히 국유화하여 동원 가능한 모든 자원을 총동원하여 전선에 투입하는 것을 최우선적인 과제로 설정했다.

1918년 여름부터 본격화된 반혁명세력의 침입으로 신생 소비에트 공화국의 영역은 러시아의 중앙부로 위축되어 주요 공업지대가 원료, 식량 생산지와 격리되면서 곤란을 겪게 되었다. 구체제로 돌아가 다시 수탈당하고 억압받을 수 없다는 농민층의 소비에트 정권에 대한 지지와 노동자 군대 적군의 활약으로 1920년 무렵부터는 외국군과 백군 반혁명세력을 패퇴시키는데 거의 성공했지만 치러야했던 대가는 엄청났다. 제1차 세계대전 기간과 이어 발발한 내전 과정에서 1,300만이상의 소비에트 병사와 민간인이 희생되었고 국가 경제는 극도로 피폐해졌다.

제 1차 세계대전 직전인 1913년의 공업생산 수준과 비교하여 내전이 마무리되었던 1920년의 소비에트 공화국의 공업생산량은 14% 정도로 추락했다. 주요 공업기반은 붕괴되었다. 1920년 국가 경제의 위기상황에서 속히 벗어나 전력생산을 회복하기 위한 국가 전기화 계획 추진기관으로 고엘로(GOELRO; 러시아 전기화 국가위원회)가 창설되었고 이후 이 기관은 1921년 고스플란(GOSPLAN: 소비에트 연방 각료회의 국가계획위원회)으로 확대 개편된다.

그러나 소비에트 국가 경제 부흥을 위한 계획을 본격적으로 실행하기에 앞서서 식량강제징발의 대상이 되어 농민들의 농업생산량 증대 욕구가 현격히 떨어져 있었던 전시공산주의 체제 농업생산량은 이전과 비교하여 40%대로 떨어져 있었고 이를 회복하기 위한 조치가 선행될 수밖에 없었다.

(2) 네프(NEP: 신경제정책)

내전이 거의 마무리되어가던 1920년 말에 이전에는 혁명수호에 적극적으로 협력했던 농민층은 식량강제징발에 저항하기 시작했다. 농민들은 이제 잉여곡물을 숨겨놓거나 빼돌리려는 움직임을 보였다. 가뜩이나 부족했던 농업생산량은 더욱 줄어들게 되었고, 여러 지방에서 부농이 중심이 된 농민 폭동이 터져 나왔다. 이에 따른 식량 및 생필품 부족 사태로 대도시 노동자들이 동요를 일으키고 지나친 국가개입에 대한 소상인층의 불만이 터져 나오면서 1921년 2월 모스크바와 페트로그라드(현 페테르부르크)에서 상업 활동의 자유와 식량공급 문제 개선을 요구하는 파업과 시위가 벌어졌다. 3월에는 소비에트 혁명의 메카와도 같았던 크론슈

타트에서도 아나키스트 정당의 선동에 영향을 받은 농민 가정 출신이 주를 이룬 해군 수병들이 반란을 일으켰다. 이 사건은 조기에 진압이 되기는 했지만 혁명의 두 축으로서 소련 국기의 상징으로 등장하는 '망치와 낫', 노동자와 농민의 동맹이 흔들리고 있음을 단적으로 보여주었고 당 지도부가 사태 수습을 위한 근본적인 처방을 고민하지 않을 수 없게 만들었다.

1921년 3월에 열린 제 10차 소련 공산당 대회에서는 농업, 소매업, 소규모 영세 경공업 부문에서의 사적 소유와 경영을 허용하는 것을 골자로 하는 신경제정책이 채택되었다. '2보 전진을 위한 1보 후퇴' 전략으로 표현되는 이 정책은 농민들에게 이윤동기를 부여하여 농업생산력을 높이고 농업부문을 점진적으로 사회화해가는 방법을 채택하여 소비에트 권력에서 이탈해가는 농민들을 다시 끌어들여서 노동자·농민동맹을 재구축하는 것을 근본적인 목적으로 삼고 있다.

이러한 목적 하에서 소상업, 소공업, 농업부문에서의 사적인 영리추구를 허용하는 자본주의적 요소를 인정하기는 했지만, 이는 어디까지나 국가가 운영하는 대공업, 기간교통산업, 은행 등 국가경제의 핵심부문에서 사회주의 경제를 강화시켜나가는 바탕 하에서 이루어졌다. 즉, 농업과 소상업, 소규모 경공업을 활성화시키고 이후 대규모 산업을 발전시키면서 농업의 사회주의적 개조를 실현하여 사회주의를 위한 물질적, 기술적 토대를 준비하려는 전략이었다.

신생 소비에트 공화국이 기대했던 서유럽 선발 자본주의 국가, 특히 독일에서의 노동자계급에 의한 사회주의 혁명이 실현되지 않아 소련의 혁명은 대외적으로 고립상태에 빠졌지만, 신경제정책은 눈부시게 빠른 속도로 소비에트 공화국의 경제를 회복시켜서, 1926년에 이르러서는 공업부문과 농업부문의 생산력 모두 전쟁 전의 수준으로 회복하는 성과를 이루어냈다. 이를 토대로 소비에트 연방은 새로운 사회주의 경제건설을 구체적으로 실행에 옮길 수 있었다.

(3) 사회주의 계획경제의 출발

1927년 열린 제 15차 소련 공산당 당 대회에서 사회주의 5개년 경제계획의 출발 신호탄이 되는 중요한 결정이 내려졌다. 신경제정책의 토대 위에서 소련의 공업화를 진전시키기 위한 해결책으로 집단농업 방식을 도입한 위에 공업화 계획을 수립한다는 것이다. 그 이전까지 판매와 신용의 측면에 머물러온 협동농업 방식을 바꾸어 토지의 공동경작에 기초한 대규모 농장으로 전환시키고 이 과정에서 반발하는 부농과 상층

5개년 계획을 4년으로, V. 이바노프, 1948

부 중농에 대한 강제적인 탄압을 실시하여 새로운 형태의 농촌 소비에트를 형성해나갔다. 1928년 10월부터 1932년 10월까지의 1차 5개년 계획은 트랙터 생산을 중점에 둔 농업 공업화와 산업생산량의 급속한 확대를 목표로 진행되어 계획을 초과달성하는 성과를 거두었다. 5개년 계획 전의 1928년과 비교하여 1932년에 강철 생산은 430만 톤에서 590만 톤으로 37.2% 증가, 석탄 생산은 3,550만 톤에서 6,440만 톤으로 81.4% 증가, 석유 생산은 1,160만 톤에서 2,140만 톤으로 84.5% 증가하고, 전력 생산은 50억 kW에서 135억 kW로 170%, 자동차 생산은 800대에서 23,900대로 무려 2,888 %나 급증했다. 경공업 부분에서도 종이 생산이 28만 4 천 톤에서 47만1천 톤으로 66%, 설탕 생산이 128만3천 톤에서 182만8천 톤으로 42% 증가하고 신발 생산은 5,800만 짝에서 8,690 만 짝으로 50% 증가하는 성과를 거두었다.

1932년부터 1937년까지 실행된 제 2차 5개년 계획에서는 중공업 우선 투자 방침이 지속되기는 했지만, 경공업 부문에 1차 5개년 계획 때보다 더 많은 부분이 할당되었고 1차 5개년 계획에 대한 보완으로 생산의 질적 개선에 대한 관심도 보다 기울여졌다. 그러나 1차 세계대전 패전국이 었던 독일에서 1934년 히틀러가 총통에 오르면서 재무장을 추진하고, 전쟁의 위협이 고조되자, 중공업, 특히 군수산업에 대한 투자가 확대되었다. 전반적으로 대규모 공업은 당초 목표였던 총생산 114% 증가를 넘어서서 121% 증가하는 성과를 거두었다.

1938년에서 1942년 사이로 잡았던 3차 5개년 계획은 제 2차 세계대전이 발발하게 되면서 중도에 중단되어 전시동원체제로 바뀌지 않을 수 없었으나, 종전 후인 1946-1950년간 4차 5개년 계획 기간 동안 전후 복구와 전시공업체제의 평시 공업체제로의 전환이 이루어지면서도 주요 목표들이 조기 달성되고 1950년에는 전체 공업생산의 목표가 17% 초과 달성되는 성과를 거두었다. 그러나 이러한 공업 분야의 획기적인 성과와 비교하여 곡물과 가축생산 회복은 더디게 진행되어 1950년대 소련의 생활수준 향상을 저해한 가장 큰 요인으로 남았다.

그럼에도 불구하고 1951년에서 1955년간의 제 5차 5개년 경제계획, 1956년에서 1960년 사이에 제 6차 5개년 경제계획이 계속하여 실행에 옮겨졌다.

(4) 1960년대 이후의 소련 경제

사회주의 혁명 이후 소련의 경제건설 과정은 결코 순탄하지 않았다. 소련 경제의 출발선 앞에 놓인 기초 여건은 후발 자본주의 국가였던 제정 러시아의 낙후된 유산으로 물려받은 인력과 토지 의존형 농업 부문의 낮은 노동생산성, 낮은 수준의 공업 발전으로 요약된다. 더군다나 긴 내전 기간 동안의 극심한 파괴, 제 2차 세계대전 이전까지 추진되었던 소련에 대한 서유럽과 미국 등 각국의 경제봉쇄 조치, 사상자만 전투원과 민간인을 합해 4,500만 명에 달했던 제2차 세계대전 최대 인명피해국으로서 겪어야 했던 전쟁의 참화를 딛고 사회주의 계획경제의 성과를 쌓는다는 것은 결코 쉬운 일이 아니었다. 그러나 무엇보다도 간단치 않았던 문제는 국가가 중앙에서 경제계획을 세워서 생산, 공급, 소비의 전 과정을 합리적으로 조정하는 문제였다. 수요와 공급의 상호작용이라는 시장 원리에 따른 가격과 동기부여 요소로서의 이윤 개념이 부재하므로 고스플란에서는 최종 생산계획에 소요되는 모든 품목들에 대해서 낱낱이 생산량을 결정하고 이에 소요되는 자본과 노동력 투입요소를 모두 다 일일이 짜야 했다.

고스플란은 생산계획을 세우기 위해 소비와 투자가 얼마나 증가할 것인지를 예측하고 이를 토대로 5개년에 걸친 기본 지표를 작성했다. 다시이를 1개년 단위의 단기 계획으로 분해하여 주요 부문 산업의 생산량, 즉공급량을 정하면, 이를 철강과 석탄, 원유 생산, 물자운송을 맡는 교통, 노동력 분배 등과 같은 세목을 담당하는 여러 정부부처에 전달하고, 이부처들은 다시 이를 각 대규모 생산단위의 장들에게 이를 할당하여 이관하고, 생산현장의 책임자들에게 전해져, 다시 이들로부터 위로 목표량생산 달성에 추가로 필요한 요소를 산정하여 전달한다. 이러한 식의 거대한 생산계획이 조정되며 확정되는 과정에서 불가피하게 계획의 정체, 지연이 나타나게 되기도 하고 비효율성을 보이게 되기도 한다.

그러나 이러한 요인이 곧바로 사회주의 계획경제가 자본주의 시장경제에 비하여 절대적으로 비효율적이라는 것을 증명하지는 않는다. 실제로 미국에서 시작된 1930년대의 대공황은 통제되지 않은 시장경제에서의 과잉생산과 같은 비효율성의 문제를 단적으로 보여주었으며, 당시 자본주의 시장체제와 절연되어 있었던 소련의 경제성장은 사회주의 계획경제의 우월성을 나타내는 것으로 보이기도 했다. 실제로 소련은 5개년계획경제를 시작한 이후 1928년부터 1930년대 후반까지 평균적으로 연간 20~22%의 경제성장률을 보였고, 1950년대까지는 10%대를, 1960년대는 8~10%의 경제 성장률을 보여 자본주의 국가와의 경쟁에서 우위를보였다. 그러나 점차 경향적으로 낮아지는 경제성장률은 중앙의 계획에따른 투자 증가와 노동력의 생산성 향상에 의존하는 방식이 안고 있는 분명한 한계를 보여주고 있었다.

1960년대에 들어서 소련의 경제 성장률이 점점 낮아져 가자 스탈린 체제 이후 새로 소련 공산당 서기장이 된 니키타 흐루쇼프 시기 소련 의 경제학자들은 이러한 경제성장률의 점진적 저하를 심각하게 인식하 기 시작했다. 1964년부터 1980년까지 소련의 총리를 맡았던 코시긴은 1965년에 기업체의 독립채산권 인정, 상품 공급량 증대, 노동 동기유발 방법 다양화를 주 내용으로 하는 소련 경제개혁안을 발표했다. 생산과 공급의 과정에서 나타는 관료적 비효율성에 대한 보완을 주요 골자로 하 는 코시긴의 경제개혁안은 사회주의 계획경제의 비효율성을 부분적으로 완화시키는 데에는 기여했지만, 자본주의적 경영체제의 요소가 도입되 면서 새로운 부작용이 나타났다. 생산 기업에 선임되어 파견된 경영인들 은 자신들의 사적인 이익을 위해 사업수익성을 부풀려 보고하여 과다 지 급된 산업보조금을 편취하는 경우가 생겨났으며, 이들 경영인들의 지위 가 높아지면서 노동자들의 지위와 권익이 약화되는 현상이 벌어지게 되 었다. 사회주의 고유의 국유화 경제체제의 틀은 여전히 유지하고 있었지 만, 소련의 경제성장률은 1960년대 후반기에 연 평균 7.7%, 1970년대 전 반기에는 5.7%로, 후반기에는 4.4%로 지속적으로 낮아져 가고 있었다.

(5) 고르바초프의 페레스트로이카(개혁) 정책

1985년 55세의 나이로 소련 공산당 서기장에 취임한 고르바초프는 그 의 전임자였던 안드로포프나 체르넨코에 비해 젊은 개혁파로 기대를 모 았다. 그는 사회주의 계획경제 체제의 관료적 비효율성 문제를 근본적으 로 해결하고자 집권 초기부터 페레스트로이카 정책을 계획하고 1987년부터 본격적으로 실행에 들어갔다. 그는 '인간의 얼굴을 한 사회주의' 건설 기치로 자본주의적 요소를 가미하는 정책을 펼치기 시작했다. 고르바초프 는 사회주의 체제 하에서 제공받는 사회적 분배의 틀, 즉 사회주의적 복 지체계를 바꾸지는 않았지만, 사적 소유권을 인정하는 법안을 통과시키 고 국유기업이 아닌 개별기업이 창출한 이익을 국가가 대부분을 그대로 소유해왔던 이전의 관행을 탈피하여 법인세 개념을 도입하여 징수하는 방식을 취했다. 나아가 대외무역과 기업을 관할하던 중앙의 계획경제기 구를 일부 폐지하거나 축소하는 조치를 취해나가며 조세정책을 자본주 의 국가 방식과 유사하게 바꾸었다.

이러한 개혁에 대해서 러시아 경제사를 연구자들은 "고르바초프는 소 련을 서구식 사회민주주의로 개혁하려고 했다."고 평가하기도 한다. 거 래자유화, 경영자유화 정책을 펼쳤지만, 이 당시에는 아직 국유화 되어 있는 경제 집단(은행, 분배위원회, 지역소비에트, 중앙 경제 계획기구)이 더 많 았기 때문이다. 이러한 것들을 남겨둔 결과로 소련은 아직 사회주의 국 가로 평가받고 있었으며, 경제 · 사회적 안전망이 해체되지 않은 상태 였다. 이어서 고르바초프는 소련 경제의 무역을 담당하던 중앙당국 기 관을 폐지했으며, 소련 내 기업 문제를 관리 · 감독하던 계획 경제 기구 들의 역할도 대거 축소했다. 그의 이러한 정책은 일시적으로 경제성장 률을 끌어올리는 효과를 가져 오기는 했지만, 보다 복잡한 경제문제를 낳게 되었다.

사회적으로 빈부격차 문제가 생겨났고, 당-관료 정치권력과 기업인 의 부정한 결탁이 이루어지면서 신흥 독점자본가계급으로서 올리가르히 가 출현하는 등 문제가 더욱 심각하게 퍼져 나갔다. 더욱이 서방 자본주의 국가들과의 무역 개방은 도리어 소련 경제의 상태를 더욱 약화시켜서 1987년 연간 1.3%였던 경제성장률은 1989년에 이르러선 연간 0.4%로 더욱 하락하게 된다. 1989년 중반부터 소비에트 체제의 기본원칙이 심각하게 흔들리게 되면서 소련 정부는 밀거래와 불법거래 등을 제어할 수 없었고 이러한 상황에 처한 노동자계급의 불만은 사회주의가 안정되었던 시기에는 상상조차 할 수 없었던 파업의 광범위한 확산이라는 노동자들의 집단적 저항으로 나타났고, 이는 정치적 혼란으로 이어져 소련 경제에 악순환을 가져왔다. 페레스트로이카 정책 이전까지 소련은 세계 산업생산 부문에서 약 20%의 점유율을 보였지만, 1989년에는 13%대로 급속히 추락했다. 더군다나 자본주의 체제와 달리 사회주의 계획경제에서는 국가 재정건전성이 상대적 우위로서 두드러진 요소였지만, 경영인들에게 허용된 사적 소유권에 대한 정부의 통제력이 상실되면서 수익으로서의 세금확보가 제대로 이루어지지 않아서 재정적자를 보이게 되었고 이는 곧바로 사회주의 체제 하에서 갖추어져 있었던 공적 국가지원금으로만 운영되고 있었던 무상의료, 무상교육, 무상주거와 같은 사회안전망이 흔들리게 만드는 심각한 결과를 불러왔다.

결국 점진적인 개혁노선을 표방했던 고르바초프의 페레스트로이카 정책은 자본주의적 개혁을 반대하는 보수파와 보다 급진적인 개혁을 주장했던 개혁파 어느 쪽으로부터도 지지를 받지 못한 채, 1991년 8월 보수파 8인이 주도한 쿠데타와 이를 저지하고 나선 러시아연방공화국 대통령 옐친이 주도한 반쿠데타 총파업 저항의 와중에서 역사의 무대 뒤편으로 사라지는 운명을 맞았다.

74년간에 걸친 인류 최초의 사회주의 경제체제의 실험은 분명 실패로 끝났지만, 이를 단순히 사회주의 경제체제가 자본주의 시장경제 체제에 비해 열등한 체제라는 것을 증명했다고 단순화시켜 볼 수는 없다. 후발 자본주의 국가였던 러시아에서 시작되 사회주의 혁명은 서유럽 선발 자본주의 국가로 이어지지 않아 고립되었고, 일국사회주의론에 기초한 스탈린의 정책은 노동자에 대한 통제를 강화하며 사회주의 초기의 노동자 소비에트, 병사 소비에트와 같은 인민 권력을 붕괴시키고 당과 관료화된 국가에 의한 사회통제를 강화시켜나간 변형적인 사회주의 경제체제를 만들어갔기 때문이다. 소련의 사회주의 계획경제체제가 진정한 의미에서의 사회주의가 아니었다고 보는 토니 클리프나 마이클 해링턴의 주장에 따르면 소련은 "생산수단은 국유화되어 있지만 민중은 이론적으로만 경제를 지배할 뿐인 집산주의 체제"였고 자본을 대신하여 국가가 중심이 되어 노동을 착취한 국가자본주의였을 뿐이라고 평가절하되기도 한다. 생산목표의 초과달성을 유도하기 위한 스타하노프 운동과 같은 노동생산성 향상 운동은 노동착취의 방식으로 사용되었으며, 1930년대 후반에 이르러서는 전체의 3/4에 달하는 노동자들이 변형된 임금체계에 따라 성과급 형태의 급료를 지급받았고, 특히 석탄광산 노동자들의 경우 80%가 성과급제도로 임금을 받고, 도급제를 취한 부문에서는 누진성과급제가 적용되는 등 사회주의 경제체제의 핵심적 가치인 경제적 평등과는 거리가 먼 양상을 보이기도 했었다는 사실은 이념과 원칙 상의 사회주의 체제가 현실에서는 적용되지 못한 면이 적지 않았음을 분명히 보여준다.

2. 러시아의 경제

(1) 1990년대 시장경제체제로의 전환기의 혼란

보수파의 쿠데타를 저지하면서 권력기반을 공고히 한 옐친 대통령은 1992년 1월 신년 벽두부터 충격요법 방식으로 전면적이고 급속한 자본주의 시장경제 체제로의 전환을 본격적으로 추진했다. 이 시기 러시아의 시장경제체제로의 전환 정책은 국제통화기금IMF와 세계은행WB의 지도 하에 미국의 제프리 삭스 등을 중심으로 한 서구 경제학자 그룹의 자문을 받아가며 가이다르 부총리와 추바이스 국가사유화위원회 의장 중심으로 전격적으로 이루어졌다. 갑작스런 가격자유화, 대외 무역활동 자유화, 국유재산 사유화로 대표되는 급진적인 구조개혁 정책은 러시아 국내 산업생산의 급속한 저하와 만성적인 마이너스 경제성장, 지속적인 실질 국민소득의 감소, 하이퍼인플레이션을 불러왔고 임금체불 만연과 구조 조정과정에서의 실업자 급증 사태로 러시아 국민 대다수를 절대빈곤상태에 빠지게 만들었다. 이 와중에서 힘을 키운 올리가르히는 국가경제를 독점하며 갖은 불법을 통해 국부를 횡령하고 이를 해외로 도피시키고 정부에 조세를 정상적으로 납부하지 않는 등 마피아와 연결되어 국가경제를 붕괴시키는 암적 존재가 되어버렸다.

무능하게 자국의 경제주권을 서구에 맡긴 꼴인 옐친 정부 집권 기간 동안의 러시아 경제의 추락은 너무도 극적이다. 소련 붕괴 이전까지 국내총생산 2조6,595억 달러로 세계 2위를 차지했던 경제규모는 끝없는 수직 추락을 했다. 주요 거시경제 지표를 중심으로 옐친 정부 시기의 러시아 경제 상황을 살펴보자면, 1992년 한 해에만 무려 2,509%나 물가가 폭등하면서 5년 연속 연간 100% 이상의 물가폭등이 이어져 옐친 정부 8년(1992-1999년)간 소비자 물가 상승률은 무려 608,000%에 이르렀다. 이 기간 동안 1992년 1인당 국민소득은 경상가격 기준으로 576 달러에서 1999년 1,334달러로, 구매력 기준으로 하면 7,405달러에서 6,382달러로 도리어 줄어들었음을 알 수 있다. 이를 단순화하여 말하자면 이 기간 동안 물가는 살인적으로 6천배 넘게 올랐지만 실질임금은 거의 제자리를 맴돌고 있었다는 것으로 풀이된다. 올리가르히가 중심이 되어 해외의 조세피난처 등으로 빼돌린 러시아의 국부는 이 기간 동안 무려 2,000억 달러 이상이 될 것으로 추정되며, 이는 1999년의 러시아 국내총생산규모인 1,959억 달러보다 더 많은 액수이다. 이런 결과로 인해 1993년부터 1999년까지 7년 동안 연간 100~200억 달러 이상의 지속적인 상품수지 흑자(이를 달리 말하자면 러시아의 천연자원을 외국에 염가로 대거 방출시켜 생겨난 흑자)에도 불구하고 1999년 러시아 정부의 외환보유고는 금으로 보관하고 있던 40억 달러를 포함하여 겨우 125억 달러 수준으로까지 떨어져 대외지급능력에 문제를 보이게 되었다. 소련으로부터 계승한 1,050억 달러에 달하는 구 대외부채에 더해 이 기간 동안 IMF를 비롯한 국제금융기구 및 서구 각국으로부터 신규 차입한 550억 달러를 더해 러시아의 대외부채 총액은 1,575억 달러로 GDP 대비 외채 비중이 74.8%에 달해, 매년 200억 달러 이상을 외채 원리금 상환에 쓸 수 밖에 없어서 빚을 내어 빚을 갚는 수렁에 빠지게 되었다. 통화와 주식시장에서의 상황도 이와 다를 바 없어 1992년 169루블이었던 달러 대비 루블 환율이 1999년 말에는 27루블*로 올라 루블화 가치가 93%나 하락했고, 러시아의 주식시장 지

---

* 1998년 1월 1일 루블화 액면가를 1/1,000 로 낮추는 액면절하 후의 새 화폐발행

수인 RTS도 최고점이었던 1997년 10월 기록인 571.66에 비해 모라토리엄 사태 이후인 1998년 10월 38.53을 기록하면서 루블화와 마찬가지로 93% 폭락했다.

결론적으로 옐친 정부가 추진하고자 했던 개혁정책은 러시아 현실을 전혀 도외시한 채 소련 시대의 유산으로 남겨진 국부를 올리가르히로 대표되는 일부 특권세력과 외국의 투기세력 손아귀에 넣어주고 러시아 전체를 끝모를 불안과 혼돈의 수렁에 빠뜨려 넣었다. 결국 옐친 정부는 1998년 8월 17일 루블화 표시 대외 부채에 대한 지급을 90일간 유예하는 모라토리엄을 선언하며 러시아 경제를 국가부도에 준하는 지경으로 추락시키고는 자신들의 시대도 종말을 맞게 되었다.

(2) 푸틴 집권 1~2기간(2000-2007) 러시아 경제의 회복과 부흥

1999년의 마지막 날 옐친 대통령이 건강상의 이유와 후계자 양성을 이유로 임기를 6개월 남겨놓고 갑작스레 사퇴하면서 당시 총리대행을 맡고 있었던 푸틴은 2000년 1월부터 러시아연방 대통령 권한대행으로서의 직무를 수행하기 시작했다. 푸틴은 전임자였던 옐친 대통령과 달리 '강한 러시아 건설'을 국정의 기본과제로 삼고, 시장경제체제로의 개혁은 추진하되 국가에 의한 경제질서 확립을 경제정책의 기본방향으로 삼았다.

2000년부터 2003년까지의 첫 집권기간동안 푸틴은 강력한 카리스마를 바탕으로 국정 안정을 이루었고 국정 전반에 걸친 구조개혁을 적극적으로 추진하면서 각종 거시경제지표를 호전시키는 성과를 거두었으며,

---

이 있었으므로 원래대로 치자면 27,000 루블에 해당한다.

이를 바탕으로 재집권에 성공한 이후 2004년부터 2007년간에 걸친 집권 2기 동안 보다 강력한 경제개혁을 추진했다. 푸틴이 추진한 국가 경제개발 전략은 기본적으로 자본주의 시장경제에 바탕을 두면서도 러시아적 특성을 고려한 국가에 의한 경제질서 확립이라는 목표 아래 국가 핵심기간산업과 전략사업에 대해서는 국가가 적극적으로 개입하여 관리하는 것을 특징으로 하는 '러시아식 국가관리 자본주의'라고 할 수 있다.

그는 러시아가 세계 강대국으로서의 지위를 확보하기 위해서는 자국의 에너지부문에 대한 개발 및 생산과정을 국가가 통제하고 관리해야 한다는 입장에서 가스프롬과 로스네프트와 같은 거대 에너지기업을 다시 국유화시켰다. 푸틴은 2003년 올리가르히 중의 한 명인 호도르코프스키가 자신의 소유인 석유기업 유코스의 주식지분 40%를 세계 최대 석유메이저 기업인 엑슨 모빌에 넘기려 했던 시도를 차단하고 그를 횡령 및 조세포탈 혐의로 구속하면서 유코스사를 해체하는 강경책을 사용하여 올리가르히를 길들였다.

푸틴이 추구하는 러시아식 국가관리자본주의의 또 다른 특징은 과거 옐친 정부 시기에 친서방 성향의 기업가형 올리가르히들의 독점지배를 약화시키고 그 자리를 관료형 올리가르히들로 대체했다는 점이다. 가스프롬과 로스네프티를 비롯한 거대 에너지기업은 물론 러시아 최대 은행 스베르방크, 최대 상선회사 소브콤플로트를 비롯한 주요 기업군의 이사진 과반수를 관료출신 올리가르히가 겸직하면서 맡고 있다.

푸틴이 추구하는 국가관리자본주의는 시장경제 체제의 자율성을 훼손하고 경제 민주화에 역행한다는 서방측으로부터의 비판을 받고 있지만, 1990년대 옐친 정부 시기의 기업가 올리가르히들과 서구 투기자본세력의 손에 무분별하게 맡겨진 시장경제 체제의 폐해와 천민자본주의의 폭력성을 생생히 경험한 러시아 국민들로부터는 가장 러시아에 적합한 이상적인 경제시스템으로 인정되고 지지받고 있다.

　이 시기 푸틴 집권기 동안 이루어진 경제적 성과로 러시아의 실질 국내총생산이 2000년부터 2007년까지 8년간 연 평균 7%에 가까운 성장률을 보이며 63% 이상 증가하였다. 이로서 2006년에 이미 소련 붕괴 이후 추락을 거듭했던 실질적인 경제규모가 처음으로 1991년 수준을 돌파하기에 이르렀다. 또한 옐친 집권기 동안 러시아 국민들의 삶을 위협했던 하이퍼인플레이션을 연속적으로 10%대에 묶어두는데 성공했다. 2006년에는 물가상승률을 9%대로 떨어뜨리면서 처음으로 한자리 수로 안정시키는 데도 성공했다. 지하경제 창궐과 국부의 해외유출, 기업의 만성적인 탈세, 이를 감시해야 할 세무공무원들의 부패 및 조세제도 미비로 인한 만성적인 세수부족 속에서 적자를 면치 못했던 정부 재정도 2000년에 처음으로 GDP 대비 2.2% 대의 흑자를 기록한 이후 연속하여 흑자 기조를 유지했으며 이를 바탕으로 1999년 125 억 달러까지 떨어졌던 외환보유고를 2006년 말에는 일본, 중국에 이어 세계 외환보유 사상 세 번째로 3,000억 달러를 돌파한 국가로 올라섰고, 2007년에는 4,000억 달러를 넘어서는 기염을 토했다. 이러한 성과를 바탕으로 대외부채를 조기상환하면서 옐친 정부 말기에 1,575 억 달러까지 치솟았던 대외부채를 2006년에는 475억 달러로까지 낮추어 GDP 대비 4.9% 선으로까지 낮추면서 IMF에 대한 부채를 조기상환하여 IMF 부채로부터 완전히 벗어나는 성과를 거두었다.* 이러한 경제성장 성과에 힘입어 당연히 국민소득

---

* http://www.usdebtclock.org/world-debt-clock.html 세계 주요 국가의

도 실질적으로 상승하여 노동자들의 실질임금이 2000년에서 2007년간 연속적으로 연평균 14% 이상 증가하였고 이에 따라 1999년 4,100만 명이 넘었던 최저생계비 미만의 소득을 가진 극빈층도 2006년에는 2,280만 명으로 대폭 줄어드는 성과를 올렸다.

러시아 경제의 이러한 성과는 푸틴의 강력한 리더십에 기반한 국가관리자본주의 정책의 정착과 함께 무엇보다도 국제 에너지 가격의 상승에 힘입은 바가 크다. 1998년 배럴 당 9.72 달러를 기록했던 북해산 브렌트 유 가격은 2000년대 들어 꾸준히 상승하기 시작하여 부침은 있었지만 2000년에 배럴 당 35달러를 기록하더니 2004년 중에 50달러를 찍고 2006년 중에는 배럴 당 70달러대를 넘어서는 고공 행진을 기록했다. 2007년 기준으로 전체 대외 수출 총액의 66% 이상, 국가 재정수입의 50% 가까이를 석유와 가스를 중심으로 하는 원자재 수출에 의존하는 경제구조인 만큼 2000년대 이후의 국제 유가의 고공행진은 러시아 경제의 폭발적 성장의 밑거름이자 촉매제 역할을 했다.

그러나 국제 유가의 상승에 힘입은 대규모 외화 수입이 러시아 국내에 유입되어 들어와 국내 경기활성화에 도움을 주기는 했지만, 막대한 규모의 이 자금은 상당 부분이 향후의 국제유가 하락에 대비한 석유안정화기금 국부펀드에 편입되어야 했고 나머지 부분도 주로 소비재를 중심으로 한 유통, 서비스, 부동산 부문에 주로 집중되고, 제조업을 중심으로 한 산업생산 부문으로는 별로 유입되지 않아, 러시아 국산제품에 대한 실질적인 수요를 확대하는 효과를 낳지 못했다는 문제점을 보였다. 이는 러시아 경제의 취약점을 보여주는 것으로서 러시아 경제는 무엇보다도 에

GDP 대비 공공부채, 대외부채 비율을 실시간으로 비교하여 살펴 볼 수 있다.

너지자원을 중심으로 한 원자재산업 의존에서 탈피하여 제조업 경쟁력을 키우고 IT, BT 산업을 비롯한 여러 산업 부문의 균형적인 성장을 추진해야 하는 과제를 안고 있다.

(3) 2008년 세계금융위기 이후의 러시아 경제

2008년 9월 미국의 리먼 브라더스사 파산신청을 시작으로 전 세계 경제를 강타한 미국발 세계금융위기는 러시아 경제에도 타격을 입혀 2007년까지 연평균 7% 선의 경제성장률을 기록했던 러시아 경제의 2008년 성장률이 5.6%로 꺾이고 2009년에는 −7.1%로 급속히 위축되었다. 세계경제위기가 심화되면서 직전 2008년 7월 배럴 당 142달러(북해산 브렌트유)를 넘나들던 국제유가도 급전직하하여 2008년 12월 말에는 배럴당 40달러 선을 깨고 39달러대까지 떨어졌다. 그러나 이듬해부터 다시 상승하기 시작한 국제유가는 2011년 2월 배럴당 100달러대를 넘어서고 2014년 9월 초까지 100달러대를 유지했다. 이에 힘입어 러시아 경제도 2010년 4.2%, 2011년 8.1%대의 성장률을 올리면서 세계금융위기의 충격으로부터 완연히 벗어나는 듯 보였다.

이 기간 동안 3선 연임제한 규정을 피하는 수단으로 총리 메드베제프가 대통령으로 재직하고 푸틴은 총리로 자리바꿈을 했지만, 기본적인 푸틴의 국가관리자본주의 전략은 정부 주요부처 및 공기업을 지배하고 있는 실로비키*를 통해 일관성있게 추진되었고 2011년 말에는 그간 러시아의 해묵은 숙제로 남아있었던 국제무역기구WTO 가입을 이루었다.

---

* 러시아어로 힘센 자를 뜻하는 실로비키(siloviki)는 푸틴 정부에서 권력의 중심을 형성하고 있는 과거의 KGB, 군부, 검찰 출신을 주축으로 한 친 푸틴 측근 세력을 총칭하여 말한다.

Figure 1. The Real GDP per head of Russia and the Soviet Union, 1885-2006

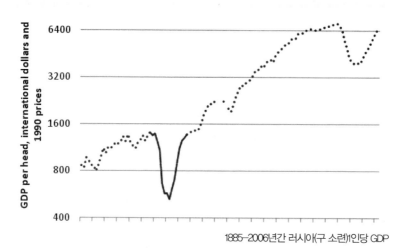

1885-2006년간 러시아(구 소련)1인당 GDP

2011년 기준 명목상의 GDP가 2조 2천억 달러로서 세계 7위의 경제대국으로 성장한 러시아는 국제무역기구의 표준규범을 이행하면서 무역규모를 더 한층 확장시킬 수 있는 기반을 이루었다.

메드베제프 대통령 집권 기간 중 이루어진 개헌을 통해 대통령 임기를 기존 4년에서 6년으로 연장한 뒤 치러진 선거로 2012년 푸틴이 다시 대통령의 자리에 복귀하면서 푸틴 집권 3기가 시작되었다.

취임 당일에 푸틴이 대통령령으로서 공포한 새 정부의 장기적인 경제정책 목표는 ① 2020년까지 생산성 높은 2,500만 명 분의 신규 일자리를 창출하고, ② 2018년까지 GDP 대비 총투자 비율을 현재의 20%선에서 27% 이상으로 높이고, ③ 2011년 대비 2018년까지 국내 첨단기술제품 생산을 1.3배로 늘리고, ④ 2011년 대비 노동생산성을 2018년까지 1.5배로 향상하며, ⑤ 세계은행이 발표하는 국제비즈니스 환경순위를 2011

년의 120위에서 2018년에 20위로까지 끌어올린다는 것을 골자로 하고 있다. 또한 2012년 말에는 이를 구체화하기 위한 산업발전 및 국가 경쟁력 향상 프로그램으로 ① 사회·경제발전을 위한 전략적 계획 수립 ② 연방 예산 중 비 석유·가스에 의한 세입이나 예비기금·국민복지기금(석유·가스에 의한 세입을 기반으로 형성)의 구체적인 활용 방법 책정 ③ 역외기업을 이용한 과세 회피 방지책 강화 ④ 전략적 분야(에너지 자원산업과 국방산업)에 해당하지 않는 국유기업의 민영화 및 국유자산 매각 촉진(2016년 까지를 목표로) ⑤ 국가 규제의 완화와 인허가 수속 간소화 추진 ⑥ 경제 현대화와 혁신 추진을 위한 국가프로그램 수립 ⑦ 시베리아 및 극동 지역의 사회·경제발전을 위한 방안 수립을 결정했다.

이러한 프로그램은 러시아의 새로운 산업분야를 위한 혁신 기반을 구축하고 기업활동에 대한 규제를 완화하여 러시아 경제의 경쟁력을 강화하는 것을 근본 목표로 삼고 있다. 이를 위한 기본적 방침으로 민간자본에 의한 투자활성화와 국가의 경제개입 축소를 내걸고 있지만, 이는 지난 집권기의 러시아식 국가관리자본주의를 부정하는 것이 아니라, 주요 산업을 중심으로 이미 확고히 틀을 갖춘 국가관리자본주의를 보다 유연하게 적용하면서 전략적 핵심산업 이외의 분야에서는 민간투자 활성화를 통한 노후 산업설비 교체와 R&D 촉진 및 고부가가치 제품 생산과 수출을 확대하고 러시아 기업이 대외적으로 대등한 경쟁력을 갖출 수 있도록 제도를 정비하는 것을 핵심적 과제로 삼고 있다.

이를 간단히 정리하면 결국 지나친 자원의존형 경제에서 탈피하여 국제시장에서 경쟁력을 갖춘 고부가가치 제품 생산을 통해 러시아의 산업구조를 균형적으로 다양하게 발전시키겠다는 전략이다.

2013년 러시아의 GDP는 2조 970 억 달러로 세계 8위, 구매력 기준으로 환산한 GDP는 3조 4,610 억 달러로 세계 6위를 차지했고 세계 경제에서 3.4%의 비중을 차지했다. 2013년 러시아의 수출은 5,233 억 달러, 수입은 3,443 억 달러를 기록해 이 한 해의 경상수지 흑자만 무려 1,790 억 달러를 올렸다. 이는 러시아의 외환보유고 증가로 이어져 2003년부터 2013년까지 러시아 루블화의 실질가치는 약 45%가 올라 다른 BRICS 국가인 중국과 인도의 화폐가치가 약 10% 정도 오른 것에 비하면 상당히 높게 오른 것으로 볼 수 있다. 이 기간 동안의 러시아 국민 1인당 GDP 성장률은 85%를 보였는데, 러시아는 루블화 강세와 실질임금의 빠른 증가를 통해 전체 국민 생활수준을 적잖이 향상시킬 수 있었다.

그렇지만 2012년부터 러시아 경제 전반에 걸쳐서 성장의 동력이 약화되며 경제성장률이 3.3%로 떨어지더니 2013년에는 더 하락해 1.3%에 그쳤다. 이는 러시아의 최대 교역상대인 유럽연합의 경기가 침체 상태에 빠진 영향도 있지만, 내부적인 요인에서 본다면 기본적으로 루블화 강세와 내부 생산비용 상승으로 수출 경쟁력이 약화되었기 때문이다. 에너지 부문을 제외한 거의 모든 영역의 경제부문에서 수익률이 하락하고 투자 감소, 실질임금 증가율이 하락하면서 러시아 경제는 급속히 둔화되기 시작했다.

(4) 2014년 러시아 경제의 위기와 대응

2014년 들어서 러시아 경제는 내부적인 구조적 요인 이외에도 외부적 변수에 의해 큰 충격을 받았다. 2013년 11월 우크라이나의 야누코비치 정부가 유럽연합 가입협상 철회를 선언하자 불붙기 시작한 수도 키예프의 유로 마이단 광장 시위는 결국 2014년 2월 야누코비치를 축출했다. 이에 러시아는 3월에 크림반도의 친러시아계 주민투표 결과를 전격적으로 수용하여 크림반도를 합병하고, 이어 우크라이나 동부의 여러 주에서 벌어진 반서방-친러 분리주의 운동에 개입하며 우크라이나 전체가 신생 포로쉔코 정부 주도로 유럽연합의 영향권 안에 들어가는 것을 저지하고자 했다. 이에 유럽연합과 미국은 연이어 강도를 높여가는 대러 경제 제재조치를 취했고 이에 대해 러시아도 같은 수준으로 맞대응하며 나왔다. 뒤이어 러시아 수출의 가장 큰 부분을 차지하는 석유 가격이 하락하면서 루블화 환율이 급속히 떨어지는 위기를 맞았다. 4월부터 단계적으로 강도를 높여 나간 서방의 경제 제재조치와 함께 달러 당 35루블을 기록하던 환율은 급속히 올라 우크라이나 동부지역 사태가 내전사태로 확대되며 위기가 고조되면서 9월부터 가파르게 상승해 12월 18일에는 하루에만 루블화 가치가 장중 한때 최대 24%나 폭락하며 1 달러 당 78루블을 넘어서기도 했다. 특히 11월 열린 석유수출국기구OPEC 회의에서 시장의 일반적 예상과는 달리 사우디아라비아의 주도로 배럴 당 80달러 이하로 계속 떨어지는 국제석유가격을 억제하기 위한 감산 합의를 하기는커녕, 국제석유가격을 의도적으로 방치하면서 배럴당 50달러 이하로까지 하락하자 러시아는 석유수출을 통한 달러 확보와 정부 재정수입 확보에 위기를 맞게 되었다. 루블화 환율방어를 위해 2014년 러시아 중앙은행이 투입한 액수는 761억2,800만 달러와 54억1천만 유로에 달했다. 이러한 보유외환 투입의 결과 러시아 정부의 외환보유고는 5,000억 달러를 넘었던 최대치에 비해 뚝 떨어져 4,000억 달러 이하로 내려가게 되었다.

유럽연합과 미국은 러시아에 우크라이나 동부지역에서 완전 철수와 크림반도 합병 철회를 요구하는 선에서 더 나아가 이를 통해 '강한 러시아'를 기치로 내세우는 푸틴 정권의 교체까지 노리고 있다. 러시아 경제를 흔들어 러시아 국민들의 생활에 곤란이 심해지면, 푸틴 정권에 대한 국민의 지지도가 폭락하고 이를 푸틴 정권 퇴진의 계기로 만들겠다는 구상이다.

국제석유가격 하락이 세계경제 경기부진에 따른 석유 수요감소, 미국의 셰일가스 생산 확대에 따른 공급 증가와 같은 단순한 시장 내적 논리와 법칙에 따라 움직이지 않는 것은 분명하다. 마치 1980년대 초반 미국의 레이건 정부와 사우디아라비아가 모의하여 국제유가를 배럴당 10달러 이하로 하락시켜 소련의 경제를 곤란하게 만들어 타격을 주었던 당시 상황의 복제판이라는 분석이 나오기도 한다. 그러나 국제 유가는 1998년 세계금융위기 이후 폭락하여 이 해 12월에는 일시적으로 한때 배럴 당 9.7달러로 10달러대 이하로 떨어지기도 했으며, 국제유가가 배럴 당 60달러대를 넘어서 상승하기 시작한 2005년 이전에도 러시아 경제가 계속해서 성장했음을 생각한다면 현재의 일시적인 국제유가 폭락이 곧바로 러시아 경제를 파탄으로 몰고 갈 수는 없다는 것은 확실하다. 피치나 스탠다드&푸어스와 같은 글로벌 신용평가사는 2014년 말 기준 러시아의 신용등급을 평균 이하 기대치인 BBB-에서 그 아래의 투기등급인 BB+로 강등할 수도 있다고 경고하면서 러시아의 국채시장과 금융시장의 자금조달을 곤란하게 만들고 있다. 그러나 표에서 보는 바와 같이 러시아는 이미 1998년 모라토리엄 선언 이후 최하의 디폴트등급인 SD 등급을 받은 적도 있고, 5년 연속 연평균 7%대의 고성장을 이어나가던 2008년

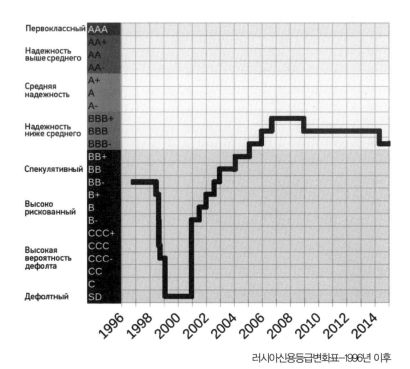

		1996	1998	2000	2002	2004	2006	2008	2010	2012	2014

Первоклассный — AAA
Надежность выше среднего — AA+ / AA / AA-
Средняя надежность — A+ / A / A-
Надежность ниже среднего — BBB+ / BBB / BBB-
Спекулятивный — BB+ / BB / BB-
Высоко рискованный — B+ / B / B-
Высокая вероятность дефолта — CCC+ / CCC / CCC- / CC / C
Дефолтный — SD

러시아신용등급변화표—1996년 이후

이전까지도 평균기대치 등급에서도 최하인 A−조차 받은 적이 없다.

러시아의 이러한 경제위기 사태에서 중국은 BRICS 회원국으로서의 유대 차원을 벗어나, 미국 주도의 세계질서 재편의 연합군으로서의 러시아를 돕기 위해 10월 1,550억 위안(약 26 조원) 규모의 통화 스왑 협정을 맺고 나가 이를 외환 파생상품거래에도 적용할 수 있도록 사용폭을 확대하여 러시아 루블화 가치 폭락 사태를 진정시키려고 나섰다.

우크라이나 동부지역 분리사태는 동부 파트너십을 통해 외연을 확장하려는 유럽연합과 러시아를 중심으로 구 소련권 국가들을 결속시켜 경제공동체로서의 유라시아경제연합EEU를 만들고, 나아가 유럽연합 수준의 유라시아연합EAU으로 키우려는 러시아 사이의 예고된 충돌이나 다름없다. 2009년 프랑스, 영국, 독일은 구 소련권 국가인 아르메니아, 아제르바이잔, 벨라루스, 조지아, 몰도바, 우크라이나 6개국과의 유럽연합 동부 파트너십을 결성하고 자유무역과 비자면제를 주 내용으로 하는 협정을 추진하고자 했으나 러시아의 반대로 무산된 바 있다. 유럽연합은 이후 줄기차게 이들 국가를 유럽연합 회원국으로 가입시키고자 해왔고, 러시아의 입장에서는 이들 국가가 유럽연합 회원국이 됨으로서 경제적 영역이 축소되는 것은 물론, 나아가 이 동부파트너십이 궁극적으로는 나토 회원국 확대와 동진으로 이어져 러시아의 안보에 위협이 되는 것을 막아야만 했다.

관세동맹을 모태로 출발한 유라시아경제연합은 우선 러시아와 벨라루스, 카자흐스탄 등 3개국 체제로 시작하여 2015년 1월 아르메니아가 참여하였고 5월에는 키르기스스탄이 가입할 예정이다. 키르기스스탄이 참여하면 인구 약 1억8,000만 명, 국내총생산GDP 약 4조6,000억 달러 규모의 거대한 단일시장이 생겨나는 것이다.

2014년 11월 러시아는 중국과 연간 300억 ㎥의 가스를 30년 동안 공급하는 총 규모 4,000 억 달러대의 초대형 계약을 맺었다. 또한 12월에 러시아는 우크라이나를 경유하지 않고 남동부 유럽지역에 대한 가스공급 노선으로 사우스 스트림South Stream을 추진해오다 이를 전격 폐기하고 대신 서구와 러시아 사이에서 비교적 중립적 입장에 가까운 터키를 경유하여 남동부 유럽으로 향하는 블루 스트림Blue Stream을 건설하기로 터키와 합의하면서 연간 가스공급을 30억 ㎥ 늘리고 가격을 6% 인하해주기로 협정을 맺었다. 이는 러시아가 유럽지역에 대한 가스수출에 돌출적 장애요소로 간헐적으로 작용했던 우크라이나 변수 요인을 대폭 줄이고, 서유럽에 대한 가스 수출이 줄더라도 이를 대체할 수 있는 새로운 수출대상국을 안정적으로 확보해두려는 전략에 따른 것이며, 결국 결정적 순간에는 유럽에 대해 가스공급을 대폭 줄이거나 끊는 수단으로 현재의 유럽이 러시아에 대해 취하는 경제 제재조치보다 훨씬 강력한 에너지자원 무기화를 위한 체력을 비축하고자 하는 장기적인 전략에 따른 것이다.

1991년 이래 시장경제체제로의 전환기에 치렀던 가공할 대혼란과 생활고, 1998년 모라토리엄 사태 때 다시 벌어진 금융위기와 루블화 폭락 사태를 모두 치러낸 러시아 국민들로서는 서구와 미국의 기대대로 푸틴 정권에 경제위기의 책임을 묻고 반기를 들 가능성이 적다.

노벨경제학상 수상자인 로버트 실러는 현재의 세계경제 상황이 히틀러의 나치즘이 득세하여 제 2차 세계대전을 향해 나아가던 1937년의 상황과 유사하다고 지적하면서, 러시아에 부과된 경제제재 조치가 유럽 전체에 걸쳐 경기침체를 초래할 수 있고 세계 평화질서 유지에 위협이 될 수 있기 때문에 조속히 중단해야 한다고 밝혔다. 즉, 이는 국지적인 차원에서의 유럽과 러시아의 우크라이나를 둘러싼 다툼에 머무르지 않고, 세계가 다시 가연성이 없는 얼음의 차가움이 아닌, 폭발적으로 불타오를 수 있는 하이드레이트의 차가움으로 느껴지는 신냉전 시대로 접어들고 있음을 보여준다. 푸틴 정부는 2015년 신년기자회견 자리에서 서구와 미국의 제재조치로 인한 러시아 경제의 어려움이 앞으로 몇 년간 이어질 수도 있음에도 불구하고, 우크라이나와 크림반도 문제에서 물러설 뜻이 없음을 분명히 했다. 2015년에 러시아는 경제 활력이 떨어지고 국민의 소비감소 확대 가능성이 높다. 현 상태가 이어질 경우 연 평균성장률은 -5.5%까지 떨어질 수도 있다는 부정적인 전망도 나오고 있지만, 다른 한편으로는 이 사태가 러시아로 하여금 석유-가스 등의 천연자원 의존형 경제에서 벗어나 산업 부문 간 보다 균형 잡힌 성장과 이후 지속가능한 성장 단계로의 이행을 재촉하는 과도기로서 루블화 환율 하락에 따른 러시아의 대외 수출경쟁력 강화와 자동차 산업을 비롯한 러시아 국내 제조업 기반육성에 긍정적인 영향을 미치는 계기가 될 수도 있다.

<참고문헌>

* 김현택 외 편. 『2014 러시아는 어디로 가는가?』, 한국외국어대출판 부, 2014.

* 마이클 해링턴, 김경락 역. 『오래된 희망 사회주의』, 메디치미디어, 2014.

* 모리스 돕, 임휘철 역. 『소련경제사』, 형성사, 1989.

* 빅토르 세르주, 황동하 역. 『러시아혁명의 진실』, 책갈피, 2011.

* 윤성학. 『러시아 에너지가 대한민국을 바꾼다』, 뿌쉬낀 하우스, 2008.

* 윤재웅. 『글로벌 경제위기와 러시아의 미래』, 김광수경제연구소, 2009.

* 윤재희, 강명구. 『중앙아시아 및 극동 러시아의 경제』, 선학사, 2005.

* 이종문. 『현대러시아경제』, 명경사, 2007.

* 정여천 외. 『현대러시아 정치경제의 이해』, 대외경제정책연구원, 2004.

* 토니 클리프, 정선진 역. 『소련은 과연 사회주의였는가?』, 책갈피, 2011.

* 폴 그레고리, 로버트 스튜어트, 한종만 외 역. 『러시아 · 소련 · 독립 국가연합 경제의 구조와 전망』, 열린책들, 1992.

* 홍완석 외 편. 『2013 러시아는 어디로 가는가?』, 이환, 2013.

<참고 인터넷 사이트>

* 고려대학교 러시아 CIS연구소 http://www.ruscis.co.kr/ 러시아
  인사이트
* 국민대학교 유라시아연구소 http://evrazia.or.kr/main/index.
  html
* 러시아 미시경제분석 및 단기예측센터 http://www.forecast.ru
* 러시아 중앙은행 http://www.cbr.ru
* 러시아연방 경제개발통상부 http://www.economy.gov.ru
* 러시아연방 통계청 http://www.gks.ru
* 러시아증권거래소 http://www.rts.ru
* 러시아포커스 경제면 기사 http://russiafocus.co.kr/business
* 한국수출입은행 해외경제연구소 http://keri.koreaexim.go.kr/
* 한국외국어대학교 러시아연구소 http://www.rus.or.kr/ RUSSI
  A · CIS FOCUS
* 한양대학교 아태지역연구센터 러시아 · 유라시아연구사업단
  http://www.eurasiahub.org/contents/main.asp

15. 정치문화

러시아에서 황제란 곧 국가일 정도로 막강한 의미를 가졌다. 이것은 모스크바 공국 중심의 통일 국가를 이룩한 15세기 이후부터 진행되었는데, 국교인 러시아정교에 의해서 그 의미는 더욱 공고하게 굳어졌다.

러시아 민중들의 수동적인 정치성향은 무자비할 정도로 강력했던 전제군주제와 이를 뒷받침했던 러시아정교의 영향이 컸다. 러시아민중들은 러시아정교를 통해서 권력과 황제에 대한 근본적인 경외심과 두려움을 느끼게 되었는데, 이는 러시아정교가 권력이란 하늘의 절대자가 특별한 누군가에게 주는 특별한 특권임을 강조했기 때문이었다. 권력과 권력을 가진 자들은 강력한 힘을 보유한 자들로서 무엇보다 그들은 신의 축복까지도 받은 자들로서, 그들에게 대항한다는 것은 능력으로도 불가능할뿐더러 신에게도 불순종하는 의미였다. 즉 러시아정교회는 러시아 민중들에게 황제는 신의 대리자이며, 황제의 명령에 무조건적으로 순종함이 올바른 신앙임을 주지시켰고, 이를 통해서 황제는 전제군주제의 든든한 배경을 얻게 되었다. 그리고 이러한 전제군주제의 이론적 배경을 제공한 러시아정교회는 경제적 이득 및 국교로서의 종교적 특권을 누릴 수 있었다.

러시아정교와 더불어 농노제도 또한 러시아인들의 정치에 대한 수동적인 태도를 양산했다. 러시아민중들은 전통적으로 지배계층은 정복자로서, 피지배계층은 피정복자로서의 개념을 가지고 있었다. 이것은 몽골지배기 피해의식의 결과물일 수도 있는데, 어느 나라보다 더 강력하게 지속되던 농노제도의 근간이 되었다.

러시아민중들은 역사와 종교를 통해서 국가에 철저하게 복종해야 한다는 개념이 그들의 정신세계에 깊숙하게 뿌리박혀 있었다. 그리고 이러한 관념은 강력한 관료주의에 순응으로 표현되었다.

러시아에서 어느 사회보다 더 굳건한 관료체제가 확립할 수 있었던 것은 이처럼 국가권력을 가진 지배계층이나, 국가권력에 순종함으로써 보호를 약속받았던 러시아민중들이 사이에서 발생한 불평등의 관계성을 당연시하였기 때문이었다. 러시아의 국가와 인민 사이의 불평등한 관계성을 일명 '가부장적인 관계성'으로 부르기도 한다. 러시아는 이러한 전통적 정치사상에 따라서 다른 나라들과 비교해서 국가와 권력에 대한 높은 의존성을 가지고 있다.

즉, 러시아에서는 대중들이 국가의 압도적 우위와 지배적 위치를 인정하고, 오히려 국가는 압도적인 힘과 능력을 바탕으로 대중들이 필요로 하는 질서와 물질적 혜택을 제공해주어야 한다는, 국가에 대한 기대와 의존적 타성이 강하다.

러시아 민중들에게 강력하고 추진력 있는 리더십은 사회와 경제의 안정과 발전을 이루는데 최우선적인 전제조건으로 생각되어져 왔다. 그리고 이러한 강력한 리더십에 대한 선호는 공산주의 시대를 거치면서 더욱 심화되었고, 국가에 대한 의존성은 더더욱 강해졌다.

소련붕괴 이후 혼란스러운 시기에 러시아 시민들은 강력한 리더십을 가진 지도자에 대해서는 그들이 비록 불법적이고 폭력적인 방법을 사용하다고 할지라도 공공질서 유지라는 대의명분을 확보하고 있을시 정부의 방안에 대해서 묵인하는 경향을 띄었다. 이는 과거의 경험을 통해서 형성된 러시아인들만의 정치적 성향이라고 할 수 있다.

러시아 국민들은 공산주의 시대를 거치면서 그 어떤 국가들보다 평등이라는 가치를 최우선적으로 배워왔다. 정치에 대한 수동적인 태도, 그리고 경쟁보다는 평등을 우선시하는 러시아국민들의 정치적 성향은 과거의 유물로써 러시아 정치 발전에 현재까지도 지대한 영향력을 행사하고 있다.

러시아의 자본주의와 민주주의 토착화 과정에서 이러한 전통적 정치사상, 가부장적인 관계성은 많은 사상적 영향력을 주었음이 확인되고 있는 것이다. 러시아 시민들 사이에 뿌리 깊게 박혀있는 국가 권력에 대한 두려움, 그로인한 불평등한 관계성에 대한 자발적 용인은 민주주의와 자본주의의 발전에 부정적 요인으로 작용하고 있다. 적극적인 정치 참여보다는 과거에 그랬던 것처럼, 정치란 일부 특권층의 권리로만 인식하고 있는 것이다. 이처럼 국가와 권력에 대한 개인의 소극적인 태도는 경쟁과 자유를 중시하는 자본주의 시장경제의 발전과는 어긋날 수도 있다.

그러나 오늘의 러시아에서는 과거의 이러한 수동적 분위기는 바뀌고 있다. 러시아 국민들은 정부와 권력에 대해서 예전과 달리 노골적인 불만을 토로하고 있는데 이는 자본주의와 민주화 과정 속에서 저급한 자본주의의 폐해들이 확대되어가고, 이에 따른 불평등과 부조리가 확대되었기 때문이다. 그리고 무엇보다 국가보다는 개인의 역량이 중요하다는 자유주의적 사상이 뿌리내리기 시작했기 때문이다.

집단적인 가치를 개인의 권리와 의무보다 더 중요시했던 러시아정치역사는 러시아의 '공동체주의'communitarianism에 잘 들어난다.

오랜 세월에 걸쳐 러시아 사회의 기본적인 문화로 발전되어 온 공동체주의는 척박한 지리적 여건, 혹독한 러시아의 기후, 그리고 이에 따른 물자의 결핍이라는 조건하에서 러시아인들이 생존을 도모하기 위해 개인보다는 집단의 형태로 생산과 분배를 비롯해 일상생활의 전반의 활동을 영위해 나가는 생활양식이다.

척박한 자연환경, 기후, 물자부족.. 러시아인을 둘러싸고 있던 어려운 환경은 개인주의적 성향보다는 집단형태의 삶의 태도가 보다 더 많은 이익을 줄 수 있었고, 이후 러시아 사회의 기본적인 발전 성향으로써 발전하게 되었다. 이것이 곧 러시아식 공동체주의의 태동이라고 할 수 있다.

러시아식 공동체주의는 고대 슬라브 사회에서부터 관습으로 내려왔던 "연대책임" 제도를 통해서 더 확고해졌다. 국가가 조직을 통제하는데 악용되어지곤 했던 연대책임 제도는 개인의 잘못을 조직 구성원 모두의 책임으로 돌리는 관습이었다. 이러한 관습은 소련시대에 조직 내에서 발생한 불법과 부정행위는 개인의 처벌로 끝나지 않았기에, 오히려 상호간의 비호를 부추겼고, 비리의 온상이 되었다.

러시아식 공동체주의는 소련의 붕괴 이후에 '법보다 인맥'이라는 인식으로 발전되었으며 부정한 뒷거래와 부당한 이익추구의 모습으로 기업과 관료 사회 전반에 걸쳐 진행되었다.

서구에서 말하는 민주주의에 대한 개념은 일반적으로 개인의 자유를 최우선시해서, 이를 법과 제도를 통해서 보호하고, 비밀, 직접, 평등의 기본 조건 아래 선거를 통하여 정치지도자를 선출한다. 또한 권력의 집중화를 분립과 견제라는 도구를 사용하여 제한한다. 그리고 모든 제도적 사항을 헌법으로 보장한다.

소련붕괴이후 구 사회주의 국가들의 민주주의로의 변신은 놀랍기조차 한데, 그러나 서구학자들의 평가를 통해서볼 때 그들의 변신은 외형적이며, 한계를 가진 변신에 불과하다. 즉 개인의 자유라든지 권력의 견제를 통한 분립 등은 어느 정도에만 머물러있다는 것이다.

러시아에 대한 평가도 이와 별반 다르지 않는데 아직도 공정하지 못한 선거, 불법과 비리로 얼룩진 중앙아시아의 여러 국가들보다 수준은 높지만 그렇다고 수준 높은 법치 활동, 권력 견제의 균형을 이루고 있는 발트 국가 및 동유럽 여러 국가들의 수준으로까지는 평가받지 못하고 있다. 러시아에 대해서는 이제 어느 정도 공정한 선거를 치를 수 있을 정도의 민주주의 수준으로 평가받고 있는 실정이다.

권력의 집중, 다당제를 불가능하게 만든 정당법의 존재, 지방자치에 대한 중앙정치의 침해, 언론에 대한 통제. 이러한 푸틴 정부의 정책들은 올바른 민주주의 정착에 방해물이라고 평가하고 있다.

현재 러시아에서는 민주적인 절차에 따라서 선거가 실시되고 있다. 그러나 권력의 독점을 방지하고, 지방의 자치를 인정하며, 공정한 법의 집행 등이 동시에 발전하고 있는 가에 대해서는 늘 의문점을 가질 수밖에 없는 실정이다. 이것은 현재 러시아가 민주주의의 첫걸음을 내딛었을 뿐, 앞으로 갈 길이 험난하고 멀다는 사실을 의미한다.

1. 소련의 붕괴

한 시대의 붕괴는 분명한 원인이 있다. 물론 이 원인이라는 것이 밝혀질 수도 있고, 밝혀질 수 없는 것들도 있지만, 중요한 것은 원인 없는 결과란 없다는 사실이다.

1991년 소련의 붕괴는 전 세계가 전혀 예상하지 못한 상황 속에서, 어떻게 보면 뜬금없이 진행되었다. 그러나 그러한 시각은 소련이라는 나라에 대해서 관심이 없던 사람들 사이에서의 생각일 뿐, 조금이라도 소련에 대해서 연구하고 있던 집단 사이에서는 이미 1980년대 후반부터 소련

고르바쵸프

옐친

붕괴의 전조를 예측하고 있었다.

대체적으로 과거 한 시대를 지배했던 권력 붕괴의 원인을 크게 3가지를 꼽는다. 첫 번째는 지도층의 무능, 두 번째는 낡은 시스템, 세 번째는 붕괴의 촉발점이 되는 사건의 발생이다. 이 3가지 원인 이외에도 수많은 원인들이 붕괴를 촉발하지만, 위와 같은 3가지 원인이 충족될 시, 거의 붕괴의 90%이상은 진행되었다고 판단하여도 무방할 것이다.

1991년 8월 18일 휴가 중이었던 소연방대통령이며 소연방공산당 총서기인 고르바쵸프는 부통령 야나예프Gennady Yanayev가 이끄는 공산당 내의 반대 세력이 쿠데타를 일으켰다는 소식을 듣게 되었다. 그러나 고르바쵸프는 이를 진압할 수 있는 능력과 의지도 박탈당한 채, 굴욕적인 권력 이양만을 요구받게 되었다. 그가 할 수 있는 유일한 저항은 시간을 끄는 것뿐이었다.

고르바쵸프는 뻬레스뜨로이까와 글라스노스찌 정책을 추진함으로써 소련의 경제적 붕괴를 막고, 소련을 지탱하고 있는 가맹국들의 자치분할 요구를 해소하고자 하였다. 그러나 그러한 고르바쵸프의 개혁방안은, 그 개혁 방안의 입안자인 고르바쵸프 자신의 붕괴를 초래하는 원인으로 작용하게 되었다. 무엇보다 고르바쵸프의 개혁 정책들은 공산주의 이론의 근본적인 변경 없이는 지속할 수도, 효과를 낼 수도 없는 정책들이었다. 결국 시행과정에서 공산주의 원론주의자들에 의해서 극심한 반대에 부딪쳤고, 공산당 내 뿐만이 아니라, 국가 지배 체제 전반에 걸쳐서 혼란과 분열을 야기시켰다.

고르바쵸프는 이러한 상황 속에서 조정능력을 발휘하기 보다는 안일한 대처로 일관하는 무능력을 보여주었다. 물론 한 시대의 리더로서 소련의 나아갈 방향을 제시했다는 측면은 분명히 의미가 있지만, 제시한 방향으로 이끌어 가고, 주도해 나가는 책임감과 진취적 능동성은 결여되었음은 비판받을 수밖에 없다.

당시 공산당 내의 변화를 이끌었던 고르바쵸프를 비롯한 개혁파들은 그들의 정책들이 어떠한 방향으로 진행될 것인지 그들 스스로도 잘 인지하지 못했고, 이러한 미래적 시야의 부족은 문제 해결이 아닌, 문제의 혼란을 극대화했다. 또한 공산당 내의 반 고르바쵸프 세력, 즉 원론주의적 공산당세력들은 분명한 시대적 요청에도 불구하고, 자신들의 이익과 권력 유지를 위해서, 서슴없이 무력까지 동원하였다. 이것은 그들이 국민보다 자신들의 권력 유지가 최우선이었음을 들어내는 행동으로써, 국가를 이끌어가는 리더로서의 자질이 전혀 없었음을 들어내는 것이다.

이와 같이, 고르바쵸프의 개혁주의자들이건, 반 고르바쵸프 파의 원론주의적 공산주의자들이건 간에 그들에게 있어서 국가의 가장 핵심인 국민에 대한 책임감은 전무했다고 볼 수 있다. 이것은 붕괴의 첫 번째 원인인 무능한 지도층이라는 필수조건에 합당한 것이었다.

소련 붕괴의 실질적 원인으로 뽑고 있는 정책의 낙후 중, 경제 시스템의 낙후는 소련의 경제적 쇠퇴로 이어졌으며 이는 곧 공산주의에 대한 근본적인 절망으로 표면화 되었다. 결국 소련의 공산주의식 계획경제를 더 이상 믿지 않게 되었으며, 이를 개선하기 위해 시도된 공산주의 안에서의 신 개혁 경제 정책들 또한 추동성을 잃어버릴 수밖에 없었다.

낡은 민족 정책 시스템 또한 한계성에 부딪쳤는데, 소련 가맹국들은 보다 자유롭고, 보다 민족주의적 색채를 띤 민족 정책 시스템으로의 변화를 요구했다. 이에 따라 1989년 소련 외무부장관인 셰바르드나제가 과거의 몰로또프–리벤트로프협정Molotov-Ribbentrop Pact이 폴란드분할과 발틱국가들의 점령을 용이하게 한 비밀협정이라는 것을 인정하였다. 또한 브레즈네프 독트린 포기 선언을 하였으며, 가맹 공화국들에게 광범위한 자치권 부여를 내용으로 담고 있던 신연방조약New union treaty안 서명하고자 하였다. (물론 이 조약은 보수파의 반대로 서명되지 못했고, 오히려 쿠데타의 빌미가 되었다) 고르바쵸프는 민족 정책에 대해서 보다 개혁적인 정책으로의 변화를 추구했지만, 소련 가맹국들은 그 정도의 정책 변화정도로는 그들의 욕구를 충족시킬 수 없음을 분명히 했다. 이에 따라 소련 가맹국들의 노골적인 소련 탈퇴 움직임은 본격화 되었다.

정치 시스템의 낙후 또한 두드려졌는데, 국민들은 국민의 주권 강화 및 다당제등, 보다 급진적인 정치 개혁을 요구했고, 이는 공산당 단일 정당체제의 붕괴를 유발한다는 점에서 민주주의적 혁명으로의 길을 여는 의미가 있다. 물론 공산주의 정권은 이를 받아들일 수 없었고, 국민들의 정치에 대한 실망감은 나날이 커졌다.

무능한 지도층에 이어, 소련의 낡은 정책 시스템들은 국민의 개혁 요구를 반영할 수 없었고, 소련 붕괴의 횃불은 타올랐다.

세 번째 원인인 붕괴의 촉발점은 3일 만에 끝난 보수파의 쿠데타를 들

수 있다. 1991년 8월 18일 공산당 내 반 고르바쵸프파, 즉 공산주의 원론
주의파는 일부 군 지도자들과 함께 고르바쵸프 축출을 목적으로 쿠테타
를 시도했다. 그들은 휴가 중이었던 고르바쵸프에게 통치권 이양을 요
구함과 동시에 언론을 통해서 고르바쵸프의 와병으로 부통령 야나예프
Gennady Yanayev가 직무대행이 되었다는 사실과 현재 국가 위기 사태임
을 선포하였다.

그러나 이 쿠테타는 3일 천하로 끝나게 되는데, 이미 고르바쵸프의 개
혁정책으로 인해서 자유화된 언론의 적극적인 반 쿠데파 보도, 그리고
과거로의 회귀를 반대하는 국민들의 저항 및 이 국민의 저항을 한데 결
집시켰던 옐친의 능력을 원인으로 꼽을 수 있다. 특히 옐친의 국민들에
게 적극적인 총파업 선언과 국민적 저항 운동 전개는 소련 군부의 적극
적인 쿠데타 참여를 막아내었고, 시간이 흐르면서 쿠데타 실패의 두려움
은 결국 소련 군부가 쿠데타 세력이 아닌 반 쿠데타 세력에 손을 들어주
는 결정적인 이유가 되었다.

공산주의 원론주의자들이 일으킨 쿠데타의 실패는 공산당 안에서의
개혁을 꿈꾸고 추진했던 개혁주의파들의 몰락까지도 촉발시켰다. 국민
들은 이미 개방화된 사회 속에서 공산주의 내에서의 개혁으로는 소련의
앞날이 비관적이라고 판단하였고, 보다 근본적인 혁명, 즉 민주주의와
자본주의로의 급속한 변화를 요구하게 되었던 것이다.

고르바쵸프는 쿠데타의 실패 이후 모스크바로 돌아올 수 있었지만,
이미 공산당 내에서의 그의 권위는 추락했고, 새로운 리더로 떠오른 옐
친의 민주주의와 자본주의를 근간으로 하는 탈소련, 러시아 독립선언을
막아낼 수 없었다.

1991년 12월 12일 러시아연방공화국(RSFSR) 최고회의는 소련 내 공화국들 간의 조약 폐기를 선언하였다. 이와 더불어 15개 공화국의 연쇄적인 독립을 공식적으로 승인되게 되었다. 결국 연방해체는 19171년 혁명 이후 시작되었던 74년간의 공산주의 시대를 마감하게 되는 결정적 이유가 되었다.

2. 러시아 연방제

연방제는 중앙과 지역의 두 개 이상의 정부 조직을 가지고 있으면서 상호간의 견제와 협력을 통해 국가 운영 전반의 책임을 함께 공유하는 정치체계이다. 무엇보다 연방제는 중앙정부와 연방을 구성하고 있는 지방정부간의 견제와 협력을 용인함으로써 권력의 집중을 막고 효율적인 국정운영을 꾀하는 정치체제이다.

무엇보다 다민족국가로 이루어진 국가일수록 특정 민족이니 지역이 중앙정부의 권력을 독점할 수 있고, 이는 곧 타민족이나, 타 지역의 소외감을 불러일으킬 수 있다. 이러한 소외감은 국가의 붕괴까지도 초래할 수 있는 심각한 문제이고, 타민족과 타 지역의 중앙정부에 대한 견제와 협력을 용인할 수 제도를 마련함으로써 문제를 해결해 가는 것이 바로 연방제이다.

이러하기에 연방제의 핵심은 중앙과 지방간의 협력과 견제를 얼마나 제도적으로, 그리고 실질적으로 보장하고 있는가에 달려있다. 협력과 견제는 중앙과 지방의 균형 잡힌 발전을 이루게 해줄 뿐만이 아니라, 다양한 민족

간, 지역 간 차이에서 발생하는 문제를 해소할 수 있는 열쇠이기도 하다.

중앙과 지방은 헌법에 의해서 중앙정부만이 그리고 지방정부만이 가지는 고유한 권한을 인정하고, 이와 동시에 공동 권한도 인정받고 있다.

러시아 연방도 이러한 기본적인 연방제의 성격을 헌법을 통해서 보장하고 있다. 연방제의 올바른 정착은 중앙정부가 얼마나 지방정부의 자율성을 보장하는가에 달려있고, 이것은 곧 지방정부의 권력 선출 방식과 밀접한 관련을 맺고 있다. 지방정부의 독립성은 지방정부를 이루고 있는 지방권력 핵심이 중앙정부의 개입을 배제하고 자유로운 선거를 통해서 선출될 때 가능하다. 대부분의 연방제 국가에서는 선거를 통해서 지방정부를 구성하도록 제도를 완비하고 있고, 특히 지방정부의 핵심인 주지사의 경우는 그 임기를 헌법을 통해서 보장하고 있다. 그러나 소수의 연방제 국가들은 주지사를 중앙정부에서 임명직으로 지방정부 내려 보내기도 하는데 그러나 이 경우에도 선거를 통해 선출된 지방의회의 의장이 지방정부의 권력을 견제할 수 있는 막대한 권한을 부여받고 있다.

러시아 역시 위와 같은 연방제의 목적에 따라서 중앙과 지방과의 견제와 협력을 헌법을 통해서 용인하고 있다. 그러나 지방정부의 권력 선출 방식은 시대적 환경과 정치적 필요성에 의해서 여러 번 변경 되었고, 현재까지도 연방제의 핵심인 지방분권화를 요원하게 하고 있다.

러시아연방 헌법에서는 러시아 연방과 러시아는 동일한 의미를 가진다고 표기하고 있으며, 러시아는 연방제 국가로써 공화국/끄라이/주/연방특별시/자치주/자치구 등으로 구성된다 라고 표기하고 있다.

헌법에서는 각 연방주체가 주체 필요에 따라서 헌법, 법률, 규칙 등을 가질 수 있고, 각 연방주체는 동등한 권한을 가지는 것으로 기술하고 있다. 이는 각 연방주체가 동등한 위치에서 견제와 협력을 보장 받음으로써 연방 전체 발전을 도모하고 있음을 표방하고 있는 것이다.

그러나 러시아 연방제는 헌법을 바꾸는 방식으로써 처음 시작할 때 당시의 연방제 본연의 의미를 퇴색시키고 있다. 즉 현실 정치에서는 각 연방주체들이 동등한 위치를 차지하고 못하고 있는데, 이는 너무도 강력한 중앙정부의 입김이 지방정부에 미치고 있기 때문이다.

대표적인 예가 바로 선거제도인데, 1993년에 채택된 헌법에서는 대통령과 양원제(상원과 하원)을 국민들이 직접 선출하고, 지방정부 구성은 각 연방주체가 자신들의 상황에 맞추어서 지역 주민들의 직접 선거를 통해서 구성할 수 있도록 하였다. 즉 대통령은 국민에 의한 직접 선거를 통해서 유권자의 과반수 지지를 확보할 때 선출이 되며, 입법부의 상원과 하원 그리고 각 연방주체의 입법 및 행정부 수장은 지역 주민들이 직접 선거를 통해서 선출하도록 러시아 헌법은 규정하고 있다.

그러나 2000년 이후 헌법 개정을 통해서, 특히 상원의 경우 선거에서의 직접 선출이 폐지되었고, 하원의 경우 비례대표제로 바뀜으로써 개인이 아닌 정당 위주의 선거로 치러지게 되었다. 무엇보다 지방 정부의 수장을 중앙에서 임명하는 제도로 바뀜으로써 연방제의 기초가 흔들리고 있다. 이는 중앙정부와 지방정부간의 견제와 협력 방식이 일방적인 지시와 복종 관계로 변질 될 수 있는 상황으로 몰리고 있는 것이다.

1993년에 공표된 러시아 헌법에 의하면 러시아 연방 대통령의 임기는 4년이며, 중임이 가능하도록 하였다. 그리고 중임이후에는 바로 대통령 선거에 출마할 수 없다. 다만 횟수에 제한이 없기에 한번 쉬고 다시 출마는 가능하도록 하였다. 즉 연속 재임 후 바로 출마할 수는 없지만, 그 다음 회에는 다시 대통령직에 도전할 수 있게 한 것이다.

러시아 연방 대통령은 전체 유권자의 과반수 지지를 확보해야만 선출되며, 만일 1차 투표에서 과반수 확보에 실패하였다면, 1차 투표의 1,2위가 다시 15일 이내에 결선투표를 하여 최다득표자가 대통령이 된다.

2008년 대통령 임기는 기존 4년에서 6년으로 개정되었고, 첫 적용대상자는 물론 푸틴이었다. 입법부인 상원과 하원에 대한 선출 및 구성은 대통령제도의 변화보다 더 자주, 더 많은 변화가 이루어져왔다.

1993년 헌법에 의하면 상원은 178명의 의원으로 이루어졌는데, 당시 89개의 연방 주체들로부터 각각 2명씩 지역 주민들이 직접 선거를 통해서 선출했고, 하원은 450명으로써 과반수는 소선거구제에 의해서 선출하고, 나머지 과반수는 정당별 지지율에 따른 배분으로 확정했다.

1995년 개정된 헌법에 의해서 상원의원은 선거가 아닌 지방의회 의장과 지방 정부 행정 수반이 자동적으로 의원직을 겸임하도록 하였다.

이는 다시 2000년 개정된 헌법에 의해서 연방구성 주체의 행정부와 입법부에서 각각 1명씩 상원 의원을 추천하도록 했다. 지방의회에서 입법부를 대표하는 상원의원을 선출하고, 행정부를 대표하는 상원의원은 지방의회 의원들의 3분의 2가 반대하지 않는다는 조건 아래 주지사에 의해 임명된다.

2000년 이후 개정된 헌법 중에 중앙정부의 권한을 확대시킨 여러 정책 중 하나가 바로 대통령 전권대표 파견제도이다. 이는 2000년 5월 대통령 포고령으로 시행 발표된 정책으로 당시 89개의 행정 구역을 7개의 연방지구로 재편성하고, 각 연방지구에 대통령 권한 대행인 대통령 전권대표를 파견하는 제도였다. 중앙정부의 결정 사항을 지방정부가 어떻게 처리하는지 감독 권한을 부여 받은 대통령 전권대표들은 기존 지방정부 수장들의 영향력을 축소시켰다.

무엇보다 현재 러시아 연방제에서 주목할 점은 지방정부의 수장에 대한 정치 영향력 감소와 면책특권의 축소를 통해서 중앙정부의 권한이 확대되고 있다는데 있다. 지방정부의 행정 및 입법 사항이 만일 중앙정부의 행정 과 입법에 반대되는 경향으로 지속될 때 대통령은 지방정부의 수장을 해임할 수 있고, 지방 의회를 해산할 수 있는 법률안을 통과시켰다. 이는 지방정부의 수장이 대통령의 영향력 안에 종속 돼 버린 것이다. 물론 이러한 중앙정부의 권력 강화정책은 기존의 연방제의 근간을 훼손하고 있다는 비판에 처해있지만, 중앙정부는 오히려 중앙정부에 보다 많은 권력을 부여하는 정책을 지속적으로 추진하고 있다.

3. 푸틴

1999년 9월 모스크바 남동부에 위치한 9층 아파트에 원인을 알 수 없는 폭발 사건이 벌어졌고, 93명이 사망하는 참혹한 사건이 벌어졌다. 당시 총리였던 푸틴은 이 사건의 주범으로 체첸 과격파를 지목하고 강력한 응징을 선포하였다. 그리고 이 선포는 곧 행동으로 옮겨졌다.

제 2 차 체첸전쟁은 푸틴의 정치적 영향력을 극적으로 확대시키는 계기가 되었고, 당시 어떻게 보면 너무도 신속하고 과격하다고 여겨질 정도의 체첸에 대한 응징은 1999년 12월 총선 및 2000년 대선을 앞두고 체첸을 희생양으로 삼아 민족의식을 고취할 의도에서 고도로 진행된 정치

푸틴

적 판단이었다는 의견이 분분하다.

체첸전의 전쟁영웅으로 부상한 푸틴은 압도적인 표차이로 총선에서 승리를 거두고, 이어진 대선에서도 무난하게 러시아 연방 대통령직을 거머쥐게 되었다.

푸틴은 그의 대통령 재임기간(2000~2008, 2012~현재) 내 여러 정책들을 입안하고 시행했지만, 무엇보다 아래 3가지의 일관된 틀 안에서 모든 정책들을 시행하고 있다. 그리고 이러한 정책들은 러시아를 위기에서 벗어나게도 했지만, 또한 위기에 빠지게도 하는 등, 동전의 양면으로 평가되고 있다.

첫 번째로 그의 정책은 권력의 중앙 집중이라는 큰 틀 안에서 진행되고 있다. 푸틴은 중앙으로 권력을 집중하기 위해서 지방의 권한을 축소시키는 정책을 지속적으로 시행했다.

먼저 지방정부의 수장을 뽑는 선거를 직접 선거에서 2005년부터는 대통령이 임명하고 지방의회가 승인하는 방식으로 변경하였다. 또한 상원의원 선출방식도 각 지역의 행정수장과 의회의장이 당연직으로 되던 것에서 각 지역의 행정수장 및 의회의장이 임명하도록 하였는데, 이 과정에서 중앙정부의 개입이 용이하도록 하였다. 하원의원 선출방식도 지역선거구제를 폐지하고 의석을 정당지지도에 따라 배분하도록 하였다. 특히 정당이 의석을 얻기 위해서는 7% 이상의 득표율을 획득해야 했고, 2007년 12월 총선에서 4개의 정당만이 남게 되었다. 이는 지역에 기반을 둔 정당의 출현을 사전에 막는 역할을 하게 되었다. 무엇보다 푸틴은 7개의 연방지구로 지방정부를 재편성하고, 각각 대통령 전권대표를 파견하였다. 그들은 각 담당 지역의 지역법이 연방법에 위반되는지, 그리고 세금 징수 및 연방자금의 감수를 담당함으로써 중앙의 지역 지배를 강화시켰다.

이와 동시에 조세제도의 변화를 통해서 지방정부의 세수를 줄이는 방법으로 지방정부를 압박하고 있다. 지방정부의 재정을 어렵게 만들고, 이를 통해서 지방정부의 중앙정부에 대한 재정의존도는 높이고 있는 것이다. 지방정부의 독립성은 물론 선출직 수장에 의해서도 지켜지지만 재정독립이 어느 정도 실현되지 못하면, 결국 실패할 수밖에 없고, 중앙정부는 이를 교묘히 이용하고 있는 것이다.

석유와 가스에 부과되던 자원세는 이전까지는 지방정부의 몫이었으나, 푸틴정부는 중앙정부의 몫으로 돌림으로써 지방정부의 재정적 궁핍을 유발시켰다. 이는 결국 지방정부의 재정이 중앙정부의 지원에 달림으로써, 견제와 협력이 지원과 감수라는 관계로 뒤바뀌는 형상을 초래했다.

두 번째로 푸틴은 언론 통제를 강화하는 정책을 시행 중이다. 언론의 반정부적인 보도와 비판적인 시각 아래에서 방영되는 프로그램들은 푸틴으로 하여금 언론의 국유화를 통한 언론 통제의 필요성을 인식하게 하였다. 푸틴은 언론의 자유로운 비판을 오히려 국가의 해가 되는 악이라고까지 규정하고, 강력한 통제정책을 펼치기 시작했다.

결국 대표적 언론 재벌인 베레좁스키와 구신스키는 정부의 강압적인 태도에 굴복해서 전국구 방송인 ORT와 NTV의 소유권을 내놓을 수밖에 없었다. 이후 대부분의 언론들은 정부의 눈치를 볼 수밖에 없는 상황에 처해겼고 정부는 이를 적극적으로 이용하였다.

선거 기간 중 푸틴 정부는 언론이 친정부 정당이나 후보들에게 유리한 방송을 하도록 강요했고, 비판적인 정당이나 후보들에게는 아예 언론의 접근조차 어렵게 하는 상황을 만들어갔다. 이러한 푸틴의 언론 통제 정책은 서방으로부터 수많은 비판을 초래하고 있지만, 내정간섭이라는 방패를 통해서 계속적인 통제 정책을 시행할 것임을 내세우고 있다.

세 번째로 자원 국유화에 입각한 정책들인데, 이는 곧 국가의 존립을 좌우할 것이라는 그의 신념에서 출발한 것이다.

소련붕괴 이후 2002년 말까지 지속되었던 자원분야의 민영화 정책은 2003년을 기점으로 국유화 정책으로 돌변하게 된다. 푸틴정부는 '국가자본주의'라는 이론적 틀 안에서 자원은 러시아의 영토와 국민을 지킬 수 있는 국방력 이외의 또 하나의 무기로 규정했다.

한정된 자원은 결국 경제적 문제를 넘어 국가 존립의 문제로 확대될 수 있음을 경고하고, 이를 위해서 국가의 주도 아래 자원 및 기간산업 대부분이 민간에서 다시 국가로 귀속되는 정책을 펼쳤다.

러시아는 자원 분야 중 에너지 분야에 집중적인 국유화정책을 시행 중에 있는데, 대표적인 정책이 바로 '에너지전략 프로젝트'이다. 이 프로젝트는 러시아의 에너지정책을 장기적인 관점에서 계획한 것으로 에너지 자원의 지속적이며 발굴 및 개발, 그리고 판로 개척을 중시해야 함을 지적하고 있다. 이를 위해서 정부는 에너지자원의 개발에 보다 적극적인 정부의 개입과 통제가 필요함을 강조하고 있다.

푸틴정부는 무엇보다 서방국가의 다국적 국가 중심의 에너지 산업에 대항하기 위해서는 러시아 정부가 주도하는 에너지 대기업의 출현이 반드시 필요함을 강조하고 있다.

이와 동시에 현재 푸틴정부는 자국의 자원을 지키는 정도 차원의 정책을 뛰어넘어 오히려 자국의 자원을 통해서 보다 적극적으로 외교전을 펼치고 있다. 이것은 자원외교에 있어서 수동적인 태도보다는 적극적인 태도로의 전환이 오히려 러시아에게 유리하다고 판단하고 있기 때문이다.

현재 EU 대부분의 국가들은 러시아로부터 석유와 가스를 수입하고 있고, 그 비율은 엄청나다. 2005년 러시아는 우크라이나에 사이에 발생한 가스 사태는 러시아의 에너지 자원이 얼마나 위협적인가를 단적으로 보여준 실례이다. 당시 러시아는 우크라이나로 공급하던 가스의 양을 줄였고, 우크라이나뿐만이 아니라 이탈리아, 헝가리, 오스트리아 등에서 가스 부족 상태가 발생했다.

이제 러시아는 자국의 자원을 지키는 것뿐만이 아니라, 자원이라는 무기를 통해서 타국과의 외교전에 승리하고자 한다. 그리고 그러한 정책적 시각은 현실화되고 있다.

〈참고문헌〉

* 김학준, 장덕준. 『현대 러시아의 해부』, 서울: 동북아역사재단, 2014

* 김현택 외 4명. 『붉은 광장의 아이스링크』, 서울: HUNE, 2008

* 김현택, 김선래. 『러시아는 어디로 가는가?』, 서울: HUNE, 2014

* 신범식. 「체제전환기 러시아 지방정치의 제도화 과정과 엘리트 분화」, 《한국정치학회보》. 38-3 (2002)

* 이영형. 「러시아의 정치 엘리트 충원 방식과 연방제 구조의 성격」, 《국제지역연구》. 14-3 (2010)

* 이홍섭. 「러시아 정치체제의 권위주의화 '안보위협'의 효과를 중심으로」, 《국제지역연구》. 15-4 (2012)

* 장덕준. 「현대 러시아 정치문화의 탐색: 모스크바 시민들의 민주주의에 대한 인식을 중심으로」, 《한국정치학회복》. 41-1 (2005)

16. 대외정책

푸틴과 시진핑

소련의 붕괴는 이념의 시대를 종결하는 획기적인 계기가 되었으며, 국제관계는 이제 이념에 따라서 움직이는 것이 아닌, 국가의 국익에 따라 합종연횡 하는 춘추전국시대로 접어들게 되었다.

러시아는 공산주의에서 자본주의로 체제 변신 후, 탈 이데올르기와 경제적 이익이라는 큰 테두리 안에서 여러 국가들과 다양한 외교채널을 확보하고자 하였고, 이에 따라 여러 대외정책들을 진행했다.

옐친정부의 대외정책은 크게 보아 초기 친 서구주의 정책 실행 그리고 그 이후 실용주의 정책으로의 전환 및 다면화주의적인 외교정책 시행으로 규정지을 수 있다.

옐친정부의 초창기 대외정책은 친 서구주의에 입각한 정책들로 채워졌는데, 이는 러시아가 급변하고 있는 자본주의 세계화에 합류하기 위해서는 서구 국가들의 도움이 절대적이라고 여겼기 때문이었다. 당시 옐친

정부는 급속한 자본주의 경제로의 변환과 이를 위한 주변 국가들, 특히 자본주의국가들과의 우호관계 증진이 필수적이 여겼고, 비판적 시각에서 보면 굴욕적이라고 여길 만한 대외정책들을 시행했다.

이 과정에서 서구국가들의 지원을 기대했지만, 그러나 그것은 단지 러시아만의 착각이었다. 서구국가들은 러시아의 친서구주의 정책들을 자신들의 이익을 위한 형태로 변질시켜 버렸다. 국제 외교 현장에서 러시아는 서구국가들로부터 도움이 아닌 수모를 당하는 일조차 겪게 되었다.

친 서구주의에 입각한 옐친정부의 초기 대외정책은 국제사회에서 러시아의 영향력을 오히려 상실하게 하는 주요 원인이 되었다. 옐친정부의 외교적 실패는 세계를 주도하는 국가라는 자부심에서 이제는 2류 국가로 떨어져 버렸다는 국민적 자괴심으로 이어졌으며 옐친정부는 새로운 대안을 제시해야 했다.

이러한 러시아 외교의 굴욕 시대에 신 유라시아주의자들이라 불리는 세력들이 부상하게 되었다. 그들은 서구국가들로부터 오히려 러시아가 인정받으려면 서구국가들이 아닌 아시아, 태평양 국가들과의 관계성을 회복 그리고 강화로 이어지는 정책, 즉 이들과의 경제 협력 체제를 보다 적극적으로 강화해야 함을 주장했다.

신 유라시아주의자들의 친 아시아적 정책들은 너무도 일방적으로 추진되었던 친서구주의 정책들을 견제함과 동시에 유럽과 아시아 사이에서 균형 잡힌 외교가 실리를 추구해 줄 것임을 강조했던 것이다.

물론 신 유라시아주의자들이 주창한 친 아시아정책 또한 기대한 만큼의 실질적인 성과물을 내지는 못했는데, 이는 이미 아시아·태평양 지역에서 영향력을 가진 국가들의 러시아에 대한 견제가 있었기 때문이었다.

APEC을 비롯한 지역블록에 참여하고 있던 국가들은 러시아의 아시아 진출에 대한 부정적 의구심을 가지고 있었고, 지역 안보 문제에 대해서도 러시아의 힘을 부차적으로 여겼다.

1995~1996년에 걸쳐서 옐친정부는 체첸 전의 실패를 맛보게 되는데 국내외의 신랄한 비판에 처하게 되었다. 이러한 비판들은 옐친정부에게 보다 더 실용적이고 다면화적인 대외정책 수립의 필요성을 환기 시켰으며, 대외정책의 방향성은 일관성과 안전성을 중심으로 실용주의 측면이 강화되는 방향으로 나아가게 된다.

이 시점 이후 친 서구주의, 친 아시아주의를 뛰어넘어 양쪽 사이에서 균형 잡힌 대외관계와 실용성에 입각한 정책들이 추진되었다.

옐친정부 말기의 대외관계 정책 중 가장 대표적인 실용주의 적용 사례는 초기 무분별할 정도로 넓은 스펙트럼을 가졌던 국가별 대외관계 중시 정책이 중요 국가들에게만 외교력을 집중하는 방향으로 전환했다는데 있다.

옐친정부 초기 당시 "모든 국가와 좋은 관계"라는 모토가 오히려 외교력의 약화와 국력의 낭비를 초래했다고 평가되었고, 정권 말기에는 러시아의 경제적 이익과 군사적 협력체제에 중요한 국가들에만 외교력을 집중하고자 했던 것이다.

열친정부는 실용주의 정책과 더불어 다면화주의 정책도 동시에 시행하는데, 여기에서 다면화주의란 타국가와의 관계성에 있어서, 경제, 정치, 군사, 사회 및 문화를 각각 분리하는 대응하는 주의로써 예를 들어 러시아의 EU와의 관계성에 있어서 경제적인 측면은 강화하되, 군사적인 측면에서는 대립적인 구도를 가져가는 것을 말한다.

엘친의 시대를 넘어 푸틴의 시대로 접어들면서 러시아의 대외정책은 획기적인 변환을 맞이하게 된다.

2000년대 초반 러시아를 둘러싸고 있던 국제질서는 수많은 현안과 급변하는 환경 속에서 여러 차례 부침을 겪게 되었다. 그리고 이러한 환경 속에서 러시아의 대외정책은 실질적인 문제에 봉착하게 되었다. 우선 국제 경제 환경은 세계화라는 큰 조류 속에서 국가 간 경제 교류가 확대 시행되었다. 국제적, 대규모 경제 교류의 확대는 이전에 없었던 국제 금융위기의 세계화라든지 지역경제 붕괴가 세계 경제의 침체로 이어지는 신 국제 환경의 전환을 맞이하게 된 것이다.

러시아는 국제 경제 협력체, G8, 국제통화기금, 국제부흥개발은행 등에서 보다 적극적인 역할 강화의 필요성을 인식하게 되었다. 우선적으로 국내 시장에서의 자본주의 경제 체제로의 신속하고도 강력한 전환을 지속적으로 추진해야 함을 느꼈고, 더 나아가 러시아의 이익을 위해서 경제의 세계화에 참여하여함도 인식하게 되었다. 이제 경제적인 측면에서만 보더라도 러시아 경제의 국제화, 세계화는 선택이 아닌 필수인 환경이 조성되었던 것이다.

2000년대 이후 경제 환경 측면뿐만이 아니라 국제 안보, 국제 정치 측면에서도 국제사회는 여러 전환점을 맞이하게 되는데, 국제 정치 환경은 지역화 및 미국의 강력한 리더십을 맞이하게 된다.

국제 경제 환경에서의 치열한 경쟁 그리고 지역 안보의 중요성이 부각되면서 유럽의 EU, 아시아 태평양 지역의 APEC, 아프리카의 AU, 남미의 MERCOSUR등과 같은 지역 내 경제협력 및 정치적 협력은 중시되었다. 그러나 이러한 국가 간 협력이 개별 국가들의 특수성을 무시하거나,

독립성을 훼손하게 되는 경우도 수차례 발생하면서 실용적 외교정책의 필요성이 그 어느 때보다도 부각되었다.

국제안보에 있어서도 소련의 붕괴는 냉전의 종식뿐만이 아니라, 미국을 중심으로 하는 강력한 리더십의 탄생으로 이어졌고, 이는 국제 안보에 관한 의사결정기구로서 UN 안전보장이사회의 역할은 약화되고, 일부 국가들만 참여하는 서방의 기구, 포럼 등의 역할은 강화되는 방향으로 나아가게 되었다.

1999년 8월에 총리로 발탁된 푸틴은 단 4개월 만인 12월에 대통령 직무대행이 되었고, 이후 3개월 뒤 과반수 이상의 국민적 지지로 제 3 대 러시아 대통령이 되었다.

푸틴이 총리로 발탁되었던 1999년 8월 당시 이러한 상황이 벌어질 것이라고 그 누구도 예측할 수 없었다. 제 2차 체첸 전에서 보여준 강력하고 신속한 결정, 과감성, 애국주의적인 면모는 총리 푸틴을 자연스럽고, 당연한 것처럼 대통령으로 만들어갔다. 국민의 절대적 지지를 받고 탄생한 푸틴 정부는 '강력한 러시아로'라는 구호 아래 과감한 경제개혁과 군사력 강화를 표방하였다.

서구국가들은 그가 가지고 있는 대중적 지지를 바탕으로 안으로는 권력의 집중화를, 밖으로는 서구와의 대립을 내세우면서 권력을 유지할 것이라고 예측했다. 물론 이러한 예측은 대부분 현재까지 맞아 들어가고 있다.

대외정책에 관해서 푸틴은 대통령이 된 2000년 3월부터 현재까지 일관되게 냉전시대의 이념주의 그리고 옐친의 친 서방주의를 뛰어넘는 실리외교를 주장하고 있고, 아래 두 가지 원칙을 중심으로 계획, 시행되고 있다.

첫 번째는 CIS국가들을 비롯한 옛 전통적 동맹 관계에 있던 국가들과의 협력 강화이다. 내부 단결 없이는 결코 외부의 전쟁에서 승리할 수 없다는 기조아래, 옐친정부 시절부터 소원해진 관계성 회복에 주력하고 있다. 특히 NATO의 동진 정책에 맞서 CIS과의 협력관계 증진에 중심을 두면서 유라시아 국가 건설이라는 새로운 정책적 대안도 제시하고 있다.

두 번째로는 세계 다극화로의 진행을 모토로 정책을 추진 중에 있는데, 이 원칙은 푸틴정부가 소련 붕괴 이후 국제사회에서 러시아가 냉전 당시 누렸던 국제적 지위를 상실했음을 인정했다는 것에서 출발한다.

현재 국제사회는 미국중심의 세력 재편이 가속화하고 있고, 이를 극복하기 위해서는 러시아 단일 힘만으로 부족하고, 유럽, 중국, 인도등과의 협력이 필수적이라는 것을 인식하고 있는 것이다. 러시아는 국제적으로 발생하고 있는 경제 · 정치학적 문제에서 유럽, 중국, 인도 등과의 협력을 하고, 이를 통해서 세계 정치권력의 다극화를 유도하고자 한다.

러시아는 중국과 인도와의 보다 심도 있는 관계성 형성에 주력하고 있고, 독일과 일본에 대해서도 UN 안보리 상임이사국으로 승격되도록 지지하고 있다. 또한 유럽 내에서도 독일과 프랑스와의 국제적 협조체제 구축에 공을 들이고 있는데, 이러한 정책들은 국제사회에서 미국의 독주를 막고자하는 러시아의 대외정책의 일면임을 알 수 있다.

소련 붕괴를 통해서 이루어진 냉전의 종식은 국제사회를 새로운 권력투쟁의 장으로 변모시켰다. 미국과 서유럽간의 보이지 않는 세력 다툼은 이미 시작되었고, 협력 관계는 조금씩 흔들리고 있다. 서유럽은 그동안 미국과의 협력을 통해서 성장해왔지만, 이제 그 한계에 다다랐음을 인식하기 시작했고, 이제는 미국을 견제해야 한다는 논리로까지 확대되고 있다.

이러한 과정 속에서 푸틴 정부는 유럽과 미국을 구별하여 대외정책을 추진하고 있다. 유럽에 대해서는 경제 협력 강화와 EU와 전략적 협력을 추진해간다는 입장이다. 그러나 협력관계 강화를 중심이라고 하지만, NATO의 동진정책을 비롯한 확대정책에 대해서는 부정적인 입장을 수차례 밝히며, 일방적인 우호관계에서는 탈피하고 있다. 미국에 대해서는 옐친정부에 비해서 현저하게 거리를 두고 있다. 이러한 정책들이 오히려 미국으로 하여금 먼저 러시아에 손을 내미게 하고 있고, 어느 정도 러시아는 국제적 위치를 확보하게 했음 부정할 수 없다.

이외에도 여러 정책들이 푸틴정부 들어서 시행되고 있는데, 특히 핵무기 정책에 대해서는 옐친정부와는 다른 방향성 안에서 접근하고 있다. 무엇보다 핵이 가지는 특수성을 감안할 때 정책의 영향력은 세계 국가들 사이에서 작지 않다.

옐친정부는 서구국가들로부터의 경제적 협조, 정치적 도움을 받고자 핵무기 감축에 동의했었다. 그러나 이러한 핵무기 감축 정책은 러시아 군사력의 약화를 초래했고, 국제적 위상 또한 떨어지게 하였다. 푸틴정부는 일방적인 핵무기 감축 정책에서 벗어나 오히려 전략적인 핵무기의 개발을 통해서 숫자는 줄이되, 질은 높이는 전략을 통해서 군사력의 확대와 이를 통해서 국제사회에서의 발언권을 높이고 있다.

현재 국제사회에서 러시아는 과거의 영향력을 많은 부분 회복했다. UN의 상임이사국으로써 국제적 위치가 갖는 특수성을 과거 이념에만 적용했던 측면에서 벗어나 경제, 외교, 문화로까지 확대시키고 있다. 이러한 과정 속에서 러시아는 UN의 역할을 확대시키고사 하는데, 국제 사회의 분쟁, 위기 상황의 해결에 적극적인 UN의 개입을 지지하고 있다. 배경에는 미국 중심의 국제 사회 틀을 깨기 위한 러시아의 외교노력 중 하나임을 부정할 수 없다.

〈참고문헌〉

* 강봉구. 「강대국으로의 복귀, 푸틴 시대의 대외정책」, 《슬라브연구》. 30-1 (2014)
* 강평기. 「러시아 대외정책의 근본방향」, 《슬라브학보》. 25-1 (2010)
* 김성진. 「러시아 푸틴/메드베데프의 대외정책」, 《중소연구》. 36-4 (2013)
* 김학준, 장덕준. 『현대 러시아의 해부』, 서울: 동북아역사재단, 2014
* 김현택 외 4명. 『붉은 광장의 아이스링크』, 서울: HUNE, 2008
* 신범식. 「유라시아 지정학적 환경변화와 러시아의 대응」, 《국제정치논총》. 43-4 (2003)
* 에가시라 히로시. 『푸틴의 제국』, 서울: 달과소, 2006
* 윤영미. 『현대 러시아정치와 국제관계』, 서울: 두남, 2012
* 제성훈. 「푸틴의 귀환, 러시아의 미래」, 《세계지역연구논총》, 30-1 (2012)

17. 한러관계

2015년은 우리나라가 1990년 9월 러시아와 국교를 재개한 지 25주년*
이 되는 해이다. 지리적으로는 유라시아 대륙의 일원이지만, 1945년 38
선이 그어진 이후 대륙과 단절되어 섬나라 아닌 섬나라로서 살아왔던 한
국은 냉전체제에 구속되어 이념적으로는 극단적인 반공주의, 정치-외
교적으로는 미국의 동아시아정책을 충실히 실행하는 첨병으로서의 역할
에 한정되었다. 냉전체제가 붕괴되기 이전까지 한국은 소련과 중국을 한
축으로 하는 대륙세력과 미국과 일본을 축으로 하는 태평양으로부터의
해양세력 사이에서 선택의 여지없이 한-미-일 동맹에 편입되어 독자적
인 이해관계에 따른 외교적 융통성은 전혀 발휘하지 못한 채 정치, 경제,
사회, 문화 전 분야에 걸쳐 온전한 발전을 이루지 못했다.**

그러나 소련의 붕괴와 함께 찾아온 탈냉전시기에 한국은 한반도의 통
일과 대륙으로의 발전을 향한 중요한 기회를 맞이하게 되었다. 분단체제
로 고착화된 분단된 한반도의 허리를 다시 연결하는 역사적 사업에 있어
서 한반도를 둘러싼 주변 4대 강국 중에서 러시아는 미국, 중국, 일본 그
어느 나라보다 더 한국의 이해관계에 가깝고 유일하게 한반도 분단체제
해소를 통해 상생의 정치-경제적 이득을 많이 얻을 수 있다. 러시아의

---

* 러시아에서는 100의 1/4인 25를 중요한 분기로 인식하여 20주년이나 30주년보
  다 더 성대하게 기념한다. 한-러수교 25주년인 올해는 우리나라의 광복 70주년이
  자, 러시아의 대독승전 70주년으로 한반도 주변정세에 한 획을 긋는 중요한 의미를
  갖는다.

** 2012년 11월 유엔 총회에서 있었던 팔레스타인 자치정부의 비회원 참관국 지위
  인정 결의안 투표에서 193개 투표참가국 중 압도적 절대다수인 138개국이 찬성
  표를 던졌지만(반대 9, 기권 41), 한국은 이 결의안에 반대한 미국의 눈치를 보느
  라 기권표를 던졌다. 그나마 이것이 한국이 유엔에 가입한 이후 미국과 다르게 투표
  권을 행사한 유일한 첫 사례일정도로 당시 유엔 안보리 비상임이사국 지위(2013-
  2014년)를 앞두었던 한국의 자주적 외교권 행사는 제약되어 있었다. 당시 미국과
  함께 이 결의안에 반대표를 던진 나라는 이스라엘, 캐나다, 체코, 파나마 외에 팔라
  우, 마샬 군도, 나우루, 미크로네시아 정도였다.

입장에서도 이미 페레스트로이카 시기에 고르바초프 징권 시절 선언은 되었으나, 현실화되지 못한 동방정책은 푸틴 정부 들어서 중요성이 강조되고 신동진정책으로 구체화되어 나타나고 있다. 특히 2014년 러시아의 크림 합병과 우크라이나 동부지역 분리사태를 계기로 강화되어 가는 서방의 대러 경제제재조치에 맞서 중국과의 협력을 강화하고, 극동 시베리아 개발을 위해서 한국과의 협력을 획기적으로 발전시킬 필요가 있는 러시아로서는 한반도의 군사적 긴장을 낮추고 북한을 경유하는 가스관과 철도연결 사업을 보다 더 적극적으로 추진하려 한다. 한국 입장에서도 러시아는 유라시아라는 신천지로 들어가는 입구로서 21세기 한반도의 미래를 결정짓는 가장 중요한 협력자로서도 중요한 상대라는 것은 말할 나위가 없다.

2015년 5월 모스크바에서 열리는 러시아의 대독승전 70주년 기념행사 자리에 러시아는 남북한의 정상을 모두 초청했다. 북한의 김정은 정권이 직접 밝히지는 않았지만 참석을 긍정적으로 확인해주었는데 반해, 한국은 남북한 관계개선 뿐만 아니라, 박근혜 정부의 유라시아 이니셔티브 정책 추진을 위해서도 반드시 필요한 이 자리에의 참석여부를 놓고 장고 중에 있다. 어떤 결말이 나든 올해는 한반도를 둘러싼 국제관계가 전환기를 맞을 가능성이 높은 해이며, 그 해법의 중심에는 한-러관계가 중요한 요소로 작용한다는 사실은 분명하다.

보다 분명한 것은 한국이 해양세력에 편입되어 대륙과 분리되어 맞서게 된 것은 채 한세기에 지나지 않고 누천년 역사 이래로 대륙의 일원으로 존재해왔었다는 부인할 수 없는 사실일 것이다.

1. 한·러 관계사 - 1990년 수교 이전까지

역사적으로 러시아와의 공식적인 관계는 1884년 조러 통상조약을 체결하여 국교를 맺은 것이 그 시작이지만, 거슬러 올라가면 1654년의 제1차 나선정벌羅禪征伐, 1658년의 제 2차 나선정벌 때 아무르강 유역을 넘어 청나라를 위협하던 러시아의 코사크족 원정대와 전투를 치르며 처음으로 대면했다. 병자호란의 치욕을 겪어 볼모의 신세가 되었다가 돌아온 조선의 효종이 청에 대한 북벌을 준비하며 양성한 조선의 소총수 부대가 원수였던 청나라의 강요에 알지도 못하는 러시아와의 전투에 원치 않은 출병을 해야만 했었다. 당시 러시아도 조선의 존재에 대해서 알지도 못한 상태에서 청나라의 용병으로 나선 조선 소총수 부대와 전투를 벌였다. 조선의 소총수 부대에 밀려 아무르강을 넘어 퇴각하기는 했지만, 그 후 꾸준히 세력을 계속 확장한 러시아가 1860년 청나라와 북경조약을 맺어 청나라와의 북방 국경을 확정지으면서 두만강 유역을 경계로 조선은 러시아와 이웃나라가 되었다.

국경을 맞대게 되면서 1857년부터 차츰 한인들은 경작할 땅을 찾아 러시아 영역으로 이주하기 시작하여 1864년 1월에는 레자노보*에 14가구 65명이 첫 한인촌을 이루어 살기 시작했고, 해를 거듭할수록 한인 이주민들이 늘어나 1866년에는 90가구 546명으로 1867년 1월 1일자로는 모두 185가구 999명에 달해 한인 이주민 천 명을 돌파하고 1870년에는

---

* 당시 러시아의 노브고로드 국경수비대 장교였던 레자노프의 이름을 따서 지어진 마을로서 그는 기아와 빈곤을 피해 조선을 떠나 이주해온 한인들을 인도적 차원에서 러시아 연해주 정부가 받아들이도록 돕고 만주족 화적으로부터 보호했다. 이 시기에 이미 러시아가 중국과 한국을 구별하여 이주민을 받아들였다는 점은 역사의 우연으로만 볼 수는 없다.

이주민이 8,000~9,000명을 헤아릴 정도로 급증했다. 1872년에는 한인 촌락이 13개나 만들어졌다. 러시아 입장에서는 한인 이주민의 노동력을 이용하여 포시에트 탄광을 개발하고, 군부대 공급용 밀을 충분히 경작할 수 있다는 계산 아래 받아들였지만, 함경도 북부의 가난한 농민들에게는 새로운 기회의 땅으로 기아와 가난에서 벗어날 수 있는 신천지로 받아들여졌다. 이때 연해주로 이주한 한인들이 건설한 한인촌은 훗날 일본 제국주의에 빼앗긴 나라를 되찾기 위한 독립운동의 해외 거점 역할을 담당하기도 했다.

1884년 조러통상조약을 맺어 조선은 러시아와 공식적인 국교를 시작했다. 이는 당시 갑신정변의 배후세력인 청나라에 대한 견제를 위해 러시아를 필요로 했던 조선의 입장이 반영되었던 것이지만, 러시아의 이해에도 부합했다. 나아가 1886년에는 조러비밀협약을 맺어 청-일 세력 견제를 시도했다. 1895년 일본이 개화파를 앞세운 일본을 견제하는 민비를 시해한 을미사변을 일으킨 이듬해 고종은 정동의 러시아공사관으로 피신하여 거처를 옮기고 친일내각을 처단하는 아관파천俄館播遷을 단행하며, 일본을 견제하는 데에 러시아의 힘을 빌렸지만, 1904년 러일전쟁에서 러시아가 일본에 패한 뒤에 조선과 러시아가 맺은 모든 조약이 파기되었다. 결국 1910년 한일강제병탄조약이 맺어지며 일본 제국주의에 국권을 빼앗긴 이후 러시아 공사관이 철수하고 영사관으로 격이 내려간 상태로 남았다가 1917년 러시아의 10월 혁명 이후 소비에트 권력 수립 후 러시아의 영사관도 철수하면서 공식적으로 러시아와의 정치-외교적 관계는 단절기를 맞는다.

그러나 1900년에 블라디보스톡 동양대학에 한국학과(당시 명칭은 조선학과)가 만들어지고 포드스타빈 교수에 의해 본격적인 한국학 연구가 시작되고 연해주 지방이 항일독립운동의 주요 거점으로 자리잡았다. 1906년 8월 25일자 『조양보朝陽報』에 처음으로 당시 작가로서 뿐만 아니라, 비폭력저항, 평화사상을 주창하는 사상가로 세계적 명성을 떨치고 있었던 톨스토이를 소개하는 글이 실린 이래로 1920년대에 『참회록』, 『산송장』, 『어둠의 힘』, 『부활』을 비롯한 다수의 작품이 번역되어 한국의 독자들과 만났다. 일제 식민지지배 시기에 가장 많이 소개되어 한국의 독자들에게 공감을 불러일으킨 외국문학은 다름아닌 러시아문학으로, 우리가 「빈처」, 「B사감과 러브레터」의 작가로 기억하고 있는 현진건의 첫 문학활동이 미하일 아르쯔이바쉐프의 단편 「행복」을 번역하며 시작되었다는 것은 잘 알려져 있지 않다. 현진건은 투르게네프의 작품과 막심 고리키의 작품을 수편 번역 소개하는 최초의 러시아문학 본격 번역가이기도 했다. 이 시기 소개된 러시아문학은 나라를 잃고 암울한 상황에 처한 식민지 하의 한국인들에게 차르 치하의 러시아 현실에 대한 분노와 러시아 인민에 대한 휴머니즘 어린 러시아 작가의 작품세계에서 공감을 찾도록 했다.

1930년대 들어서 블라디보스톡에 한국어 교사 양성을 위한 고려사범대학이 설립되고 소련이 세계 사회주의 운동의 중심지로 자리를 잡으면서 조국의 독립을 위한 방편으로 사회주의를 택한 많은 한인 사회주의자들이 소련에서 활동하면서 국가간의 공식적인 관계는 끊어졌어도, 상대에 대한 이해는 계속 이어져갔다. 그러나 스탈린의 지시에 따라 1937년 연해주 지방의 고려인들이 중앙아시아 지역으로 대거 강제 이주된 이후에 두만강만 건너면 이웃한 가까운 나라였던 러시아 지역은 연해주의 한인촌 연결고리가 끊기고, 국내에서도 일본 제국주의에 의한 사회주의 검속 강화에 따라, 단절된 먼 공간으로 물러났다.

제 2차 세계대전 종전을 앞두고 1945년 2월 열린 얄타회담을 통해 일본 패퇴 후의 한반도 분할 관리를 미국과 합의하여 만주의 일본 관동군을 패퇴시킨 여세를 몰아 북한에 소련군이 진주하고 이어 그해 말에 모스크바에서 열린 3상 회의를 통해 한반도에 대한 최대 5년의 신탁통치를 결정하면서 러시아는 다시 한반도 정세의 주역으로 등장했다. 신탁통치에 대한 미국과 소련간의 합의는 미국이 남한 지역만으로 단독정부를 수립하려는 이승만을 지원하면서 파기되었고, 이후 소련은 북한에 대한 군사지원을 통해 한국전쟁을 일으킨 배후세력으로, 냉전체제의 철의 장막 뒤에 가려진 거대 악의 상징으로 남게 되었다.

2. 냉전체제 종식 후의 한 · 러관계

냉전체제에 갇혀서 적대적이던 한국과 소련의 관계는 1970년대 동서진영간의 화해 분위기가 흐르기 시작하면서 상호입국 허용, 제 3국을 통한 간접교역, 문화 및 체육교류 등을 통해 점차적으로 넓혀져 가기 시작했다. 그러다 1983년 일어난 대한항공기 격추사건으로 관계개선의 분위기가 급속히 식었지만, 그 이전 소련의 아프가니스탄 개입에 대한 항의로 서방국가들이 대거 불참했던 1980년 모스크바 올림픽, 이에 대한 보복으로 동구권이 대거 불참했던 1984년의 로스엔젤리스 올림픽의 반쪽짜리 올림픽을 마치고 성공적으로 개최할 수 있도록 88 서울올림픽에 소련이 대규모 선수단을 보내면서 관계개선의 계기를 만들었다.

소련의 마지막 서기장인 고르바초프의 페레스트로이카 정책은 냉전 체제의 소모적인 대립을 종식하고 새로운 개혁의 길을 준비하려고 했다. 이러한 측면에서 소련은 동맹이었던 북한에게는 충격적이었던 한러수교를 준비하고 있었고, 한국의 입장에서는 북한에 대한 전략적 우위를 확보하는 압박수단의 측면에서 노태우 대통령이 북방정책을 펼치며 한러수교에 임했다. 양국의 정책의도가 합치점을 찾아가면서 1989년 4월에 서울에 소련 상공회의소가, 모스크바에는 대한무역진흥공사KOTRA 무역관이 설치되면서 본격화된 교류는 1990년 9월 대사급 외교관계를 맺는 공식수교에 이르렀다. 이듬해인 1991년 9월에는 소련과 미국의 상호양해와 지원 하에 남북한이 동시에 유원회원국으로 가입했다.

그러나 한국이 북방정책을 통해 소련에게 걸었던 기대는 1991년 소련이 해체되면서 러시아가 급속히 국제정치 무대에서 영향력을 잃어 북한에 대한 영향력도 현저히 줄어들고 경제적으로도 러시아의 시장경제 이행기에서의 혼란 속에서 기대이상의 경제교류 성과를 보이지 못하자 급속도로 약화되었다. 더욱이 한국이 수교과정에서 일종의 성의표시로 제공하기로 한 30억 달러 경협차관 중 선집행한 14억 7천만 달러에 대해 러시아가 1998년 모라토리엄 사태를 맞은 상태에서도 조속한 상환을 요구하면서 과거의 강대국 러시아의 자존심에 상처를 내는 전략적인 실책을 저질렀다. 러시아 입장에서도 한국에 대해 걸었던 경제협력국으로서의 지원은 한국도 외환위기로 러시아보다 앞선 1997년 IMF 관리를 받는 처지가 되면서 기대할 수 없게 되었을 뿐만 아니라, 정치-외교적으로도 한걸음도 한-미-일 동맹의 틀에서 벗어나지 못하며 북핵문제를 다루는 6자회담에서도 러시아와의 관계조율에 소극적인 한국의 입장은 실망스러운 것이었다.

그러나 2000년대 들어 러시아 경제가 본격적으로 회복되었고 '강한 러시아'를 표방하는 푸틴 정부 하에서 러시아의 국제정치 무대에서의 영향력이 커졌고, 한국에서도 김대중 정부와 뒤이는 노무현 정부 시기 대북관계 개선을 통한 한반도 평화안정에 기초를 둔 동북아 물류허브 구상 속에서 양국간의 관계는 다시 긴밀해지기 시작했다. 2008년 한러 비즈니스 대화 기구가 만들어지고 2010년 반관반민 차원의 한러대화KRD 기구가 만들어지면서 정기적으로 포럼을 개최하여 상호이해를 높이기 위한 소통의 통로가 확대되어 가고 있다. 매년 한국과 러시아의 문화예술단이 상대국을 방문하여 공연하는 문화교류의 양과 질도 계속 확대되어 가고 있다. 특히 2013년 푸틴 대통령의 방한 일정 중에 러시아문학의 아버지인 시인 푸시킨의 동상이 세워져 서울 명동 한복판에서 제막식을 가졌고, 한국을 대표하는 문인으로 소설가 박경리 동상이 페테르부르크에 올해 안으로 세워질 예정에 있다.

3. 유라시아 시대의 한 · 러 관계

앞서 언급한 바와 같이 러시아는 이미 고르바초프 대통령 시기부터 동방정책을 추친하기 시작했다. 유럽과 아시아에 걸쳐 광대한 국토를 가진 러시아는 우랄 산맥 서편의 유럽지역 러시아에 비해 발전이 더딘 시베리아 지역을 개발하여 국토의 균형성장을 이뤄야 하는 과제를 안고 있을 뿐만 아니라, 유럽연합의 동진정책(동부 파트너십)에 대항하여 〈강한 러시아)로 거듭나기 위해서 유라시아경제연합을 키워나가지 않을 수 없고, 또한 새로운 성장동력의 원천으로서 세계경제의 중심으로 떠오르고 있는 중국, 한국과의 협력을 통해 동북아시아와 유럽을 아우르는 유라시아 시대의 중심으로 자리매김할 필요성을 그 어느 때보다도 절감하고 있다.

한국에게 있어서 러시아는 안정적인 에너지 자원 공급기지, 시베리아 횡단철도(TSR)와 한반도종단철도(TKR) 연결을 통해 동북아 물류허브로 성장할 수 있는 핵심 통로, 연해주 지역 흑토지대의 광대한 농지를 장기 임대하여 활용할 수 있는 해외 식량공급기지, 미래 한반도 통일을 위한 협력자, 한반도를 둘러싼 전쟁 위험을 낮추는 조정자로서의 역할 등 핵심적인 이해관계를 나누고 있는 이웃 국가이다. 그러나 현실적으로 한국은 여전히 냉전체제의 산물인 한·미·일 삼각동맹의 군사-정치-외교적 틀에 묶여서 신축적으로 운신의 폭을 넓혀가지 못하고 한반도 6자 회담의 진행과정에서도 러시아를 활용하고 러시아의 역할이 발휘될 수 있도록 관계를 맺어오지 못했다.

그러나 2013년 집권한 박근혜정부도 주요한 대외전략으로 유라시아 이니셔티브를 내걸며, 러시아 및 중앙아시아 국가들과의 관계를 강화해나가고 있고, 러시아의 입장에서도 우크라이나 사태 이후 한층 첨예한 대립관계를 보이는 서쪽 유럽연합과의 관계에 대한 돌파구로서 동북아 지역을 중시하지 않을 수 없는 전환점에 서있다.

남북한 사이의 긴장도에 따라 러시아와의 철도, 가스관연결사업은 2008년 이명박정부 이후 지지부진한 상태에 놓여 있었지만, 과거 어느 때보다도 러시아는 이 사업의 성사를 위해 전력을 다하고 있다. 2014년 12월에는 러시아의 경제부총리, 경제개발부장관, 철도공사사장 등이 연이어 남북한을 오가며 철도, 가스관연결사업을 조기에 풀기 위해 적극적으로 나섰다. 러시아는 TSR-TKR 연결사업의 첫단계로 나진-하산간 철도를 개통하고 낙후된 북한 철도 개·보수사업에 250억 달러, 전력망 개선사업에 300억 달러나 투자하기로 북한과 합의하는 적극적인 행보를 보이고 있다. 유럽연합과 미국의 제재조치로 러시아의 경제사정이 악화되기 시작한 이후 외환보유고가 줄어들어가는 상황에서도 이러한 대규모 투자를 해나간다는 사실에서 러시아가 남북한을 연결하여 유라시아 대륙과 연결하려는 의지가 얼마나 강한지 확실히 볼 수 있다. 이는 세계에서 으뜸가는 자원강국인 러시아가 투자의 대가로 광물자원을 확보한다는 차원이 아님이 분명하며, 20년 투자라는 장기적인 안목에서, 나아가 한반도 통일시대를 대비한 선제적 투자라는 점에서 의미가 크며, 한국이 이에 대해 5.24조치로 대표되는 경색된 남북관계의 물꼬를 어떻게 풀어서 호응하며 화답해나갈 것인지가 중요하게 대두된다.

〈참고문헌〉

＊ 박환. 『러시아지역 한인의 삶과 기억의 공간』, 민속원, 2013.

＊ 한국민족운동사학회. 『한러관계와 민족운동』, 국학원, 2002.

＊ 홍완석. 『21세기 한국, 왜 러시아인가?』, 삼성경제연구소, 2005.

〈참고 인터넷사이트〉

＊ 대외경제정책연구원 http://www.kiep.go.kr/

＊ 주러 한국대사관 http://rus-moscow.mofat.go.kr/kor/eu/rus-moscow/main/index.jsp